曾国藩传

何国松 ◎ 主编

吉林大学出版社

图书在版编目（CIP）数据

曾国藩传/何国松主编．—长春：吉林大学出版社，2009.1
ISBN 978-7-5601-5118-2

Ⅰ．①曾… Ⅱ．①何… Ⅲ．①曾国藩（1811~1872）—传记 Ⅳ．①K827=52

中国版本图书馆 CIP 数据核字（2009）第 215051 号

书　　　名：曾国藩传
作　　　者：何国松
责 任 编 辑：王世林
责 任 校 对：王世林
封 面 设 计：点滴空间
出 版 发 行：吉林大学出版社
社　　　址：长春市明德路421号
邮　　　编：130021
发行部电话：0431-88499826
网　　　址：http://www.jlup.com.cn
　E-mail：jlup@mail.jlu.edu.cn
印　　　刷：三河市金轩印务有限公司
开　　　本：710×1000 毫米　1/16
印　　　张：16
字　　　数：310 千字
版　　　次：2009 年 1 月第 1 版　2020 年修订
书　　　号：ISBN 978-7-5601-5118-2
定　　　价：58.00 元

版权所有　翻印必究

前　言

晚清时期的曾国藩无疑是中国历史上极具争议的人物之一。肯定者誉其为完人，谓其"立德、立功、立言，三不朽"，谓其成就"震古烁今"；否定者则谓其为"吾祖民贼"，"民族罪人"，谓其愚诚而不顾"民族大义"。

那么，曾国藩到底是一个什么样的人呢？本书以此为主旨，详细介绍了曾国藩的生平经历和主要事迹；深刻透辟地分析了曾国藩政治和学术思想的形成、发展、演变及对后世的影响；深入归纳了曾国藩的用人方略等等，是中国历史人物传记创作上的一部不可多得的力作。当然，本书并非一本历史学著作，因此，我们在尊重史实的基础上，根据行文和读者的需要，合理、大胆地进行了合乎文学规律的再创作和艺术加工，以期为读者带来最大的精神享受和阅读享受。

由于学识所限，加之时间仓促，本书的不当之处自是难免，诚望各位读者提出宝贵意见，在此先予致谢。

目　录

第一章　青少年时期 …………………………………… 1
第二章　初入仕途 ……………………………………… 9
第三章　开始军旅生涯 ………………………………… 23
第四章　编练湘军 ……………………………………… 34
第五章　衡州练勇 ……………………………………… 46
第六章　率军东征 ……………………………………… 87
第七章　大战太平军 …………………………………… 116
第八章　二次出山 ……………………………………… 137
第九章　扫平太平军 …………………………………… 162
第十章　裁撤湘军 ……………………………………… 176
第十一章　打捻无功 …………………………………… 182
第十二章　再任两江总督 ……………………………… 205
第十三章　黯然神伤 …………………………………… 224
第十四章　处理天津教案 ……………………………… 234
第十五章　溘然长逝 …………………………………… 248

第一章

青少年时期

清嘉庆十六年辛未十月十一日亥时,也就是公元1811年11月27日午夜,一个新的生命在湖南湘乡荷叶塘(今湖南省双峰县荷叶镇)一户姓曾的殷实人家降生。他便是日后左右中国大局的曾国藩。

添人进口,本为家门喜庆,何况生的是个男孩,因此,接着而来的是阖家欢庆,而最为得意的要算孩子的祖父曾玉屏了。

曾玉屏字星冈,他是曾氏中兴、为曾国藩兄弟成长营造了良好家庭环境的关键人物,也是后来曾国藩一生为人处世的楷模和心中的偶像。曾国藩晚年在为其祖父所撰的《大界墓表》中写道:"国藩窃观王考府君威仪言论,实有雄伟非常之概,而终老山林,曾无奇遇重事一发其意。其型于家,式于乡邑者又率依乎中道,无峻绝可惊之行,独其生平雅言有足垂训来叶者,敢敬述一二,以示后昆。"从这段简短的文字可以清楚地看到,曾国藩对他祖父的思想言论、威仪气概、办事作风和持家准则是佩服得五体投地的。他还经常在给诸弟的书信中提到他们兄弟的威仪风度比起他们祖父星冈公来,百不及一。可惜星冈公生不逢时,终生未能遇到一件"奇遇重事"以显其能,也没有什么"峻绝可惊"的事件以扬其德,以致一生郁郁,终老山林。言下之意,如果星冈公晚出生几十年,遇上镇压太平军这个上好机会,其成功显赫一定在他曾国藩之上。但星冈公毕竟也有他自己的成就,这就是中兴了曾氏家业,而且形成了他独具特色的处世哲学和治家思想,也就是曾国藩在墓表中宣称的"足垂训来叶"的"生平雅言"。正是这些雅言,深刻地影响着曾国藩一生安身立命的原则和治家理业的个性,同时也在相当程度上局限了他的眼光和气量。

其实星冈公曾玉屏之所以终老山林而不能扬名显世,主要的问题不

在于遇不遇时,而在于他自己的少年荒废,而其所以荒废又在于受着曾氏自衡阳开辟以来但知耕耘而不懂诗书的影响和局限。

曾国藩虽然是湘乡人,但他的祖籍却在衡阳。他在《大界墓表》中叙述其先世源流说:"府君之先,六世祖曰孟学,初迁湘乡者也。曾祖曰元吉,别立祀典者也。祖曰辅仁,考竟希。"这里的府君指的是祖父曾玉屏。从曾玉屏算起,他的第六世祖曾孟学始迁湘乡,具体时间不详,曾国藩自己也只说"国初徙湘乡"。以曾玉屏为基准,其上六世,至曾国藩又三世,共九世,据此推算,曾孟学迁湘乡应该在康熙初年。湘乡曾氏虽然自曾孟学始迁,但曾国藩的先辈们立祀的始祖却不是曾孟学,而是曾孟学的孙子曾应贞。曾国藩在其所作《祖四世元吉公墓铭》中说明其事由并墓铭的缘起说:"道光岁戊申,家叔父为太高祖考妣置祠宇。其明年,又为修其坟域。乃邮书于京师,命国藩记其原委。"然则"家叔父"何以不为始迁的六世祖立祠而为中间的四世祖立祠呢?曾国藩在墓铭中述其原委说:"公讳应贞,字元吉,迁湘四世祖也。少贫,手致数千金产,室庐数处,尽以予其子,而自置衡邑之靛塘湾田四十亩以老焉。公殁后子孙岁分其租以为常。至嘉庆岁丁巳,家祖及族长尊三、以彰二公,纠族之人议,积一岁之租以为公清明之祀,今所置圳上之田是也,家叔父所修祠宇在焉。"原来曾应贞是湘乡曾氏第一个发迹的人。因为他生前为自己留了四十亩养老田,死后年积月累,于是就有了祭祀立祠、修墓的物质基础。其六世祖曾孟学因为没有这样的基础,也就只好诸事阙如了。

曾应贞因为由贫致富,"手致数千金产",不仅自己能安度晚年,死后又有专祠祭享,而且六个儿子也各人分得一份可观的财产。虽然如此,但也没有谁想到要读书入仕。不仅湘乡曾氏如此,衡阳曾氏也不例外,所以曾国藩在《台洲墓表》中说:"吾曾氏由衡阳至湘乡五六百载,曾无人与于科目秀才之列,至是乃若创获,何其难也。自国初徙湘乡,累世力农,至我王考星冈府君,乃大以不学为耻。讲求礼制,宾接文士,教督我考府君,穷年磨砺,期于有成。"由此可知,曾应贞是湘乡曾氏经济基业的开创者,而曾玉屏则是该宗族思想文化的开创者,尽管他的开创仍然带有相当浓厚的土财主气息。

曾玉屏之所以能认识到"大以不学为耻",本身也是经过了一番磨砺的。曾国藩在为他祖父曾玉屏写的《大界墓表》中引用曾玉屏自己的话说："吾少耽游惰，往还湘潭市肆，与裘马少年相逐，或日高酣寝。长老有讥以浮薄将覆其家者，余闻而立起自责，货马徒行，自是终身未明而起。余年三十五，始讲求农事。"曾玉屏在三十五岁前是个十足的纨绔子弟，经常从荷叶塘老家骑马去湘潭，与市井的阔少们相追逐。贵在他闻过能改，听了长老们的一番教训与讥议，"立起自责"，从此一心力农，而且颇多讲求，在农事上有不少自己的独创。曾国藩家乡属丘陵区，不少水田开在坡上，小而分散，所谓"垅峻如梯，田小如瓦"。曾玉屏便"凿石决壤，开十数畛而通为一"，将小田改造成便于耕作的大田，同时也扩大了实际耕种的面积。在家庭副业的安排上，更具自己的特色："种蔬半畦，晨而耘，吾任之；夕而粪，庸保任之。入而饲豕，出而养鱼，彼此杂职之。"这个雇工不多的家庭式小农场，除种田外，还种了兼作猪饲料的蔬菜，同时养猪养鱼。虽然"半畦"数量所指并不明确，但在副业安排上，以蔬促猪、以猪促鱼的养殖关系似乎比较清楚，这就构成了后来曾国藩总结的"鱼、猪、蔬"三大治家法宝的基础。加上曾玉屏日后认识到读书的重要，曾国藩又在"蔬"的后面加了"书"，成为"鱼、猪、蔬、书"，终生奉为圭臬。

由于曾玉屏的勤奋，加上他不断改进经营的思路，家业很快兴旺了起来，随之而来的是他在当地的权威和人望。曾国藩在《大界墓表》中引用曾玉屏自己的话说："乡党戚好，吉则贺，丧则吊，有疾则问，人道之常也，吾必践焉，必躬焉。财不足以及物，吾以力助焉。邻里讼争，吾尝居间以解两家之纷。其尤无状者，厉辞诘责，势若霆摧而理如的破，悍夫往往神沮。""霆摧的破"之类的形容虽然不免夸张，但曾玉屏好在乡间管事而且有着一定的威望大致属实。可惜由于他"少年失学"，粗而无文，他的人望，他的权威，乃至他的才能的施展，也只能在数里内外的亲族本家和近邻乡党中起作用，范围无法扩大，品位更无法提高，这就是他感悟到"大以不学为耻"的过程和为之付出的代价。

时间是一维性的，曾玉屏无法追回少年时的损失，但他有自己的补救方法，一面倾心接待文人，借他人的声望来烘托和抬高自己；一面拼命督促儿子读书，用儿子的成就来弥补自己的缺陷。《大界墓表》引曾玉屏自己的话说："吾早岁失学，壮而引为深耻。既令子孙出就名师，又好宾接文士，候望音尘，常愿通材宿儒接迹吾门，此心乃快。"曾玉屏如何倾心接待文士无更多事迹可考，但对儿子读书期望之殷切却是有

诸多事实证明的。曾国藩的父亲曾麟书是曾玉屏的长子,理所当然,曾玉屏首先把希望寄托在长子麟书身上。无奈曾麟书天性钝拙,读书极不理想,而曾玉屏矢志不改,再不会读也得读,这就是曾国藩在《台洲墓表》中说的"教督我考府君,穷年磨砺,期于有成"的来历。毕竟皇天不负苦心人,曾麟书在赴县学应童子试考了十六次落第之后,于第十七次和自己儿子一起赴考时居然"得补县学生员",获得了俗称秀才的名号,而这时他已经四十有三了。这次曾国藩幸好未能考中,曾麟书毕竟比儿子早中了一年。这也说明曾麟书确实是勉为其难了。但曾玉屏并不原谅,对他倍加诃责。曾国藩在《台洲墓表》中叙述其事说:"王考气象尊严,凛然难犯。其责府君也尤峻,往往稠人广坐,厉声诃斥。或有所不快于他人,亦痛绳长子。"不仅有事诃斥,无事也予痛绳,曾麟书简直成了他父亲的出气筒。

曾国藩本来还有两个叔叔,一个早夭,活下来的曾骥云大概也不是读书的材料,曾国藩的有关文字都未提到他叔叔读书的事。曾玉屏眼看儿子读书的希望就要落空,就在这时,曾国藩降生了,而且又有巨蟒入庭的征兆,此时曾玉屏的高兴也就可想而知了。因为曾国藩是长孙,自然是第一,又可能曾玉屏除希望孙子辈读书上进外还望家境更加宽裕,因而以"宽"为孙子名辈,于是曾国藩乳名宽一。

关于曾国藩的出生还流传着一个蟒蛇精投胎的传说。

嘉庆十六年十月十一日(1811年11月26日)深夜,曾国藩的曾祖父竟希公忽然看见一条巨蟒在空中盘旋,然后慢慢地靠近自家的门,降下来后绕宅爬行一周,进入大门。蟒蛇有吊桶般大,头进到院子里许久了,尾巴才渐渐收入,浑身黝黑发光,斑纹耀眼,长长的信子上下颤动,嘶嘶作响,伏在院子里,直瞪着两只晶亮透红的眼睛。

竟希公大叫一声坐了起来,吓出一身冷汗,原来是一场梦!竟希公睡意全无,感到这个梦很蹊跷,遂披衣走出屋。他信步走着,突见空坪上分明爬着一条大蛇,左右蠕动,似要前行,这回他又被吓了一跳,但是镇定后定睛一看,原来是老藤的影子。竟希公从藤影又联想到刚才的梦,越发觉得稀奇,正在百思不得其解时,老伴儿喜滋滋地跑来告诉他说:"孙子媳妇生了个胖崽!"

竟希公喜不自禁,赶忙走进长孙曾麟书的堂屋去看长曾孙。但见红烛光下,胖崽白里透红,头脸周正,眼睛微闭,似笑非笑,十分逗人喜爱。在乐得合不拢嘴时,他猛然醒悟:"这孩子莫非就是刚才梦中那条蟒蛇投的胎!"于是,他立即把自己不寻常的梦告诉全家,又领众人去看藤影。

大家都说一定是蟒蛇精进了家门。竟希公听后更是喜上眉梢,对身旁的儿子、孙子说:"当年郭子仪降生时,他祖父就曾梦见一条大蟒蛇进门,日后郭子仪果然成了大富大贵的将帅。今夜蟒蛇精进了我们曾家的门,崽伢子又恰好在此时生下,我们曾家或许从此儿身上要发达了,你们一定要好生抚养他!"从此以后,院子里那株老藤就受到曾家人的格外保护。

就这样,一传十、十传百,曾国藩就被人们认为是蟒蛇精投胎了。

据湘乡县荷叶塘一带传说,成年后的曾国藩长得和蟒蛇很像:他眼睛呈三角形,总好像要睡觉似的,但却充满了光泽,中等身材,走路很重,言语迟缓。不仅如此,他的性格也跟蛇很近似,因为他从小就很记仇,即使是很小的仇恨也记在心中,总要找机会进行报复。比如他9岁时随父亲到桂塘一人家读书,一天,他与主家小孩发生口角,主人疼爱自己的孩子,将曾国藩骂了一顿,在那里当塾师的曾麟书也连连向主家道歉。曾国藩把这件事暗自记在心里,散学时偷偷打破了主家的金鱼缸,使水干鱼死,这才消了心头之恨。还比如他12岁时与小伙伴在神王庙里玩耍,不小心把神王弄翻在地。父亲为此斥责了他,还给神王重新装了金身。为了不让他终日嬉游,父亲把他带到6里以外的九峰山古锣坪定慧庵去读书,每天很早出门,很晚才回来。从此,曾国藩路过神王庙时,常把当作马骑的竹棍系上绳子,往神王肩上一放,生气地说:"我到山冲里读书去了,你一定要看好我的马,如果我的马走了,我一定饶不了你!"连一个神王泥像都不放过,可见曾国藩睚眦必报的心理。因长大后曾国藩有一双似闭非闭的三角眼,且个性内向,把什么事都搁在心里暗中盘算,因此人们就给他起了个"闭眼蛇"的外号,可见他始终与蛇有着不解之缘。

正因为竟希公这个梦,曾家对这个刚出生的孩子寄予了厚望。他的祖父曾星冈四处请客报喜,还要大办"三朝酒"。

"三朝"那天,亲朋都来祝贺,所带礼物花样很多,应有尽有。中午时分,一位私塾先生手捧一个大红包姗姗来迟。他是曾麟书的老朋友,因年纪较大,虽然后到,可"后来居上",被推为上座。

收礼的账房先生看这位老先生送来的大红包红绸上书写着"风吹花长"四个大字,不解其意,就去问曾麟书。曾麟书读过很多书,一看就觉得不对劲,因为湖南湘乡有个风俗习惯:买了小猪,经常用"风吹夜长,日长千斤,夜长万两"来表达良好愿望,这位老朋友难道把自己的儿子比作"小猪"了?

私塾先生知道大家不明白"风吹花长"的含义,就高声说:"今天是曾麟书兄贵子'三朝'的大喜日子,我送这四个字的意思是:风——风傍麒麟子;吹——吹到贵府来;花——花童年十五;长——长大坐八台。怎么样,算得上'礼轻情义重'吧!"

原来私塾先生玩的是"藏头诗"的把戏,这在当时的农村,算得上是上佳之礼物了。正是这一系列的"吉祥"之兆和祝福,曾家对曾国藩寄予了厚望,给他取乳名叫宽一,名子城,子城就是"望子成龙"的意思,字伯涵。

曾麟书希望曾国藩"成龙",这很自然,可直接把孩子的乳名采取"谐音"的方式来寄托自己的愿望还不多见,因为竟希公梦见蟒蛇而取这样的名字,就大有深意了。

也许曾国藩真的和蟒蛇有缘,后来还有一个蛇救他命的故事。在他7岁那年的正月,母亲带着他和妹妹国蕙坐着小渔划子到外婆家去拜年。远道来接的表哥江贵握着双桨,慢悠悠地划着,河水清澈,水中游鱼历历可数。这是曾国藩第一次出远门,他心里特别高兴,不停地把手伸到水中,试图捉到一两条小鱼。母亲看到后显得很紧张,怕他掉到河里去。突然,母亲看到一条大蛇向船边游来。"蛇!"她惊叫一声,脚一滑,倒在船边。船一歪,曾国藩掉进了水中。母亲惊呆了,江贵正要下河去救,却见曾国藩两手死命地抓住一根树干,急得哇哇大叫。船划过去后,竟毫不费力地就将他拉了上来,江贵说:"表弟福大命大,将来必定大有出息。"母亲疑惑地说:"明明看见一条大水蛇游来,怎么会是一段树干呢?一定是那条水蛇变成树干救了我儿的命,我儿真是蟒蛇精投的胎呀!"

在现在看来蛇精投胎也好,蛇精救命也好,都是子虚乌有的牵强附会,曾国藩一出生就被罩上了一层神秘的色彩,因而他的家人认为他绝非凡夫俗子,一定要悉心培养,使之将来能够干出一番轰轰烈烈的事业,后来曾国藩的人生经历也证明了他的祖辈们的良苦用心没有白费。

曾国藩出生时的中国已进入了一个历史的低潮,这是自朱明建国(1368年)以来,四百余年之间,中国社会首次因受到西方势力的冲击而发生根本动摇的时代。而在西方势力鸣枪开炮正式入侵之前,清朝皇权统治下的中华帝国,已经由盛而衰,败象横生,处处展露出危机。无论在政治、经济、军事乃至伦理道德等方面,都呈现出一片没落破败的景象,然而更危险的是,清廷朝野对于本身危险处境的无知。虽有少数留心时代变迁的士大夫发出警世劝时的言论,不幸却被多数人所忽视,至少并未引起当权者的注意。

因此,从乾隆朝后半期以来,各地的民变一天多似一天,各种灾变连年不断,外国侵略者的脚步愈来愈近,老百姓的生活一天比一天困苦,甚至连政府的财政也一年比一年艰难。然而,北京城里的权贵们,各省的封疆大臣、赃官污吏,以及穷乡僻壤的地主豪绅、靠与官吏勾结而获暴利的富商大贾……所有一切在社会上享有特权的分子,他们照样过着饮酒、听戏、抽鸦片、豪赌、宿娼、纳妾等奢侈糜烂的生活。仿佛社会大众所受的煎熬,国家的艰难,完全与他们无关似的;他们那醇酒美人、纸醉金迷的生活,似乎子子孙孙可以永无休止地过下去。

曾国藩就是在这种社会大环境下出生的,曾家是一个普通的耕读之家,生活不算宽裕,根本算不上什么名门望族。曾国藩后来曾说:"吾曾氏家世微薄,自明以来,无以学业发明者。"曾国藩的母亲江氏对他早年的影响极大。江氏是湘乡江沛霖之女,出嫁后人称江夫人。

江夫人的乳名叫"怜妹子",说起这一称谓还有一段掌故。在重男轻女、溺婴风俗很盛的时代,许多女婴生下来就被遗弃了。江夫人出生后,她父亲江沛霖将她偷偷丢到床下,想让她冻饿而死,可到半夜一看,她竟然还活着。江沛霖心中大惊,自责说:"可怜的孩子,罪过在我,你不该死呀!"就这样,江氏活了下来,因为她被冻了大半夜,家人都很可怜她,因此起乳名叫"怜妹子"。

江氏容貌秀丽,少时就跟母亲学会了纺花、加工麻线,养成了勤劳、节俭的好习惯,而且样样都能干,还认得一些字。曾国藩的祖父曾星冈与江沛霖早有交情,嘉庆十一年(1806年)他请人为自己16岁的儿子曾麟书做媒,嘉庆十三年(1808年)"怜妹子"嫁入曾家。当时,曾家经济尚不宽裕,江氏与曾麟书成婚后,谨守曾门家训,操持家务,克勤克俭,曾家渐渐兴旺起来。因此后来有人说,曾家的升官发财是江

夫人的"仙女袒肤"所致。

江夫人的贤惠是出了名的，侍奉公婆十分殷勤，即使是阿公晚年卧床3年，她与丈夫日夜轮流守护在床边，也毫无怨言。后来曾国藩赞言：母亲"来曾门，事舅姑四十余年，造次必躬，在视必恪，宾祭之仪，百方检饬"。江夫人所生五男四女，"尺布寸缕，皆一手拮据"。曾麟书常以"人众家贫为虑"，而江夫人总以"好作自强之言"相劝。

在曾家的发达史上，江夫人起到了相当重要的作用。她用自己勤劳而又智慧的双手支撑着十几口人的大家庭，在她的身上有坚韧、刚强的可贵品质。她与丈夫几十年相濡以沫，如果没有她的操劳和坚强，生活恐怕早就难以为继了。

曾国藩一生继承了他母亲刚强的性格，敢于与困难周旋，有股冲天的倔强劲儿。直到晚年，他仍说："'倔强'二字却不可少，功业文章，皆须此二字贯注其中，皆从此二字做出。"又说他们兄弟禀母德居多，优点就是天性的"倔强"。

第二章
初入仕途

任何时代的人都一样,要想有所成就,就要具备一些基本条件。传统社会中,读书入仕是人们梦寐以求的;商品社会里,资本是经济发展的必需;而在当今的信息时代,没有知识和技术就会无所作为。

曾国藩生在科举时代,读书入仕是他唯一的选择,"朝为田舍郎,暮登天子堂"是他的美好梦想。当时作为社会底层的人要想改变自己及家族的命运,只有走"学而优则仕"的读书做官道路。

曾国藩之前,曾家从来未曾出过什么光宗耀祖之人。曾国藩的祖父没读过多少书,青年时好吃懒做,到处游荡,按他自己的话说就是"吾早岁失学",到壮年时才好不容易混上了地方士绅的身份,这才以不做学问为羞耻,遗憾自己一生没有功名,因此他喜欢宴请文人雅士,并感到这是很开心的事情,同时寄望于儿子曾麟书,督促儿子一年到头要勤于苦读,以期有所成就。然而,曾麟书天生就比较愚钝,"累困于学政之试",至道光十二年(1832年)已43岁,经过了17次考试才中了举,入了县学,在科场上很不顺利。因此,曾麟书只得把希望寄托在儿子曾国藩身上。这样一来,曾国藩就成了曾家两代人的希望所在,凝聚了祖父辈和父辈光大门第的全部希望。

"平生因学而困苦,课徒传业者盖二十余年"的曾麟书,从曾国藩6岁起就把他带在自己的身边,无论出门还是睡觉,从早到晚给他讲书,如果不懂就再讲,颇有耐心。这样的家庭期望,这样的家庭教育,对曾国藩走上"学而优则仕"的道路自然是理所当然了。

曾国藩5岁时就学习认字,6岁时正式开始读书,7岁起跟从父亲曾麟书学习。曾麟书深受曾家"不学为耻"的家风影响,一辈子都在"发愤攻读",曾国藩从小就有很高的志向,无论读书还是做事,都有

一股不达目的誓不罢休的倔劲，这与他父亲的教导有关。

曾麟书自知天分有限，没有什么秘诀可以传授给儿子，可从几十年的经历中，他悟出一条真理："有志者事竟成！"因此，他自有一套方法，那便是不厌其烦地砺其志，耐心指导，每天从早到晚，不停地督促儿子。不论睡在床上，或走在路上，曾麟书都要考一考儿子的功课，一定要曾国藩把书背得滚瓜烂熟，他才满意。他要求儿子，书一定要记牢，字一定要写得工整，办事一定要尽心尽力，还常自我解嘲地说："因为我自己很笨，所以教起你们这些笨子弟来，一点也不感到厌烦。"

曾麟书就是这样磨炼曾国藩的"志"的，因此在曾国藩幼小的心灵里，便立下了发奋苦读，求取功名的远大志向。为此，他青少年时代在父亲的严格要求下，刻苦读书，百折不挠。

有这样一个故事说明他读书的勤奋。一天，曾国藩在家背书，可有一篇文章就是背不下来。这时有个贼正潜伏在他的屋檐下，准备等他背完睡觉后动手行窃。可曾国藩因一直背不下来，就不去睡觉。贼等不及了，跳起来大怒道："你这个笨蛋，背了这么多遍还背不下来，我都听会了！"说完，那个贼果然背诵一遍，然后扬长而去。

贼虽然比曾国藩记忆力好，但他只配做贼，而曾国藩虽然当时没有背下来文章，但后来却成了杰出人物。这说明一个人的天赋虽然重要，但最重要的还是立志，如果曾国藩少年时期没有在父亲的严教下，立下远大的志向，也许就不会有后来的成就了。也许你觉得这个故事有虚构的成分，但用它来说明立志对于一个人一生发展的重要性的道理是完全可以的。

对曾国藩读书，曾麟书可谓尽心竭力。曾国藩6岁时，曾麟书聘请名师陈雁门教他读书识字，7岁多时，曾麟书因参加童子试屡试屡败，便设立私塾"利见斋"，授徒十多人，一边贴补家用，一边辅导曾国藩。曾国藩从这时起跟着父亲学习，学了整整8年。

曾国藩是个有志向的人，有过被贼奚落的经历后，他在学习上更加刻苦，记忆力也大为提高。在父亲的训导下，他养成了良好的习惯，8岁开始学习《孝经》《大学》《中庸》《论语》《孟子》，9岁已读完了"五经"，开始学作八股文章了，接着曾麟书继续指导他读《诗经》。曾国藩练字，先后临摹了颜真卿和柳公权的字帖，同时也学习了黄庭坚字帖。10岁时，二弟曾国潢出生了，父亲对他说："你现在有弟弟了，就以《兄弟怡怡》写篇文章吧。"曾国藩写完后,父亲看了高兴地说:"文中出现了至情至性之言,以后你必能守孝悌之道,继承家业了!"

有个故事充分体现出曾国藩当时学习的执着。一天,曾国藩和妹妹一起跟着父亲外出,父亲看到路边有棵"狗尾草",马上出了一句上联:"狗尾草!"妹妹马上回答:"鸡冠花。"一会儿,他们经过一座桥,父亲又随口出一句上联:"观风桥。"兄妹俩都没有对出。三天后,曾国藩突然跑去对父亲说:"听月楼。"父亲一听,对儿子的执著大加赞赏。

曾国藩10岁时,有一次跟随外祖母去提水,不小心掉进井里,幸被外祖父江沛霖及时救起,才没有被淹死。江沛霖认为这是江家与曾家的祖德相报所致,就以外孙掉进井里差点"浸(淹)死"的谐音预言:外孙将来一定会成"进士"。后来,曾国藩果真赐同进士出身,人们都说他外祖父当年说得准。

曾国藩14岁那年,有一天,他父亲的朋友衡阳廪生欧阳凝祉到湘乡来看曾麟书,见了曾国藩的八股文稿,十分赞赏。欧阳先生是衡州府作八股文章的能手之一,能赢得他的称许颇不容易。曾麟书请欧阳先生出个题当面考考儿子。为了试一试曾国藩的真才实学,欧阳凝祉出了一道诗题,诗要以"青云共登梯"为主题,叫曾国藩当场作律诗一首。曾国藩诗成后,欧阳凝祉大为惊喜,称赞说:"这种语气分明是金华殿中的人才会有!"他认为这孩子将来必成大器,当下便将女儿许配给了曾国藩。

曾国藩除了继续苦学八股诗文之外,曾麟书还教他读些史记、文选之类的书。道光五年(1825年),曾国藩随父亲到长沙府参加童子试,居然得了第七名,但曾国藩非常自负,他认为考官阅卷不公平,为讽刺考官两目无光,还特地买了副老花镜作为礼物送给考官。

曾麟书认为儿子的确是可造之材,决心好好培养。但他又觉得,自己连考十几次秀才不中,若让曾国藩继续跟在身边,恐怕会误了儿子的前途。他听说衡阳有位汪觉庵先生,八股试帖教得极好,于是便在曾国藩19岁后,把他送到了汪先生设立的唐氏家塾去念书,之后曾国藩又到本县的涟滨书院学习。经过名师的指点,曾国藩的学识果然大有长进。

道光十八年(1838年),又到了大考之年,曾国藩经过几年的钻研

第二章 初入仕途

琢磨,既期待这一天的到来,又害怕这一天的到来。上一次科考不中,在他心中留下难以磨灭的创痛,他不再像头一次大考之前那样兴奋不已、踌躇满志,而是担心再一次名落孙山,使自己再一次蒙受羞辱。然而,他决不肯放弃这一宝贵的机会,因为他深深知道,若想出人头地,干一番事业,就得走这座独木桥,哪怕前面有千难万险,他也要走过去。

临行前,妻子少不了千叮咛万嘱咐,儿子们也少不了撒娇流泪,依依难舍。父亲曾麟书拿出家里仅有的一点钱交给国藩,弟弟也凑了一点钱给国藩,祖父曾玉屏把预备给自己买寿木的钱也拿了出来,但还觉得不宽裕,又向亲戚借贷了二十二串钱,总算把上京赶考的费用凑齐了。曾国藩掂掂袋子里的钱心里沉甸甸的,眼泪止不住又涌出来。为怕亲人难过,他还是强装笑脸回过头来安慰他们。曾国藩清楚,这些钱来之不易,他想万一这次科举不中……他不敢往下想,转过身去踏上了去京之路,他再也没有回头看,一直走向前去,可是眼泪却怎么也控制不住,滴滴答答地落了下来。

曾国藩尽管省吃俭用,到京城时也只剩下十串铜钱了。曾国藩为了迎接大考,又像前一次一样,闭门谢客。这里面不仅是临阵磨枪,也有少应酬少花钱的原因。几天过后,大考开考了,曾国藩展开试卷一看,考题是"宽猛相济",正合己意,内心禁不住一阵激动,待平静下来之后,他饱蘸笔墨,刷刷点点,几乎是一气呵成,头一个交了卷子走出考场。三场过后,他长长地吐了口气,心里想:"这回定拔头筹",喜滋滋地回到会馆,买了四两烧酒,几样小菜,邀集几个举子一同喝起来。

半月过后,他正焦急地边看书边等待传报,街上不时传来传报的马蹄声、喊叫声,唯独不见有人传报自己。他想:"难道这回又落第了不成?"想到这里,书也看不下去了,一个人在屋子里来回打转。正在这时,忽然听到外面有人高喊:"哪位是曾国藩相公,快来接喜报。"曾国藩一听,喜出望外,推开门,三步并作两步来到门前,对报喜的人说:"在下就是。"传报的差役,打开喜报,只见上面写着:"三甲第四十二名进士曾国藩",他一连看了好几遍,待确信自己真的得中后,才接过喜报,赏给传报差役一串铜钱,尽管他这时袋子里只剩下两串铜钱了。

曾国藩在朝考中又获得一等,被点为翰林院庶吉士,他一下子从一个穷秀才一步登天，前来贺喜的人不断，自然免不了送给他些银子。他名也有了，钱也有了，拜过主考官、吏部大人，便急忙打点行装往家奔了。

曾国藩考中进士的消息，早有人从京城捎给了家里。得知他回乡的日子，父亲派二儿子国潢赶上马车去接他。曾国藩从京城返回故里的时候已是年终岁尾，一路上人们忙忙碌碌，正采买年货，准备过年。白杨坪这个小村子几百年也没出过什么大人物，如今曾家有人中了进士，乡亲们也跟着高兴。多少天来，曾家门前来祝贺的人络绎不绝，连县里府上也派人送来了贺礼。曾二公玉屏老先生古稀之年，终于盼来了光宗耀祖这一天，比谁都高兴，掐指计算着日子，盼望着长孙衣锦还乡。曾国藩回到乡里，人们前拥后簇，又敲锣鼓，又放鞭炮，小小的村子里到处回荡着欢乐的笑声。曾国藩沐浴在亲友的关爱之中，十分受感动，曾写这样一首诗抒发心中的感受：

    高嵋山下是侬家，岁岁年年斗物华。
    老柏有情还忆我，夭桃无语自开花。
    几回南国思红豆，曾记西风浣碧纱。
    最是故国难忘处，待莺亭畔路三叉。

在欢宴他的酒席上，玉屏老人颤颤巍巍地站起身来当着亲友乡邻的面，嘱咐他说："我们是务农的人家，即使富贵也不能忘本啊！"曾国藩恭恭敬敬地垂手而立，待祖父讲完，抱拳秉手向席间亲友乡邻深施一礼，充满感情地说："生我父母，养我故乡，情深似海，没齿难忘。我定当不辜负亲人厚望。"亲友乡邻都知道曾二公家教甚严，无论是哪个子孙，如若犯了错误，往往在稠人广众之中，大声呵斥，一点都不宽假。严格的家教，才使得曾国藩内刚外柔，具有坚韧不拔的品质，这对于他日后成就大业有着决定性作用。

曾国藩过了些日子进京做官去了，其他人等还是留在白杨坪乡里，教书的教书，种田的种田，依然保持着先前勤俭朴素的生活，就是曾二公也是时常到自家菜园干些活计，与曾国藩没做官以前几乎没有什么改变。曾国藩每年寄些俸银给家里，一连几年不回家，正如他祖父说的那样："大孙子当了翰林，让他安心去做他的事业吧！家中的食用，千万不要拖累他!"

父亲麟书晚年曾命国藩书一联悬挂厅堂,这一联语是这样写的:

有诗书,有田园,家风半读半耕,但以箕裘承祖泽;
无官守,无言责,时事不闻不问,只将艰巨付儿曹。

曾国藩每每回忆起往昔的一切,总是以"粲粲诸弟,雁行以随"自豪。这多半由他的祖父玉屏先生的"有蓄不施"而来。他治家,也是以祖父为榜样,贯彻"书,蔬,鱼,猪,早,扫,考,宝"。督妻子侄用心读书,种田种菜,养鱼养猪,早起扫屋,祭祀祖先,亲睦乡里。他的这一套治家之道,被后来人广为传诵,起了很大影响。

除了发奋读书外,曾国藩为磨炼自己的意志,还曾两次改名。

道光十年(1830年),20岁的曾国藩到衡阳唐氏家塾读书,师从汪觉庵。道光十一年(1831年),他回到湘乡县后,肄业于涟滨书院,院中山长刘元堂、郭嵩焘、胡林翼、左宗棠、刘蓉、刘长佑等后来都成为了他湘军中的将领。

21岁时,曾国藩将当时的名字"子城"改号为"涤生",后来他在日记中是这样解释为何改号的:"涤者,取涤其旧染之污也;生者,取明袁了凡之言:从前种种,譬如昨日死;以后种种,譬如今日生也。"

"涤生"就是"见善思齐,有过则改"的意思,可见曾国藩时刻不忘砥砺自己幼年时立下的远大志向。英雄人物之所以成为英雄人物,就是因为他们能够时时反省,时刻严于解剖自己,以实现自己明确的远大目标。

正是在名师的指点和自己的刻苦努力下,曾国藩在学业上突飞猛进,取得了一个个可喜的成绩。道光十三年(1833年),23岁的曾国藩参加科试,竟补上了县学生员。道光十四年(1834年),24岁时进入省城岳麓书院读书,这年,参加甲午乡试的他中试第三十六名举人。曾国藩自5岁开始识字读书,读到这时已过了十八九年的光景,与他父亲43岁才入县学相比,他应该算是成功者。所以,曾家上下欢欣鼓舞,大摆酒席,招待亲朋好友,热闹了好几天。

曾国藩在中举后的当年冬天,第一次离开家乡,独自北上赶往京城,参加次年春天的礼部会试,但第二年三月第一次参加会试的他却名落孙山。然而，拥有很高期望、进取不止的曾国藩依然高唱着"匣里龙泉吟不住，问予何日斫蛟鼍"！

巧的是，这年适逢皇太后的六十大寿，照例增加会试恩科一次，所以第二年还有一次机会。但从湘乡到北京，千里迢迢，来回的路费不少。曾国藩在征得父亲的同意后，决定在京留住一年，等待参加明年的恩科会试。好在京师有一所"长沙会馆"，长沙府的应试举子住在里面，花费极少。

曾国藩在北京居住一年多，眼界渐广。他除了继续勤研经史外，又对唐宋的诗词和古文发生了很大的兴趣。他觉得可以任意发挥见解的古文，远比那拾古人牙慧而又缚手缚足的八股文更有生气，也更有意义。

但道光十六年（1836年）的恩科会试，曾国藩又没有被录取。他虽然颇感失望，但想到自己只有26岁，将来的机会还多，因此，这一时的挫折，也就淡然置之了。

放榜后，曾国藩立即收拾行装，搭乘运河的粮船南返。虽然会试落榜，却使这个生长在深山的"寒门"士子大开眼界，他决定利用这次回家的机会，做一次江南游，实现"行万里路，读万卷书"的宏愿。这时曾国藩身边的盘缠已经所剩无几。路过睢宁时，遇到了知县易作梅，也是湘乡人，他与曾国藩的祖父、父亲非常熟悉，与曾国藩也相识。他乡遇故人，易知县自然要留这位老乡在睢宁县玩几天。在交谈中得知曾国藩会试未中，但从其家教以及言谈举止中，易知县看出这位老乡是个非凡之人，前程无量。他见曾国藩留京一年多，所带银两肯定所剩无几，有心帮助曾国藩。当曾国藩开口向易知县借钱做路费时，易作梅慷慨应允，借给曾国藩一百两银子，临别还给了他几两散银。

经过金陵（今南京）时，曾国藩见金陵书肆十分发达，流连忘返，十分喜爱这个地方。在书肆中，曾国藩看见一部精刻的《二十三史》，爱不释手，自己太需要这么一部史书了。一问价格，曾国藩大吃一惊，恰好与他身边所有的钱相当。但他还是下定决心，一定要把这部史书买下来。书商似乎猜透了他的心理，一点价都不肯让，开价一百两银子一毫也不能少。曾国藩心中暗自盘算：好在金陵到湘乡全是水路，船票既已交钱定好，沿途就不再游玩了，省吃俭用，所费也很有限。这时已是初夏，随身所带的一些皮袍冬衣也穿不着了，干脆送去当了，勉强还可凑足回家的盘缠。

第二章 初入仕途

于是曾国藩把一时不穿的衣物，全部送进了当铺，毅然把那部心爱的《二十三史》买了回来，他如获至宝，心理上得到极大的满足。他平生第一次花这么多钱购置书籍，此一举动显现了曾国藩青年时代的志趣。在曾国藩的一生中，他不爱钱、不聚财，却爱书、聚书。

回家以后，父亲曾麟书得知他当了衣服借了账，花了上百两银子买回一堆书，非但没有责备，反而鼓励他说："尔借钱买书，吾不惜为汝弥缝（还债），但能悉心读之，斯不负耳。"曾麟书多年考科举，最终只是个秀才，所以他鼎力支持儿子读书上进。

父亲的话对曾国藩起了很大作用，望着慈祥的父亲，曾国藩暗暗告诫自己，从此闭门不出，发愤读书，并立下誓言："嗣后每日点十页，间断就是不孝。"

曾国藩发愤攻读一年，这部《二十三史》全部阅读完毕，此后便形成了每天点史书的习惯，一生从未间断，一部《二十三史》烂熟于胸。这样，自京师会试以来，就使曾国藩养成了对古文和历史的爱好，为以后更为广泛地研究学术问题，总结历代统治者的经验教训，参与治理国家和社会打下了基础。所以，他后来回顾自己的读书治学过程时说："及乙未到京后，始有志学诗、古文并作字之法。"

道光十八年（1838年），又值三年大比，但曾国藩家中为了上次的进京会试和偿还易知县的借款，此时已无余款可供他作再度进京的旅费。幸得亲戚族人帮忙，借来三十三吊钱，曾国藩才得以成行。到京后，只剩下三吊，倘若这一科再不中，少不得又要举债回家。

三月礼部会试，曾国藩得中三甲第三十八名。四月，中了正大光明殿复试一等，殿试三甲第四十二名，赐同进士出身。参加朝考入选后，他于五月初二得到皇帝召见，之后授为翰林院庶吉士。至此，曾国藩走完了自己的科举之路，实现了"学而优则仕"的志向。

关于曾国藩入翰林有这样一个说法：他考中进士时，殿试名列为三甲等级。这一等级大多入不了翰林，曾国藩大为失望。当时任编修的劳崇光颇有名望，安慰并挽留他，说将为他帮忙。不久，他让曾国藩写诗文分别送给显贵之人。果然，曾国藩很快被列为高等，进入了翰林院。这说法虽显得曾国藩有幸运之嫌，但他若没有平时的磨炼功夫，是不会有这一结果的。涉世之初，就可见曾国藩处世之大端，这是深受家风熏染，把握志存高远，并为这一志向刻苦自励、辛勤实践、百折不回的结果。只有这样，才能取得一张成功的人生入场券。

科举时代的翰林，号称"清要词臣"，前途最是远大。内则大学士、尚书、侍郎；外则总督、巡抚。很多人到了翰林这个地位，已不必在书本上用太多的工夫，只消钻营门路，顶多作作诗赋日课，便可坐等散馆授官了。曾国藩来自农村，秉性淳朴，毫无钻营取巧的习气，在京期间勤读史书，倒培养出一股"以澄清天下为己任"的志气来，书生变蛟龙的时日已不远了。

在中举的鼓舞下，28岁的曾国藩又将名字由子城改为"国藩"，就是"为国藩篱"的意思，誓做屏卫国家的重臣。曾国藩经过十八九年的苦读，于道光十三年（1833年）始入县学，磨炼了5年之后才中进士，他从识字读书到开始踏上仕途，耗尽了23年的时光。

这位远居山村，出身寒素的倔强小伙子，从此由"田舍郎"一跃而进入了"天子堂"，能不能成为国之屏藩，就全靠他自己的努力了。

在经过二十几年的刻苦学习后，曾国藩终于进入了翰林院，步入到了"贵人"的行列之中，实现了少年时代就立下的远大志向。此时的他感觉前途无限，便春风得意地产生了一定要做一个屏藩国家的重臣的志向，将少年时代的理想又升华了。为此，他常在诗歌中抒发希望自己有朝一日能成为国家栋梁的高远志向，并坚信终有一天自己会一鸣惊人的。

道光二十五年（1845年），曾国藩在给好友刘蓉的信中，明确地表示了自己的宏图大志：故凡仆之所志，其大者盖欲行仁义于天下，使凡物各得其分；其小者则欲寡过于身，行道于妻子，立不悖之言以垂教于宗族乡党。其有所成与，以此毕吾生焉；其无所成与，以此毕吾生焉。

后来，他在写给诸弟的家信中也说："君子之立志也，有民胞物与之量，有内圣外王之业，而后不忝于父母之生，不愧为天地之完人。"

曾国藩按照儒家传统来要求自己，他坚信只要立志不移，经过奋发图强，一定能实现宏伟志向，两次改名就是他立志的最直接表现，不是一时的心血来潮。

曾国藩把立志看作成功的前提。他曾说，人苟能立志，则圣贤豪杰何事不可为？君子要立志，立定了大志向，才能够吃苦，有恒心。立定了大志才能有远见，有定数。

后来，曾国藩在事业上所取得的成就，与他砥志不渝是有着密切关

系的。曾国藩在立志、为学、办事等方面，对青年时代的毛泽东影响极深。1913年，毛泽东进入湖南省立第一师范后，很下过一番工夫读曾国藩的著作。《曾文正公全集》中的《家书》《日记》，毛泽东都读过。《家书》有一千多封，内容极为广泛，无不涉及。毛泽东对《家书》及《日记》中的一些见解观点，可以在他于长沙求学期间的笔记《讲堂录》中看到。他的老师杨昌济在解释曾子"士不可不弘毅，任重而道远"之言时说："吾无过人者，惟于坚忍二字颇为著力。常欲以久制胜，他人以数年为之者，吾以数十年为之，不患其不有所成就也。"这段话的主旨与《曾国藩日记》中的数则均有渊源关系。毛泽东在《讲堂录》中记道："以久制胜。即恒之谓也，到底不懈之谓也，亦即积之谓也。"可见，毛泽东对老师十分注意从道德伦理和为人做事等方面入手培养学生的人生观和世界观十分赞赏，这对毛泽东的成长及其以后所表现出来的钢铁意志，影响极大。

曾国藩认为，凡做事，都要有志向，人生当有人生之志，为学当有为学之志，修身当有修身之志。关于人生之志，曾国藩有从"雉卵变蛟龙"到"国之藩篱"的自信，因而后来才得以成为"中兴名臣"。关于为学之志，曾国藩认为，士人读书，第一要有志，第二要有识，第三要有恒。关于修身之志，曾国藩一生着力效法标准人物，就是后来他和太平军决战时，仍将中国几千年来的名家重新评定，命儿子曾纪泽画其图像，悬诸壁间，还作《圣哲画像记》一文，作为终身效法的标准人物，以使自己的人格更臻于完善。文中写道："古之君子，盖无日不忧，无日不乐。道之不明，己之不免为乡人，一息之或懈，忧也；居易以俟命，下学而上达，仰不愧而俯不怍，乐也。自文王、周、孔三圣人以下，至于王氏，莫不忧以终身，乐以终身，无所于祈，何所为报？"

曾国藩认为人生有了高远的志向，行动都不失为高明之举。若无破釜沉舟之志，何必远行百里之外呢？他常举一则中国古代的寓言故事来说明这一人生哲理。故事说，一只猫头鹰因当地人厌恶它的叫声而想迁到别处去。当时就有人对它说："你难道不能换一种叫声吗？否则，搬到哪里都不会受人欢迎的。"曾国藩说立志正是这样，可以使人心灵宁静充实，他在41岁时曾自省说：

没有方向就不能保持宁静。志向没树立，见识又短浅，想求得心灵的安定，就不那么容易了。常在小处计较，引起小不快，又没有时间加以调理，久而久之，就是引盗入室啊！

立志是成就大事的根本，"有志者，事竟成"，这是中华民族的千古名言和共同的信念。曾国藩少年立志，一生孜孜以求，持之以恒，到晚年已位极人臣，身名俱泰，仍然矢志不渝，不改初衷。因此说，人生在世，没有大志，没有远见，是无法立足的。

道光二十年（1840年）以后的7年里，曾国藩一直在翰林院、詹事府任闲散文职，但他仍不懈地努力读书，曾自立课程十二条，还编定了一个自修的课程：凡是读书的心得、人情的历练、自身的修养、诗文的创作，都分别记下来。而且，从道光十九年（1839年）起，他开始写日记，即使后来行军、生病，也照记不误，直到去世的前一天，可见他的毅力非凡。

曾国藩在翰林院供职9年，才由庶吉士熬到侍进学士。道光二十二年（1842年），他被委任做主考官到四川去主持科举考试。由于他是头一次出外工作，对科考工作十分认真。不但关防严密，担心有人私通关节，就是对各房官所推荐的考卷，都要亲自过目审阅，即便是那些未被选中的考卷，也拿来一一查阅，尽量避免漏掉人才。四川官员对他的工作极为满意，纷纷称赞他清正廉明、办事认真。考试完毕，他因圣命在身，顾不得游玩，抓紧时间往回赶。临行那天，四川的总督将军亲自前来给他送行。

曾国藩别过总督大人，回身上船，传谕"开船"。一声令下，船工起锚的起锚，升帆的升帆，把舵的把舵，不多时便离开了江岸，顺风顺水，沿江直下而去。一来是连日来阅卷、评定、写榜、接见得中举子等公务缠身，不得休息；二来忙于拜见地方政府各级官员，以及接待来访的人员，更是疲于应酬，加上日期又紧，没睡上一个囫囵觉。回到舱里倒头便睡，对于大江右岸的秀丽风光无心观赏。一觉醒来，只觉船舷颤动不止，船工呼号加劲，一打听，船已行到三峡，进了"万水争一门"的夔门。曾国藩久闻三峡盛名，听说到了三峡，翻身坐起，掀开左右舱帘往外观瞧。只见右岸白盐山危岩耸壁，令人目不暇接，狭窄的江面，波涛汹涌，大船宛如一叶小舟上下颤动，惊险万分。他想起古书上说的禹王治水的故事，这个夔门就是禹王挥起开山巨斧劈开的，心中充满景仰之情。过了一会儿，随身的仆役小声说道："大人，瞿塘峡到了。"他又记起四川友人对他说起的一段民谣："滟滪大如马，瞿塘不可下；

滟滪大如象,瞿塘不可上。"是说瞿塘峡口,有一横亘江心巨礁,名叫滟滪堆,又叫犹豫堆、燕窝石。此堆长约十二丈,宽有四丈五尺左右,春夏水大时隐入江中,为行船人所忌,冬秋时水枯又尽露出水面。峥嵘的岩上不知何年何月何时何人爬到这礁上,凿有"对我来"三个赫然醒目大字,如警钟长鸣,提醒船家小心。这时已是傍晚时分,夕阳的微光偶尔从缝隙中泄漏出来,巨礁上的大字已难以看清。

过了滟滪堆,船到西陵峡,江面宽阔起来,江水也平静下来,远远望去,婆娑多姿的神女十二峰依稀可见。曾国藩感到身子有些累,吃了点食品,又翻身躺下睡了起来。正是"两岸猿声啼不住,轻舟已过万重山",待他醒来时,大船已到了湖北宜昌。在宜昌,他下船换乘暖车,岁尾时才回到京城交办了公务。

曾国藩这次到四川主考,深得同僚夸赞,为他日后的晋升打下了一个良好基础。

回京不久,在他的座师穆彰阿的保举之下,做了文渊阁校理。次年,又转补为翰林院侍读,兼任翰林院教习庶吉士之职。越年,他又升任乙巳科会试第十八房的同考官。同年九月,又升任为翰林院的侍讲学士。十二月里又补了日讲起居注官,并充文渊阁直阁之事。可以说,这几年,曾国藩是"春寒过后绽春蕾",官运亨通,进入了佳境。官运如此,学问也是如此,他的声名鹊起,在同僚中很有影响力了。妻子欧阳氏一直生的都是女孩,这年又给他生了个儿子,取名纪泽。这个曾纪泽后来继承父志,成为我国近代史上著名的外交家之一。

纪泽满月这天,一向不喜欢大肆铺张的曾国藩破了例,下了数十张请柬,邀请朋友、同僚来家聚会。

待得众宾散去,曾国藩特意挽留几个最知近的朋友作私下长谈。这些人就是倭仁、唐鉴、何绍基、肃顺、徐芸渠、凌荻舟、黄正甫、张润农,以及湖南益阳的胡林翼等人。这些人或是曾国藩的恩师,或是同窗好友,或是同乡友好,都在曾国藩后来的事业中出谋划策,出资出力过。其中胡林翼当时与曾国藩既是同乡,又在同一衙门里任职,双方都十分倾慕对方,成为莫逆之交,也是在剿平太平天国起义军的战斗中最有力的支持者。

大家坐下来一边品着名茶,一边漫无边际地畅谈起来,客厅里不时回荡着他们的笑声。当大家谈论到当今栋梁之才,有人提到左宗棠的名字时，胡林翼忽然大笑起来。大家见他大笑，不明他笑的是什么，都把眼睛转向他。只见胡林翼品了一口茶，不紧不慢地说道："左季高这个人确实是个人才，不过——他眼睛长到额头上，太狂妄自大了点。"曾国藩接过话头问："润翁方才说的可是湘阴人氏，那个屡次会试不中的左宗棠吗？"胡林翼点了点头说："这人你也认识？"曾国藩说："我也是听别人向我举荐过，但还未曾谋面，不知他这人究竟如何？"唐鉴不等胡林翼答话，插嘴问道："润翁说这位左公狂妄，不知有何事实？"胡林翼看了唐鉴一眼，说道："他说诸葛亮是古亮，他是新亮，他又说我那位同乡郭意城是老亮，承他谬赞，还赠送兄弟我一个今亮，其实兄弟恐怕连一个'暗'字都够不上，怎敢叨光'亮'字呢？"说完，哈哈一笑。这些人见说得热闹，也都凑过来发表意见。黄正甫、张润农两人平日最佩服曾国藩，两人不约而同地问道："那么涤翁又当怎样论及呢？"胡林翼听了，含笑注视曾国藩，却不肯回答。曾国藩见他们说到自己，心里一阵紧张，赶忙把话头扯开。大家又谈了一会儿，见天色已晚，才依依不舍地散去。

  由于座师穆彰阿做了宰相，作为穆彰阿的得意门生，曾国藩自然也就被同僚高看一眼。又由于曾国藩的学问、人品、文章都不错，渐渐地曾国藩在朝臣中名声大振。由于这层层关系，曾国藩不久又被委任做了考试汉教习阅卷大臣，时隔不久，又做了武会试正总裁，接着又被派为殿试读卷大臣。被选为殿试阅卷大臣的，都是极有声望的人，曾国藩熬到这一步，可以说是相当有地位了。

  这年大考结束，曾国藩正与妻弟欧阳柄钧闲谈。忽见门房来报，说："新科翰林李鸿章求见。"曾国藩阅过李的考卷，对他的文章十分称许，听说是他，忙吩咐门房："快请进来！"李鸿章进来以后，向曾国藩行师生大礼，曾国藩把欧阳柄钧介绍给李鸿章，然后叫人搬过椅子让他坐下。两人谈了一会儿，李鸿章便告辞回去了。待李走后，曾国藩对妻弟说："此人我瞧他声朗气清，落落大方，气宇非凡，将来定成大器。"欧阳柄钧见他如此笼络人才，便问道："姐丈如此留心人才，难道已看出天下要有灾变不成？"他微笑道："乱久必治，治久必乱，这是天道循环之理。但愿我们别赶上这灾变年头。"欧阳柄钧平素对姐夫十分崇拜，见他如此讲，心想："像他这样稳健之人，决不会乱讲。"顿时感到有股无形的压力向身上落将下来，沉吟片刻，又问："难道就

没有法子消除吗?"曾国藩说:"目前最要紧的是,居安思危,早作打算,未雨绸缪,防患于未然,总比心中无数,混吃等死强似百倍。"不知什么时候,妻子欧阳氏抱着纪泽来到屋里,听两人这样一说,便焦急起来,说道:"真若是天下大乱,我们可怎么是好?"他扭过脸看了看妻子,从容镇定地说:"你不是还有夫君我吗,还担心什么?"他这话语意双关,言外之意是:匡扶社稷,舍我其谁也!

依仗座师当朝宰相穆彰阿的大力提携,也合该他官运亨通,不多久,他又连升四级,做上了礼部侍郎,后又兼任了兵部右侍郎,成为顺天武乡试射大臣。

第三章

开始军旅生涯

在京城任职期间，曾国藩以过人的胆识，参政议政，痛陈时弊，希望新主有所作为。可是，他的建议，并没有被采纳，这是他感到失望的，而一般士大夫故步自封、麻木不仁、不思振作，反而讥笑他出风头，"谤议横生"，更令国藩绝望。"补天傥无术，不如且荷锄"（《秋怀诗》《全集·诗文》）。壮志难酬，还不如归隐田园。他在上了《备陈民间疾苦疏》后的第五天，便写信告诉诸弟，说"时事多艰，无策以补救万一，实为可愧！明年拟告归，以避尸位素餐之咎"（《全集·家书》），颇有些心灰意懒。

1852年（咸丰二年）7月28日，国藩得江西乡试正考官差，正好借机出京。8月9日离京赴南昌，准备便道回湘乡老家。临行前，同人邵位西、孙芝房、吴南屏、黎庶昌等为他设宴饯行，黎庶昌赋诗相赠，云：

> 星轺四出后先望，
> 忽听除君喜欲狂。
> 臣节独伸时所倚，
> 天心向用道将昌。
> 当秋自可盘雕鹗，
> 到处争来看凤凰。
> 动为苍生锡之福，
> 谁云报称只文章？
> 愁云风鹤近吾乡，
> 大帅深居气不扬。

此去衔恩瞻岵屺，

可能画策扫搀枪。

事同救火关心切，

语待还朝造膝详。

割舍私情催上道，

未须携手上河梁。

其中"谁云报称只文章""可能画策扫搀枪"等语，与国藩后半生之事颇有暗合，"直是诗谶耳"。（王澧华：《曾国藩诗文系年》第96页。）

曾国藩离开京城，一路风尘仆仆。8月27日，抵安徽宿州，与前广西巡抚周天爵会晤。9月8日，当国藩行至安徽太湖小池驿，惊闻母亲去世，乃改假离职回家奔丧，由安徽经湖北抵湖南，10月6日回到了白杨坪。

国藩在白杨坪缞衣麻裳，原打算守制三年，以尽孝道，然而，洪秀全领导的太平天国革命，排山倒海，势如破竹，最终还是把国藩"逼"了出来。

洪秀全，原名仁坤，1814年1月1日（嘉庆十八年十二月初十）生于广东花县官禄布村一户普通农家，兄弟三人，长兄仁发，次兄仁达。父亲洪镜扬守有几亩土地、两头牛，在当地算是比较富裕的人家。

洪秀全的人生道路与曾国藩别无两途，他也希望通过科举入仕为官，光耀门第。1819年（嘉庆二十四年），洪秀全入本村私塾读书，因天资聪颖，勤奋好学，五六年间，即能熟诵"四书五经"、《孝经》及古文多篇，甚得业师及家族的称许，对其寄予很大的希望。1827年（道光七年），13岁的洪秀全到县里参加县试，顺利通过，从而取得参加府试的资格。1837年（道光十七年）、1838年（道光十八年）、1843年（道光二十三年），三次去广州府应秀才考试，但其考运绝不如国藩，三试三败。有人说，秀全屡试不中，倒不在于他的考试成绩拙劣，而是在于当时科场弊窦太深，不能选拔真才，这也是事实。不过，洪秀全的才智学识与同时代的曾国藩能否比肩列坐，未必尽然了。

洪秀全屡试败北，扬名声、显父母、光前身、垂后世的功名利禄欲望的破灭，使他对现实社会乃至"明君圣主"大为不满，鸦片战争的失败，清政府的腐败无能，狭隘的民族意识，刺激他偏离满清王朝的科举之路，羞耻与愤恨交煎的心理，终于驱使他走上了反叛的道路。

> 龙潜海角恐惊天，
> 暂且偷闲跃在渊。
> 等待风云齐聚会，
> 飞腾六合定乾坤。

秀全一边教书糊口，一边做着反满抗清的准备，一旦风云聚会，时机成熟，便发动抗清起义，定六合乾坤，建立新政权。广西的"溃烂"，为洪秀全提供了大显身手的天地。

当时的广西，是社会矛盾尖锐突出的地区，特别是"人满之患"，远较其他地区严重。据历史记载，从1749年到1850年，广西人口由368万增至782万，百年时间人口增加一倍还多，人均占有耕地面积由2.4亩下降到1.1亩。广西是地瘠民贫的省份，人均耕地面积还达不到1.7亩的全国平均值，这种人和自然资源之间的尖锐矛盾，不可避免地造成严重的社会后果：

其一是盗贼如毛，山堂林立。大量剩余人口，在谋生无门的情况下，往往铤而走险，落草为寇，广西就是这样一个盗匪的世界。汪士铎在《乙丙日记》中论太平天国史事时说，广西多盗的原因是"地不能增而人加众……故相率为盗以谋食"。到太平天国革命前夕，广西终于成为一个"盗匪如毛，会党纷起"（《光绪贵县志》第4卷）的社会。

其二是生存竞争激烈，主要表现在广西土著与外省客民之间的械斗上。从外省移入广西的人口，来自于湖南、广东、福建等省，他们到了广西，被称为"客民"。客民的到来更加剧了生存竞争的剧烈性，土客之间为争夺土地相互仇杀。械斗之案层见叠出，社会动乱不安。这些情况表明，广西已到了"溃烂不可收拾"的地步。这就为洪秀全组织发动农民起义创造了条件。

要发动农民革命，必须有舆论和组织上的准备。1837年，洪秀全赴广州应试时，曾购得基督教徒梁发编著的传道书《劝世良言》，束之高阁。1843年最后一次科场失利后，苦闷至极，拿出潜心细读，竟然"大觉大悟"（韩山文：《太平天国起义记》），决定利用宗教来发动农民

起义。《劝世良言》宣扬"独一真神皇上帝",宣传"上帝面前人人平等",这对洪秀全是有启发的。1843年6月,他创立了"拜上帝会"(洪秀全有没有创立"拜上帝会",学术界有不同看法),表兄李敬芳第一个入会,7月族弟洪仁玕、同窗冯云山相继参加。拜上帝会最初是一个宗教组织,后来逐渐演变成反满抗清的政治团体。拜上帝会的教义是《十款天条》(源出自《圣经》):第一崇拜皇上帝,第二不好拜邪神,第三不好妄题皇上帝之名,第四七日礼拜颂赞皇上帝恩德,第五孝顺父母,第六不好杀人害人,第七不好奸邪淫乱,第八不好偷窃劫抢,第九不好讲谎话,第十不好起贪心。这《十款天条》后来成为太平天国最初的军事纪律。

拜上帝会创立后,洪秀全和冯云山走出花县,游历广州、顺德、南海以及广西贵(桂)县等十余县,进行艰苦的传教活动,但收效甚微,只吸收了百余名会员,这其中一个主要原因是拜上帝教教义与一般民众心理不符。因此,1844年底,冯云山仍留广西传教,而秀全则回到原籍,进行理论上的创造。从1844年底到1846年,先后写出了《百正歌》《原道救世歌》《原道醒世训》《原道觉世训》等文献,把原始基督教与中国实际联系了起来。其中比较突出的一点就是通过上帝这个宗教的形式,阐发了旧式农民革命的平等(等贵贱)平均(均贫富)思想。他说:"天父上帝人人共,天下一家自古传。""天人一气理无二,何得君王私自专。"就是说,天下是大家的天下,不是封建君主专有的天下。"普天之下皆兄弟""上帝视之皆赤子"(《太平天国》资料第1册)。这是对封建等级制的否定,主张人与人在政治上应该平等。洪秀全揭露当时封建王朝统治下的中国,是一个"相凌相夺相斗相杀""暗极""乱极"的社会,而其根源是"所爱所憎一出于私"的私有制,提出要建立一个"天下一家,共享太平"的"新世界"。在这个新社会里,"天下多男人,尽是兄弟之辈,天下多女子,尽是姊妹之群,何得存此疆彼界之私,何可起尔吞我并之念",灌输了经济和男女平等的思想。

"平等""平均"是旧式农民战争最具号召力的口号。在晚清封建政权残酷的经济剥削、政治压迫和农民贫困破产的情况下,洪秀全高举"太平"旗帜,要打出一个有田同耕、有饭同食、天下大同的全新世界,对广大贫苦民众不啻一个福音,也起了组织动员群众的重大作用。

1847年8月，洪秀全二进广西，与冯云山会合，选择紫荆山为根据地，继续发动革命的准备工作：继续在紫荆山烧炭工人及下层民众中发展会员，吸收天地会众共拜上帝，捣毁庙宇偶像，扩大影响。1847年（道光二十七年）10月26日秀全、云山捣毁象州甘王爷庙，"传闻甚远，信从愈众"，秀全名声大振；建立领导核心，异姓结拜，共奉上帝为天父，耶稣为长兄，洪秀全为次兄，冯云山行三，杨秀清行四，萧朝贵行五，韦昌辉行六，石达开行七，"聚众起事，共推洪秀全为首"（《石达开自述》）；训练队伍，铸造武器。经过几年的努力，起义的准备工作基本就绪。1850年7月（道光三十年六月），洪秀全发布总动员令，命各地拜上帝会员于11月4日（十月一日）到金田集中团营，预备洪秀全生日那天宣布起义。

> 近世烟氛大不同，
> 知有天意启英雄；
> 神州被陷从难陷，
> 上帝当崇毕竟崇。
> 明主敲诗曾咏菊，
> 汉皇置酒尚歌风；
> 古来事业由人做，
> 黑雾收残一鉴中。

这是洪秀全在起义前夕所作的一首《近世诗》，自喻明主汉皇。朱元璋胜利前夕敲诗咏菊，"要与西风战一场"的豪迈，汉皇刘邦《大风歌》"威加海内"的磅礴以及洪秀全收残黑雾重现光明的信念浑然一体。洪秀全这种气吞山河之势，与曾国藩"匣里龙泉吟不住，问予何日斫蛟鼍""竟将云梦吞如芥，未信君山划不平"，像是应答，像是唱和，似乎"天意"预示着洪曾之间一场无可避免的角逐。

1851年1月11日（道光三十年十二月初十），这一天是洪秀全37岁诞辰，杨秀清、萧朝贵、冯云山、韦昌辉、石达开诸人，率太平军将士来到金田村韦氏祠堂为秀全祝寿，正式宣布起义，建号太平天国。

金田起义后的第三天，太平军挥戈东进，攻占大湟江口，2月18日、3月5日在牛排岭、屈甲州大败广西提督向荣所部清军，进发武

宣。1851年（咸丰元年）3月23日，洪秀全在武宣东乡称"天王"，这一天就成为太平天国历史上的"登极节"。

4月10日，清政府以大学士赛尚阿为钦差大臣驰赴广西督师，乌兰泰、向荣帮办军务，征调重兵，向太平军进攻。从4月到9月，太平军转战武宣、象州、桂平、平南等地，屡挫清军，9月25日一举攻克永安州。太平军在此休整，进行军政建设，办了几件大事：制订《太平军目》，确立了"五人为伍，五伍为两，五两为卒，五卒为旅，五旅为师，五师为军"，以军为单位的军事制度；设立"圣库"制度，太平军"人无私财"，一切所有缴纳圣库，衣食所需均由公款开支，一律平均；颁布《太平条规》，强化军事纪律；分封诸王，1851年12月17日举行封王大典，封杨秀清为东王、萧朝贵为西王、冯云山为南王、韦昌辉为北王、石达开为翼王，所封各王，得受东王节制。"永安建制"初步奠定了太平天国建国的规模，保证了太平军的胜利进军。

太平军在永安这座山城待了半年，从容休整，而清军也从容调遣，完成了对永安的包围。永安弹丸之地，粮道又被切断，若不突出重围，有被聚歼的危险。1852年4月5日，洪秀全以罗大纲部为先锋，秦日纲部殿后，冒雨撤离永安，前锋直趋古苏冲，与乌兰泰所部相遇，因寡不敌众，太平军官兵2000余人阵亡。8日，太平军在龙寮口、大洞山设伏，重创乌兰泰等部，天津镇总兵长瑞、凉州镇总兵长寿、河北镇总兵董光甲、郧阳镇总兵邵鹤龄及兵勇5000余人被斩杀。太平军先败后胜，摆脱清军围困，乘胜向桂林方向进军。4月18日直抵桂林城下。19日乌兰泰率军反攻，中炮受伤，5月8日死于阳朔。桂林城坚兵众，太平军围攻一个多月不下，5月19日主动撤围北上，6月3日攻占全州。在攻打全州的战役中，南王冯云山不幸中炮受伤，死于蓑衣渡。冯云山是拜上帝会的实际组织者和奠基人，是太平天国军政制度的规划者，他的殉难，是太平天国的巨大损失。

6月5日太平军自全州进军湖南永州，中途遭到曾国藩好友江忠源楚军的伏击，损失惨重，11日撤离永州，12日攻克道州。太平天国势力由此深入到曾国藩的老家湖南。

在道州，一方面整顿思想，教育广西老兄弟丢弃打回家乡的"怀土重迁"的狭隘观念，提出"略城堡，舍要害，专意金陵"的战略方针，鼓励太平军老战士继续北上。另一方面则是扩军。太平军到达道州时，已由原来的 5 万余众，剩下不足万人，亟须扩充。为此，以真天命太平天国左辅正军师东王杨秀清、右弼又正军师西王萧朝贵的名义发布了三篇著名的檄文：《奉天讨胡檄布四方谕》《奉天诛妖救世安民谕》《救一切天生天养中国人民谕》，历数清政府的腐败统治："罄南山之竹简，写不尽满地淫污；决东海之波涛，洗不尽弥天罪孽"，号召人民"讨胡""诛妖"，推翻满清皇朝的统治，"廓清华夏"。湖南民众特别是会党纷纷响应，加入太平军，扩军数万。

太平军在道州休整两个月后，8 月 17 日攻占郴州，接着连克永兴、安仁、攸县、茶陵、醴陵，9 月 10 日师抵湖南省城长沙。

太平天国革命的烈火大有燃遍湖南之势，这使丁忧在家守制的曾国藩坐立不安，再也无法终制了。

壮志难酬而思田园之乐，同国方艰则有澄清之志。这原来就是中国儒生"出世"与"入世"的矛盾统一。曾国藩在京一筹未展，自然欲归田园，但作为一位实学家，他从未放弃自己的志向。在京期间，他曾赋诗言志，云："群乌哑哑叫紫宸，惜哉翅短难长往！一朝孤凤鸣云中，震断九州无凡响。""莫言儒生终龌龊，万一雉卵变蛟龙。"（《感春》诗，《全集·诗文》）情知"紫宸"被哑哑群乌权贵把持，自己无法施展经世大志，但他可以等待，而太平天国革命犹如惊涛骇浪，冲击着势之将倾的清帝国大厦，曾国藩屠鲸斫蛟、喈凤变龙的机会终于来到了。

当太平军大军压境，纵横驰骋湖南时，湖南全省震动，湘乡也是人心浮动，老百姓四处乱逃，不知所措。国藩起而问事，作《保守平安歌》三首（《全集·诗文》），不啻为三项应变措施。

第一首《莫逃走》唱道：

> 众人谣言虽满口，我境切莫乱逃走。
> 我境僻处万山中，四方大路皆不通。
> 我走天下一大半，惟有此处可避乱。
> 走尽九州并四海，惟有此处最自在。
> 别处纷纷多扰动，此处却是桃源洞。
> 若嫌此地不安静，别处更难逃性命。
> 只怕你们太胆小，一闻谣言便慌了。
> 一人仓忙四山逃，一家大小泣嗷嗷。

男子纵然逃得脱,妇女难免受煎熬。
壮丁纵然逃得脱,老幼难免哭号咷。
文契纵然带着走,钱财不能带分毫。
衣服纵然带着走,猪牛难带一根毛。
走出门来无屋住,躲在山中北风号。
夜无被铺床板凳,日无锅甑切菜刀。
受尽辛苦破尽财,其实贼匪并未来。
只因谣言自惊慌,惹起土匪吵一场。
茶陵道州遭土匪,皆因惊慌先徙走。
其余各县逃走人,多因谣言吓断魂。
我境大家要保全,切记不可听谣言。
任凭谣言风浪起,我们稳坐钓鱼船。
一家安稳不吃惊,十家太平不躲兵。
一人当事不害怕,百人心中有柄把。
本乡本土总不离,立定主意不改移。
地方公事齐心办,大家吃碗安乐饭。

曾国藩以通俗易懂的歌谣,娓娓道来,劝说开导,果然奏效,一时人心安定。

《莫逃走》安定人心固然重要,更重要的是齐心协力,拧成一股绳。国藩作《保守平安歌》第二首《要齐心》歌谣,唱道:

我境本是安乐乡,只要齐心不可当。
一人不敌二人智,一家不及十家强。
你家有事我助你,我家有事你来帮。
若是人人来帮助,扶起篱笆便是墙。
只怕私心各不同,你向西来我向东。
富者但愿自己好,贫者却愿大家穷。
富者狠心不怜贫,不肯周济半毫分。
贫者居心更难说,但愿世界遭抢劫。
各怀私心说长短,彼此有事不相管。
纵然亲戚与本家,也是丢开不管他。

这等风俗实不好，城隍土地都烦恼。
万一邻境土匪来，不分好歹一笔扫。
富者钱米被人抢，贫者饭碗也难保。
我们如今定主意，大家齐心共努力。
一家有事闻锣声，家家向前作救兵。
你救我来我救你，各种人情各还礼。
纵然平日有仇隙，此时也要解开结。
纵然平日打官方，此时也要和一场。
大家吃杯团圆酒，都是亲戚与朋友。
百家合成一条心，千人合做一双手。
贫家饥寒实可怜，富家量力略周旋。
邻境土匪不怕他，恶龙难斗地头蛇。
个个齐心约伙伴，关帝庙前立誓愿。
若有一人心不诚，举头三尺有神明。

曾国藩苦口婆心，反反复复开导为"富者"惜贫怜贫，不要像平日那样对于贫者"不肯周济半毫分"，"贫家饥寒实可怜，富家量力略周旋"，无非要缓和贫富对立，团结起来，"百家合成一条心，千人合做一双手"。大敌当前，争取民众，这样就不至于把"贫者"推到太平天国一方。这对"富者"绝对是没有好处的。

光缓和阶级矛盾还不够，万一太平军攻进湘乡将如何是好？因此还必须采取必要的应变措施，于是曾国藩又编了第三首歌谣《操武艺》：

要保一方好土地，大家学些好武艺。
武艺果然学得精，纵然有事不受惊。
石头要打二十丈，石灰罐子也一样。
木板只要五寸宽，箭箭要中靶子上。
石头灰罐破得阵，叉钯锚子一齐进。
靶子也立一块板，板上先凿四个眼。
眼内安个小木球，戮在锚子尖上留。
只要枝枝戳得准，保守地方总安稳。
火器虽然是个宝，鸟铳却要铸得好。

火药也要办得真，不然炸裂反伤人。
铳手若是不到家，不如操演不用他。
惟有一种竹将军，装得火药大半斤。
三股麻绳紧紧缠，一炮响动半边天。
件件武艺皆无损，石头锚子更要紧。
石头不花一文钱，锚子要出一道圈。
若是两个习得久，打尽天下无敌手。
读书子弟莫骄奢，学习武艺也保家。
耕田人家图安静，学习武艺也不差。
匠人若能武艺全，出门也有防身计。
商贾若能学武艺，店中大胆做生意。
雇工若能武艺全，又有声名又赚钱。
白日无闲不能学，夜里学习也快乐。
临到场上看大操，个个显出手段高。
各有义胆与忠肝，家家户户保平安。

曾国藩利用这种大众喜闻乐见的歌谣形式，号召士、农、工、商各个阶层起来拿起"家伙"，操练武艺，自卫身家，抵抗太平军，"保一方好土地"。这比政府颁发的各类充满"之乎者也"的文告，更容易深入人心。曾国藩以为《保守平安歌》三首既能收效于湘乡，也"可以劝通省之人"，要求湖南地方当局广为散发。

长沙围城之战仍在进行中。在9月12日的战斗中，萧朝贵中炮殉国，这是太平天国又一重大损失。11月30日，长沙围两个多月不克，加上清军云集，太平军撤围而去。12月3日克益阳，民船数千投入太平军，水陆顺江而下，13日攻克"两湖咽喉""最为要害"的岳州（岳阳）城。在岳州，太平军又得民船5000余条，从而建立了水营，同时得旧藏吴三桂大批军械炮位，改善了装备，声威大震。朝廷急令两江总督陆建瀛为钦差大臣，与江西巡抚张芾、安徽巡抚蒋文庆沿江设防，令向荣尾追太平军，以收夹击之效。16日，15万太平军水陆并进，千舡健将，两岸雄兵，鞭敲金镫响，沿路凯歌声，浩浩荡荡，披荆斩棘，所向无敌。12月22日克汉阳，29日下汉口，1853年1月12日占领武昌。武汉为南北枢纽，自古为兵家必争之地，如曾国藩所说："论天下之大局,则武昌为必争之地,何也?能保武昌,则能扼金陵之上游,能围荆、襄之门户,能通两广、四川之饷道,若武昌不保,则势成割据之势。"武汉的失守对清政府的打击是可想而知的。因此,清廷一方面调整军事部署,以琦善为钦差大臣防守河南南阳,调察哈尔都统西凌阿、陕甘总督舒兴阿、山东巡抚李僡以及副都统明庆、德崇额、忠泰等,进剿太平军;另一方面号召各地团练乡勇,保卫桑梓。1月8日,咸丰皇帝颁给湖南巡抚张亮基一道上谕,说:"前任丁忧侍郎曾国藩籍隶湘乡,闻其在籍。其于湖南地方人情,自必熟悉。著该抚传旨,令其帮同办理本省团练乡民,搜查土匪诸事务,伊必尽力不负委任。"

　　1月21日,曾国藩接到帮办湖南团练的谕旨,初尚迟疑,准备上疏陈情,恳乞终制。好友吴敏树致书力劝,郭嵩焘则专程赶往白杨坪,"以力保桑梓之谊"为言,敦促他应召出山,国藩遂焚毁疏稿,遵从墨绖从戎的古制,接受团练大臣的任命。

第四章

编练湘军

嘉庆初年镇压白莲教起义时,清政府曾号召所在地方官举办团练,协助绿营兵堵截追杀。最出名的团练武装主要有两股,分别由四川土匪罗思举和游民桂涵带领,其凶残亡命过于官军,为清政府屠杀革命人民效尽犬马之劳。后来二人皆官至提督。鉴于这一历史经验,清政府在镇压太平天国革命和各地会党活动之初,就非常重视团练的作用。早在道光三十年九月,清政府就指示两广总督徐广缙亲赴广西劝谕士绅举办团练,至咸丰元年四月,广西地方官向清廷奏称,广西已通省举办团练,并一再奏报团练武装捕杀当地会党群众的情形,为反动士绅请功。团练武装不仅在各地拦击小股起义队伍,袭杀零散会党群众,还直接配合清军围剿太平军。太平军紫荆山根据地的双髻山要隘,就是当地团练武装配合清军向荣部攻陷的。咸丰二年太平军进入湖南,清政府又命令两湖地方官,尤其湖南官员举办团练,并令原湖北巡抚罗绕典驰赴湖南,协助湖广总督与湖南巡抚劝谕士绅,办理团练。不过当时还没有任命团练大臣。到了这年秋天,清政府见各地官员出于种种原因,不能有效地组织当地士绅举办团练武装,太平军所到之地,整个统治机器顷刻瓦解,遂采取两条措施,加紧举办团练。一是扩大举办团练的范围。自咸丰三年二月起,清政府发布命令,要求全国各省地方官普遍举办团练,不再限于太平军已经到达的地区。二是任命丁忧或请假在籍的官员为团练大臣,利用其人地两熟、便于联络各地士绅的条件,专门负责团练事务,以弥补地方官之不足。

清政府最早设团练大臣是咸丰二年八月,任命的第一个团练大臣的是江西团练大臣、前刑部尚书陈孚恩;接着,当年十一月二十九日(1853年1月8日)任命曾国藩为湖南团练大臣;十二月二十五日任命在籍养病的前广西巡抚周天爵为发徽团练大臣；不久，又命工部侍郎吕贤基、翰林院编修李鸿章回安徽原籍办团练。不过这时设置团练大臣还仅限于太平军势力所及各省，人数也比较少。自咸丰三年二月将举办团练的政策推行于全国各省之后，团练大臣也一天天多起来，至当年二月底止，短短一个月内，就先后任命四批团练大臣，连陈孚恩、曾国藩、周天爵、吕贤基在内总计达45人，人数最多的山东一省就有团练大臣13人，比它稍次的江苏省也有团练大臣8人。同时，清政府还命令内阁将咸丰皇帝历次下达的有关举办团练的谕旨以及嘉庆年间明亮、德楞泰的《筑堡御贼疏》、龚景翰的《坚避清野议》刊刻印发各省，参照执行。由此可以看出清政府的团练政策和为动员各地土豪劣绅举办团练所做的努力。

湖南地主阶级具有丰富的镇压农民反抗的经验，其举办团练的历史也是由来已久的。早在乾隆末年，辰州府凤凰厅同知傅鼐就曾用普遍筑堡办团、募勇集练成军的办法镇压了湘黔边境的苗民起义。道光以来，反动士绅募勇成军镇压农民和少数民族起义的例子更是屡见不鲜，史不绝书，其中最突出的事例是江忠源。江忠源的家乡新宁县文化非常落后，"清代向无捷乡试者，迨丁酉科江忠源以拔贡中式，人谓之破天荒"，以是小有名气。但因其赌博嫖妓，遂为湖南"礼法之士"所不齿，唯与欧阳兆熊、郭嵩焘、曾国藩等人友善。道光二十七年江忠源家乡新宁县爆发雷再浩起义，被他募勇镇压下去。由此名声大噪，保为知县，简发浙江，很快实授秀水知县，不久丁忧回籍。咸丰元年六月赛尚阿充任钦差大臣，疏调江忠源随营差遣。他闻命即起，迅速赶往广西前线，留在乌兰泰幕中参谋军事，并令其弟江忠濬募勇五百名带往广西随营作战，号称楚勇，甚得乌兰泰赏识。这是湖南乡勇最早出省作战。咸丰元年底，江忠源从永安城外回家养病，闻太平军围攻桂林，又立刻增募新勇，力疾再出，并邀请刘长佑为助手，兼程赶赴桂林军营。

刘长佑（1818—1887年）字子默，号印渠，湖南新宁人，出身于一个小富绅家庭。自幼读书，屡试不中，在岳麓书院先后读书十二年，直到道光二十九年始考取拔贡生。这年冬，雷再浩旧部李沅发在新宁起义，刘长佑亲自组织团练，参加了镇压活动。转年经江忠源引荐，在京求见曾国藩。曾国藩对他"深相爱重"，一见即"叹曰：'戡乱才也'"。他与江忠源自幼气味相投，又是姻亲，所以一得到邀请便欣然应命，从

此开始了镇压太平天国革命的反革命生涯。在桂林城外，江忠源、刘长佑率领的楚勇曾屡次与太平军交战，江忠源亦因此迁为知府。后因与向荣意见不合，离营回湘，闻太平军从桂林撤围北上，欲入湖南，急在湘江上游的险要地段蓑衣渡设伏袭击太平军，致使太平军兵力损耗一半，辎重给养全部丢弃，杰出领导人冯云山壮烈牺牲，遭受起义以来从未有过的损失。当时长沙兵力空虚，士无战心，城墙倾圮，城门残缺不全，若太平军沿湘江顺流而下，攻取长沙是很容易的。由于江忠源的袭击，迫使太平军不得不弃舟登陆，绕道湘南，以致丧失了攻克长沙的最好机会。其后江忠源又间道趱程赶往长沙，参加了各路清军防守长沙的战斗，并因长沙城守及镇压会党起义之功擢为道员。

曾国藩的家乡湘乡县也是湖南举办团练最早的县份之一。早在道光二十九年曾国藩的二弟曾国潢就在家乡组织"安良会"，对付吃"排饭"的饥民。咸丰元年刘东屏、刘蓉父子和曾麟书、曾国潢父子在湖广总督程矞采、湘乡知县朱孙诒的支持下组织团练武装，镇压湘乡县境内的抗粮斗争。他们争先购置眼线，率勇捕人，连自己的亲戚朋友也不放过，很快把这场斗争镇压了下去。咸丰二年春太平军攻桂林不下，广西巡抚邹鸣鹤即移咨湖广总督程矞采，言太平军有入湘之象，让湖南方面早做准备。消息传出后，湖南各县官绅纷纷举办团练，而湘乡知县朱孙诒则尤为积极。他亲自召集各乡巨绅议定团练章程，并在湘乡县城和永丰、娄底两处分设三个团练局，号召各乡士绅普遍办团。同时还在湘乡县城成立总团，请曾国藩的父亲曾麟书以湘乡首户巨绅总其成，并敦请著名士绅罗泽南、刘蓉等协办本县团练。

罗泽南（1807—1856年）字仲岳，号罗山，自幼家贫，19岁起以教书为生。他刻苦攻读，屡应乡试不中，直到道光三十年才被湘乡知县朱孙诒举为孝廉方正。罗泽南早年交游不广，道光十八年始与刘蓉交好，道光二十四年又与郭嵩焘、郭崑焘兄弟相识，直到咸丰元年在善化贺长龄家教书时方与曾国藩通信。罗泽南是个忠于封建礼教的士人，多年来潜心程朱理学，并著有《西铭讲义》《人极衍义》等书，甚为曾国藩所推崇。曾国藩说罗泽南之志"以为天地万物本吾一体，量不周于六合，泽不被于匹夫，亏辱莫大焉"。他曾长期在善化、湘乡等地教书，向青年学生灌输封建伦理观念，培养出一大批忠于封建秩序的儒生。湘军骨干人物玉鑫、李续宾、李续宜、蒋益澧、刘腾鸿、杨昌浚、刘典等都是他的学生。

王鑫（1825—1857年）字璞山，原名开作，字家宾。20岁入县学，同年投到罗泽南门下为弟子，初办团练时王鑫最积极，在罗泽南诸弟子中地位亦最高，湘乡练勇集训之始，他就独领一营，所以后来的湘军将领多为罗、王、江、刘旧部。

李续宾（1818—1858年）字迪庵，湖南湘乡人。李续宜字克让，号希庵，李续宾胞弟。李续宾年少时膂力过人，不喜读书，因亲老家贫，以贩煤养亲并供弟读书。罗泽南欣赏他的"孝友"，将他兄弟二人一并收为弟子。

蒋益澧字芗泉，刘腾鸿字峙衡，杨昌浚字石泉，刘典字克庵，皆为湘乡人，罗泽南办团练时他们都一齐参加进来，后来皆成为著名的湘军将领。

太平军进入湘南地区后，湖广总督程矞采曾令湘乡知县朱孙诒募勇千人赴衡州防堵，从此，湘乡县不仅有遍布各乡的团丁，还有一支由官府出钱、集中于县城进行编练的练勇。当时湘乡练勇有一千多人，分为中、左、右三营，分别由罗泽南、王鑫、康景晖带领（后来右营营官改任邹寿章）。太平军离开湖南后，罗泽南因办团练出力被保为候补训导。

除新宁、湘乡而外，湖南的其他县份也办起了团练，用以对付会党起义和群众抗粮斗争。其组织办法与湘乡相似，通常是各乡普遍办团，同时招募部分乡勇在县城集中训练，称为练勇，费用由各府、县官库支给。其余各乡团练则由各乡绅自行筹集，自行经管。在镇压各地会党和防堵、袭击太平军的活动中，除以上两县外，辰州、宝庆、泸溪、浏阳等地的练勇也比较有名，皆已编练成军。这些练勇就成为后来曾国藩创办湘军时最初的组织基础。

另起炉灶、重建新军的思想，曾国藩早在咸丰二年底建议张亮基将所调各县练勇"改募成军"时就很明确。他在给宝庆知府魁联的信中解释采取这一决策的原因说："就现在之额兵练之而化为有用，诚为善策。然习气太盛，安能更铸其面目而荡涤其肠胃？恐岳王复生，半年可以教成其武艺；孔子复生，三年不能变革其恶习。故鄙见窃谓现在之兵不可练之而为劲卒，新募之勇却可练之使补额兵。救荒之说，自是敝邑与贵治急务。"

然而未来的新军究竟是什么样子，曾国藩胸中并无成熟方案，因而

他在建立所谓"大团"时,仅强调"今欲改弦更张,总宜以练兵为要务"。直到这年夏天,江忠源在给清廷的奏折中表示欲采取兵勇混用的办法(从各地征调绿营六千人,从湖南招募官勇四千人,组成一支万人之师)战胜太平军时,曾国藩才致信江忠源等人,指出绿营兵制的根本弊病,将其致败的主要原因归咎于调遣之法不善,提出改革军制的主张。他说,"今日兵事最堪痛哭者,莫大于'败不相救'四字","虽此军大败奔北,流血成渊,彼军袖手而旁观,哆口而微笑"。他认为,造成这种积弊的主要原因是由于调遣成法不善。曾国藩指出,"当其调兵之时,东抽一百,西拨五十,或此兵而管以彼弁,或楚弁而辖以黔镇","卒与卒不习,将与将不和",遂造成"胜则相忌,败不相救"的风气。既然"危急之际无人救应,谁肯向前独履危地,出万死之域以博他人之一微笑?是以相率为巧,近营则避匿不出,临阵则狂奔不止,以期于终身不见贼面而后快"。他认为,太平军所以无往不胜,不仅由于其纪律严明,深得民心,还由于它内部团结,誓同生死,"若非练兵万人,合成一心",断难制此强敌之死命。因而,这支军队必须"呼吸相顾,痛痒相关,赴火同往,蹈汤同行,胜则举杯酒以让功,败则出死力以相救。贼有誓不相弃之死党,吾官兵亦有誓不相弃之死党"。只有这样,"庶可血战一二次,渐新吾民之耳目而夺逆贼之魂魄"。可以说这是曾国藩对所建新军政治素质的要求,他制定军制改革的各项措施都是以此为出发点的。

曾国藩对绿营军制的改革主要表现在两个方面:一是以募兵制代替世兵制,二是将"兵为国有"变为"兵为将有"。前面已经讲过,绿营兵实行世兵制度,基本上是父子相承,当兵为业,绿营子弟成年后即可随营习武,称为随军余丁,一旦营中出现空额,便可补缺吃粮。所以,绿营一般不从外面招募,只有在余丁不足时才自外募兵补缺。湘军属官勇性质,数额不定,全部招募,且随着形势的变化和需要的不同随时增减或裁撤。曾国藩为了不使湘军染上绿营的种种恶习,首先要求湘军在组织上与绿营彻底割断联系。他认为,绿营的腐败习气已"深入膏肓,牢不可破",只有"尽募新勇,不杂一卒,不滥收一弁","特开生面,赤地新立",才能"扫除陈迹",练成劲旅。他还说:"国藩数年来痛恨军营习气,武弁自守备以上无不丧尽天良,故决不用营兵,不用镇将。"曾国藩规定,湘军士兵主要招募健壮、朴实的山乡农民,不仅不收营兵，也不要集镇码头上油头滑面之人，更不要曾在衙门当过差的书役、胥吏之类。湘军的军官，主要招聘绅士、文生充任，对政治、思想和身体条件都有一定要求。曾国藩在给朋友的信中提出四条标准，请人为他物色湘军军官。他说："带勇之人，第一要才堪治民，第二要不怕死，第三要不急名利，第四要耐受辛苦。治民之才不外公、明、勤三字，不公不明则诸勇必不悦服，不勤则营务细巨皆废弛不治，故第一要务在此。不怕死则临阵当先，士卒乃可效命，故次之。为名利而出者，保举稍迟则怨，稍不如意再怨，与同辈争薪水，与士兵争毫厘，故又次之。身体羸弱过劳则病，精神乏短者久用则散，故又次之。"又说："四者似过于求备，而苟阙其一则乃不可以带勇。""大抵有忠义血性，则四者相从以俱至；无忠义血性，则貌似四者终不可恃。"可见条件虽多，关键还是政治思想表现。曾国藩选拔军官始终坚持政治标准第一的原则，只要被他认为"有忠义血性"者，不论营弁、营兵、书生，都可录用。后来成为湘军名将的塔齐布、周凤山、鲍超、杨载福都是营弁或营兵出身。至于其他条件，则各有高低差等，更可以在战争中磨炼和培养了。

　　为了加强对士兵的控制和湘军内部的团结，曾国藩又在两个方面做出了努力：一是加强各级军官的权力，下级绝对服从上级，士兵绝对服从军官；二是募勇的地域原则和私人情谊至上的原则。曾国藩规定，湘军的招募，统领由大帅挑选，营官由统领挑选，哨官由营官挑选，什长由哨官挑选，士兵由什长挑选。曾国藩认为，"口粮虽出自公款，而勇丁感营官挑选之恩，皆若受其私惠，平日既有恩谊相孚，临阵自能患难相顾"。曾国藩还认为，一营一军之中若募有两地的士兵，必然造成地区之间的不和。因而不如干脆只用一地之人，可以利用地域观念和同乡感情加强团结。所以湘军一般只在湖南募兵，又主要在长沙、宝庆二府招募，尤以湘乡最多。湘军不论在何地作战，凡添新勇，都要回湖南招募。湘军军官外省人间或有之，而士兵则外省人极少——只是到了后期，才偶尔募集少量外省士兵，以补充兵源的不足。为防止士兵逃跑，曾国藩还规定，凡应募者必须取具保结，并将其府县里居及父母、兄弟、妻、子姓名详细登记入册。这样士兵就不敢逃离营伍；即使有逃跑者，亦可按籍捉拿归案。对于湘军内部的关系，曾国藩规定：一军之权全付统领，大帅不为遥制；一营之权全付营官，统领不为遥制。"如封

第四章　编练湘军

建之各君其国，庶节节维系，无涣散之虞"。为了保持湘军从大帅到营、哨官的垂直指挥系统，曾国藩规定，只看事寄轻重，不管官位尊卑。即使士兵已保至提、镇大员，而营官仅止从九品，士卒也要绝对服从于营官。营官之于统领亦然。

这样，士卒由私人关系转相招引，军官则凭个人好恶任免，官与官之间也靠同乡、同事、师生、朋友等私人感情相维系，遂形成湘军各树一帜、各护其长的风气，久而久之，逐渐变成一支军阀武装。

募集和训练官勇镇压农民起义，并不是曾国藩的发明。仅就曾国藩集团来说，除前面提到的江忠源外，胡林翼早在道光末年在贵州任知府时就已开始募勇镇压境内各族人民的反抗活动。但他们都没有触及军制的改革、其饷源也没有很好地解决，所以他们招募的官勇无论在数量上和质量上都不足以独当一面，也从未改变作为绿营兵辅助力量的地位。曾国藩前后用了几年的时间，对绿营、八旗、团练、官勇以及历代兵制都作过精心研究，对太平军也有所了解，他取长补短，根据当时的各种条件进行了军制改革，从而把官勇由辅助性的武装力量变成为独立的、自成体系的新式军队。这正是曾国藩比江忠源、胡林翼诸人高明的地方。他之所以成为湘、淮军集团的领袖并不是偶然的。

对于兵勇的训练，曾国藩一开始就比较重视。曾国藩初到长沙时曾训练过三营湘勇，其后在镇压湖南各地会党起义中甚感得力。而派往江西的一千湘勇则有两营从未进行过训练，因而伤亡惨重，不堪一战。正反两面的经验使曾国藩的认识又大大提高了一步，进而增强了练兵的信心和决心。他在给骆秉章的信中说："不练之兵断不可用。侍今年在省练过三营，虽不足当大寇，然犹可以一战。六月援江之役，新集之卒未经一日训练，在江不得力，至今懊悔。"他在批札中也一再强调，乡勇不难于招募而难于训练，并详列训练的内容和要求，令部下遵行。曾国藩把训练的内容和要求分为两部分，一称为"训"，一称为"练"。"训"侧重于政治与思想方面，"练"侧重于军事与技艺方面。他说："新募之勇全在立营时认真训练。训有二，训打仗之法，训做人之道。训打仗则专尚严明，须令临阵之际，兵勇畏主将之法令甚于畏贼之炮子；训做人之道则全要肫诚，如父母教子，有殷殷望其成立之意，庶人人易于感动。练有二，练队伍，练技艺。练技艺则欲一人足御数人，练队伍则欲数百人如一人。"作人之道又包含两方面的内容，一是纪律教育,一是封建伦理教育。湘军初立时查禁甚严,尤其严禁吸食鸦片。因为军队要求士卒体魄健壮,而鸦片不仅使士卒搞坏身体,而且容易学会偷盗、抢劫,破坏纪律。所以严禁吸食鸦片一条明文载于营规,各军皆然,而其他诸禁则各军略有不同。据说老湘营查禁最多,左宗棠禁止赌博,王鑫则连饮酒都禁止,空闲时间只准练习武艺,优者给予奖励。

曾国藩对湘军进行纪律教育,主要是出于政治斗争的需要,目的在于使湘军不至像清朝的其他军队那样漫无纪律,肆意抢劫,以改变政治上的不利地位。当时太平军纪律严明,秋毫无犯,所到之外深受群众欢迎。而清军,尤其潮勇则奸淫掳掠,无所不为,受到社会上各阶层的反对和谴责,使清政府在舆论上处于很不利的地位。为了挽回人心,改变政治上的不利局面,把群众从太平军方面争取过来,曾国藩从一开始就很注意对湘军进行纪律教育,其主要方式是将官兵集合起来,由他亲自训话。他在给张亮基的信中说:"练勇之举亦非有他,只以官兵在乡不无骚扰,而去岁潮勇有奸淫掳掠之事,民间倡为谣言,反谓兵勇不如贼匪安静。国藩痛恨斯言,恐人心一去不可挽回,誓欲练成一旅,秋毫无犯,以挽民心而塞民口。"为达此目的,他"每逢三、八操演,集诸勇而教之,反复开说至千百语,但令其无扰百姓";以致"每次与诸弁兵讲话,至一时数刻之久,虽不敢云说法点顽石之头,亦诚欲苦口滴杜鹃之血"。盖欲感动一二,冀其不扰百姓,以雪兵勇不如贼匪之耻,而稍变武弁漫无纪律之态。由此也可以看出曾国藩的政治眼光和对本阶级的忠诚是高于一般清朝官员的。同时,这样带着明确的目的对军队进行政治和纪律教育,也是历来所没有的,可以说是曾国藩的一项发明创造。

曾国藩的军事训练主要可归结为操、演、巡、点四个方面,"操"即上操,"演"即演习诸般武艺和阵法,"巡"即巡逻、放哨、站墙子,"点"即点名。曾国藩规定,湘军士兵每天在黎明和傍晚各上操一次,中午和熄灯前各点名一次,五更三点与掌灯后各派三成队伍站墙子一次。他还规定,每晚派一成队伍站墙子,一人唱更,如离敌很近则加倍。关于武艺、阵法的演习,对新勇规定尤细。新募之勇每十日中逢三、六、九日上午演武艺、阵法,逢一、四、七日上午演抬枪、鸟枪打靶与阵法,逢二、八日上午练习跑跳,逢五、十上午演连环枪法,而每天上午则演习拳、棒、刀、矛等。阵法主要练戚继光的鸳鸯阵、三才阵,要求士兵能整齐熟练,变化自如。技艺操练则要求士兵能纵身上一

第四章 编练湘军

丈高之屋、越一丈宽之壕，抛火球于二十丈之外。新勇与旧勇仅演武内容有些不同，日常操点、巡哨则完全一样，除打仗外，天天如此，不得间断。与八旗、绿营各营比较，除训练抓得很紧外，每天两次点名、站墙子也是湘军的特点。点名是为了防止士卒随便离营，士卒离营则部队减员，降低战斗力。站墙子就是守卫营墙，实际上属于班哨、排哨之类，早晚派三成队伍站墙子则是为了防止敌人的突然袭击，因每日早晚是最容易受到敌人袭击的时刻，若有三分之一的人处于戒备状态，一旦受到袭击就可以暂时顶住，使其余的人有足够的时间做好准备，投入战斗，不至于一触即溃。这都是接受以往教训，提高军队战斗力的措施。

同时，曾国藩对湘军的行军扎营亦有具体规定，择地、布局详加指划，挑沟、筑墙皆有尺寸，每天一驻下来必须大修工事，在工事做好之前，既不准休息，也不准与敌人开仗。所以湘军行军异常缓慢，简直如蜗牛爬行，每日迟行早住，行程不过三十里，用于筑垒的时间竟与走路的时间一样长。

湘军的编制以营为基本单位，营以下为哨，哨以下陆师为队，水师为船，马队为棚。起初湘军仅有陆勇数千人，营以上不再设官，各营直辖于曾国藩。当时曾有人提议设总统管辖各营，曾国藩没有采纳。后来湘军人数渐众，遂于营官之上设置统领、分统等官统辖各营。统领之制始于咸丰四年二月湘军东征之初，曾国藩率水陆一万七千人自湖南出发往攻湖北的太平军，为便于统辖，遂设水、陆营务处各一人，水路为褚汝航，陆路为朱孙诒。他认为，历来军营皆有统带大员，"或称翼长，或称统领，或但称营务处"，名称不同，其实质并无区别。所以他有时称其为总统，有时称之为总提调，尚无固定名称。长沙整军和城陵矶大战之后，水师仅存杨载福、彭玉麟、李孟群三支，陆师只有塔齐布、罗泽南二部。咸丰四年底五年初李孟群离开水师，湘军水陆大将就只有塔、罗、杨、彭四人了，统领的名称大约是在此前后开始使用的。咸丰六年下半年后湘军人数迅速扩充，统领也日益多起来。至咸丰末年，湘军人数愈众，李续宜、多隆阿、鲍超、曾国荃皆领万人左右，为便于统辖，遂又于统领之下设置分统以管辖各营。分统之制始创于胡林翼。他首先在李续宜部设置分统，时间在咸丰十年。同治元年（1862年）曾国藩把它推广于曾国荃、鲍超两军，始称分统。设立分统之初，李续宜部不足万人，分为四军，李续宜自统一军，另设蒋凝学、萧庆衍、成大

· 42 ·

吉三分统，各领二至三千人。鲍超的霆营约十五营九千人，分为三军，鲍超自领一军，另设娄云庆、宋国永两分统，每人约领五营三千人。曾国荃部约三十营一万五千人，分为六军，曾国荃自领一军，另设彭毓橘、萧孚泗、张诗日、刘连捷、易良虎五分统，每人约统五营二千五百人。后吉字营增至三万五千人，霆营增至约一万九千人，分统人数或所统兵员亦相应增加。

　　湘军陆师营制最初为每营360人，大约是咸丰二年朱孙诒奉程矞采之命募集湘勇时与刘蓉、罗泽南、王鑫等人一起制定的。曾国藩移驻衡州后，咸丰四年十二月又与罗泽南、刘蓉、郭嵩焘、曾国葆改定营制，每营加长夫120人、抬枪16人，成五百人之数。但这次所定营制未收入曾国藩全集，在别处也未发现原文。咸丰八年曾国藩再出后，又于咸丰十年参照左宗棠、王鑫、胡林翼、李续宜诸家营制，同李榕一起详定营制，对各项章程规定得甚为详细完整。这个核定过的营制后来收入曾国藩全集中，谈湘军营制者皆以此为本。水师营制大约是咸丰三年十月改定陆师营制时制定的，亦未收入《曾国藩全集》，而被王定安转录入《湘军记》一书中。据罗尔纲先生考证，曾在咸丰五年至六年间做过个别修正。马队营制，据罗尔纲先生考证最初制定于咸丰九年，同治四年或五年，曾国藩曾在镇压捻军期间做过修改，改定后的马队章程亦被收入曾国藩全集中。

　　湘军饷章亦与绿营不同。曾国藩认为，绿营兵所以缺乏训练、战斗力甚低，一是差役太重，二是坐饷太低。绿营兵平时每月饷银马兵二两，战兵一两五钱，守兵一两。清朝初年尚可维持生活，及至道光、咸丰年间已不够五口之家食用，因而不得不出营做小贩谋生，再加上经常离营供差，就很少有时间在营训练了。曾国藩为了使士兵为他卖命，除每营增加长夫120人以减轻士兵的劳役负担外，还提高了士兵平日粮饷供应标准。湘军饷章是咸丰三年十月改定营制时制定的。当时往来于湖南的各路兵勇很多，饷章各有不同，张国梁勇营每人每月饷银五两四钱，江忠源楚勇，每人每月饷银四两五钱。咸丰三年夏，内阁学士、帮办军务胜保曾奏请招募陆勇，每月饷银四两五钱，经户部议准，以后江南大营募勇即照此办理，定为奏销常例。曾国藩参考这几种饷章，尤其江忠源、张国梁勇营饷章，量为酌减，制定了湘军粮饷章程。规定陆师营官每月薪水银五十两，办公银一百五十两，夫价银六十两，共计二百

第四章　编练湘军

六十两，凡帮办、书记、医生、工匠薪水及置办旗帜、号补名费用统统包括在内。其他各弁兵每月饷银为哨官九两，哨长六两，什长四两八钱，亲兵护勇四两五钱，伙勇三两三钱，长夫三两。水师兵饷营官与陆师营官同，头篙、舵工与哨长同，舱长与什长同，唯哨官薪水为陆师两倍，每月银十八两。总计湘军饷用，大约平均每人每月需银六两。曾国藩为防止各军统领多设官员、长夫，冒领军饷，特在饷章中规定，凡统带千人者月支饷银不得超过五千八百两，统带万人者不得超过五万八千两。

湘军饷章对弁兵薪饷的规定是相当优厚的，尤其是营官和统领，连曾国藩都不能不承认"章程本过于丰厚"。统计其各项收入，营官每月为二百六十两，分统、统领带兵三千以上者三百九十两，五千以上者五百二十两，万人以上者六百五十两。故王闿运说："将五百人则岁入三千，统万人岁入六万金，尤廉将也。"湘军将领除多隆阿一人外，"人人足于财，十万以上赀殖百数"。于是，"将士愈饶乐，争求从军"。这固然调动了湖南农民，尤其绅士、文生的从军积极性，但同时也为日后筹饷带来困难。为解决这个矛盾，湘军采取发半饷的办法，一般只发五成饷，欠饷数月以至半年成为普遍现象，久而久之，形成风气，士兵亦习以为常。为防止士兵离营，甚至有意拖欠军饷，或扣下大部分饷银存入公所，等士卒遣散或假归时进行核算，酌发部分现银以充川资，其余部分由粮台发一印票，至湖南后路粮台付清。若士兵擅自离营，欠饷、存饷即被没收，不再发给。这样，士兵苦无川资，又恋于饷银，也就不会轻易离营了。同时，士兵一旦假归或遣散回家，就能领到一大笔银两，对未曾应募入伍的人也可以产生巨大的诱惑力。这样，曾国藩就达到了一箭三雕的目的：既减轻了筹饷的困难，又防止了士兵的逃跑，还能激发大批农民和书生踊跃应募。

湘军分为水、陆两部。陆师的建立最早应从咸丰三年算起。这年夏天曾国藩同江忠源商定练勇万人的计划，初步确定了湘军的规模。曾国藩打算编练成军之后，概交江忠源指挥，以为镇压太平天国革命的军事资本。这年秋天，又奉创办水师之命，遂改原定集练陆师万人的计划为水、陆各五千人，营制亦改为每营五百人。然而这时湘军陆师的实际人数已大大超过五千人，因而不得不对现有各营进行缩编。曾国藩提出，邹寿章、周凤山、储玫躬、曾国葆和新化勇各为一营五百人不变，塔齐布、罗泽南各将两营七百人缩编为一营五百人，王鑫六营约二千二百人缩编为三营一千五百人，其余遣散。王鑫不服，认为这是曾国藩借故打击自己，并诉之于骆秉章。骆秉章认为王鑫所募新勇可用，无须遣散。从此王鑫率营脱离曾国藩，投靠骆秉章的门下。又因罗泽南年岁（46岁）较大，不愿再次远征，而湘南地区仍有天地会的活动，亦须留有一定兵力，遂将罗泽南部湘军留驻衡州。这样，随同曾国藩出征的陆师就仅有六营三千人了。恰在这时，平江知县林源恩投书曾国藩，愿充一营官。曾国藩令其募平江勇五百，编为一营；另外又令朱孙诒、邹世琦、杨名声各募一营，凑成十营五千人之数，使湘军陆师初具规模。

　　湘军水师的筹建晚于陆师，它是在曾国藩移驻衡州后开始的。

第四章　编练湘军

第五章

衡州练勇

位于南岳衡山南麓的衡州城,是湖南仅次于长沙的名城。湖南自古有三湘之称。何谓三湘,其说法不一。有一种说法是:潇湘、蒸湘、沅湘合为三湘。衡州城正是蒸水与湘水的汇合处,为两广之门户,扼水陆之要冲,物产富庶,民风强悍,历来是兵家必争之地。曾国藩对衡州特别亲切,这是因为他一来祖籍衡州,二来欧阳夫人是衡州人,三来他少年时代曾在衡州求学多年。来到衡州,曾国藩如同回到湘乡,有一种鱼游大海、虎归深山之感。

衡州城小西门外蒸水滨,有一片宽阔的荒地,当地百姓称之为演武坪。这是当年吴三桂在衡州称帝时,为演兵而开辟的,后来便成为历代驻军的操练场,比长沙南门外练兵场要大得多。曾国藩把他带来的一千多号团丁,便安扎在演武坪旁边的桑园街,指挥所设在桑园街上一栋赵姓祠堂里。为便于日常商讨,他要罗泽南、王鑫、李续宾、李续宜、康福、江忠济及满弟国葆等都住在祠堂里。

这天上午,曾国藩吩咐王鑫布置指挥所后,便带着罗泽南等人去拜访衡州知府陆传应。在知府衙门里吃完午饭回来,曾国藩老远就听见赵家祠堂前鞭炮轰响。罗泽南笑着对曾国藩说:"璞山办事能干,就是有点好大喜功的毛病。其实也不必搞这么大的排场,像金号开张一样。"

罗泽南出身酷贫,又笃信理学,持身处事一向节俭,在这点上与曾国藩甚是相投。曾国藩点点头说:"关键是要把勇练好,这种虚排场不要摆。"

王鑫见曾国藩回来,满面春风地迎上前去,说:"曾大人,木牌子一时做不出来,我们这样大的一个衙门,岂能没有招牌?我一边叫木匠赶快做,一边先用纸写了糊起来。为图个吉利热闹,买了几万响鞭炮庆贺庆贺。"

曾国藩看祠堂正门右边,已从顶到底糊上一长条红纸,上面用颜体端端正正地写了一行大字,字字饱满稳当,出自王鑫的手笔:"钦命团练大臣曾统辖湖南湘军总营务局。"为招牌一事,王鑫思考了一上午,最后定下这17个字。他认为堂堂皇皇,很有气派,心中甚是得意,正期待着曾国藩的夸奖,只见曾国藩两道扫帚眉慢慢锁紧,说了句"璞山跟我进来",便径直向祠堂里面走去。王鑫心头一凉,跟着进了屋。待王鑫进门后,曾国藩板着面孔说:"璞山,这么大的一件事,你如何不问我便自作主张,你知道犯了大错吗?"

王鑫不到30岁,心高才大,常谓一息尚存,即当以天下万世为念,虽连个秀才都未捞到,却俨然以主宰浮沉的人物自居。他这种气魄很得罗泽南的赏识。在罗泽南看来,王鑫是他众多才气横溢的弟子中的第一人,好比孔门七十二贤中的颜回。王鑫不认为自己写的招牌没什么错,不服气地说:"卑职不知有何过错。"

对王鑫的文武之才,曾国藩也很欣赏。他意识到刚才过于严厉了,便放松表情,略为和缓地说:"你先坐下吧!"

王鑫在曾国藩的对面坐下来。曾国藩耐着性子细细地说:"璞山,你这个招牌气派是够气派了,但有两个大的差错。钦命说的是帮办团练,'帮办'二字,定下了主从关系。巡抚骆大人是主,我是协助。你如何能偷梁换柱,擅自去掉'帮办'二字呢?此其一。第二,我们办的是团练,不是军队,怎能自称湘军?这不是在公告大众,要在绿营之外另建军队吗?罗山和你们在湘乡练的勇,人家也只称湘勇。今后,我们这批团丁可自称湘勇,一来湖南简称湘,二来也可纪念湘乡练勇的开创之功,但绝不能自称湘军。璞山,你有没有想过,这一去'帮办',改'勇'为'军',将会授人以柄啊!"

王鑫是个聪明人,经曾国藩一提醒,立即认识到问题的严重性,赶紧说:"卑职一时考虑不周,我这就叫人撕下。"

王鑫刚要出门,曾国藩又叫住他:"璞山,你的颜字越写越好了,木牌要好几天才能制成,还得借你的大笔再写一幅先贴着。"

"写几个什么字?"

"还写原来的老招牌:湖南审案局。"

离开长沙前夕,骆秉章在曲园酒家大摆筵席,为曾国藩及团练全体

第五章　衡州练勇

哨长以上的军官饯行。徐有壬、陶恩培、左宗棠和粮道、盐道等官员都出席作陪,鲍起豹和清德却拒绝参加。久游宦海的曾国藩十分清楚骆秉章等人的世故,但他不想与骆秉章撕破脸,于是带着众军官欣然出席。骆秉章心里果然高兴,二人并肩坐在一起畅谈,如同一对亲密无间的好朋友。

曾国藩深知借助骆秉章势力的重要性,把招牌一事处理好后,便立即给骆秉章写了一封信,向他报告团丁安置的情况,欢迎他随时来衡州视察。接着,曾国藩又给郭嵩焘、刘蓉各写一信,邀请他们来衡州共举大事。又写了一封信给黔阳教谕、平江举人李元度。李元度字次青,曾和曾国藩在岳麓书院同窗。曾国藩欣赏李元度的才思敏捷,也请他来衡州帮办文书。又写了一信给正在桂阳州原籍守制的陈士杰。道光二十八年,陈士杰以拔贡上京考小京官,朝考时,阅卷大臣正是曾国藩。曾国藩见他的策论议论风发,言之有物,欣喜地录取了他。从那以后,陈士杰视曾国藩为恩帅。

写完这几封信后,曾国藩感觉疲劳。他在床上躺了一下,却不能合眼。一个史大的计划,需要他尽快拿定主意,这就是今后如何训练这批湘勇。他在心里盘算着:自己之所以出山,目的是做李泌、郭子仪的事业,要如此,必须有一支强兵劲旅,这支人马虽不能叫军队,而只能称练勇,但实际上要比八旗、绿营强得多。一千号人,无论如何少了。但若一旦扩勇,便会立即招致非议。目前有十个省办起了团练,其他九省都没有湖南这样的大团,帮办团练大臣所直接掌握的团丁,都不过二三百人。湖南已有一千余人了,还要扩大,朝廷会不会同意?这是一。第二,饷银从何而来?自从洪杨事起,朝廷的经费便日感不支。这是曾国藩所深知的。要朝廷拨钱,希望渺茫;要骆秉章、徐有壬拨款吗?也不能指望。曾国藩躺在床上,被这两大难题困扰着,思前想后,找不到解决的办法。

荆七推门进来,对曾国藩说:"大人,刚才陆知府派人送来一封急信。"

曾国藩坐起,从荆七手中接过信。原来,这信是新擢升为湖北按察使、正带兵在江西前线与太平军西征军作战的江忠源寄来的。江忠源信上说:长毛势力强大,能征惯战,打仗不怕死,又会收买人心,很难对付。请曾国藩在长沙多募几千人马,练成精兵,早日开赴江西,补充他的楚勇。看完这封信后，曾国藩想到了一个好主意。

曾国藩兴冲冲地给江忠源回信，告诉他已来到衡州练勇，请他向皇上奏明，委托湖南帮办团练大臣在衡州招募五千勇丁，训练成军，交他指挥。"只要朝廷明文同意扩勇，饷银的着落再想办法。"曾国藩心想，"至于交不交江忠源去指挥，那还不是凭我一句话？我不给他，谅他也不好意思来硬要。"

不久，郭嵩焘、刘蓉、陈士杰都先后来到衡州，曾国藩很是高兴，他认为自己给这几个地位不高却才能罕见的朋友找到了一个可以施展平生抱负的舞台。郭嵩焘告诉曾国藩，他在湘阴募集了一批军饷，过几个月便可凑齐二十万。李元度也应邀来了。这个戴着深度近视眼镜、个头瘦小的文人还带来五百平江勇，一来便对曾国藩说，要弃文就武，当营官带兵打仗。曾国藩很欣赏他的这份勇气。趁着大批勇丁尚未到齐的空隙，曾国藩和罗泽南、王鑫、郭嵩焘、刘蓉、陈士杰、李元度等人天天商讨练勇之事。大家参照戚继光的束伍成法，结合目前的实际情况，制定详细的军事条例。曾国藩又写信给骆秉章，向抚标中军借调塔齐布、杨载福、周凤山三人。骆秉章同意了。不久，三人也一同来到衡州。曾国藩见文武人才济济，气象兴旺，心中甚为兴奋。这时，朝廷同意扩勇的批文也已下达。一个月后，李续宾、曾国葆、金松龄从湘乡募来两千五百勇丁，邹寿璋、储玫躬、江忠济从靖州、辰州、新宁、宝庆等地募来一千勇丁，连同过去的一千人和李元度的五百平江勇，合共五千余人。曾国藩将这五千余人分为十营，委任塔齐布、罗泽南、王鑫等人为营官。为使官勇们能一心一意地操练，曾国藩决定发厚饷。

在朝廷未拨下饷银之前，曾国藩与衡州知府陆传应商议，先把修城墙的十万银子挪过来用。银子兑了现，官勇们操练都有劲。曾国藩制定了严格的营规：每天五更三点放炮，闻炮即起，夜晚每营派十人巡逻；黎明演早操，营官、哨官必须亲自到场；午刻点名一次；日斜时演晚操，二更前点名一次。每逢三、六、九日午前，曾国藩本人亲到演武坪监督操练，并训话。从早到晚，每天演武坪尘土飞扬，杀声不绝，衡州城里的百姓都奇怪，这是哪来的一支人马，操练如此认真、勤勉？年长的记得，这块荒芜的演武坪，已经几十年没有吃粮的人在上面操演了。

经过严格的训练，两个月后，这支大部分都是新募勇丁的部队，阵法整齐、技艺也较熟稔，曾国藩颇为满意。

第五章 衡州练勇

这天,一封紧急文书由长沙巡抚衙门递到衡州桑园街赵家祠堂。文书中说,长毛夏官副丞相赖汉英、殿右八指挥林启容、殿右十二指挥白挥怀统率十二万人马,从金陵出发,溯江攻陷湖口入江西,包围了江西省垣南昌。九江镇总兵马济美被杀,丰城、瑞州、饶州、乐平、景德镇、浮梁、泰和相继失陷,局势十分危急。已被任命为安徽巡抚,但还在江西与长毛作战的江忠源和江西巡抚张芾向湖南求援。骆秉章因此请曾国藩拨两营勇丁前往江西应援。

"岷樵是向骆中丞求援的,为何不叫鲍提督派兵去呢?发节礼,摆酒宴,没有想到我们,到江西送死倒想起我们了。"王鑫不是不愿意打仗,他心里早就想把部队拉出去,和长毛较量较量了。这样说,只是为出一口怨气。

"曾大人,虽说这几个月的训练,勇丁们的阵法和技艺都大有长进,但毕竟放下锄头拿起刀矛的时间还不长。听说长毛赖汉英是洪秀全的妻弟,最为凶狠善战,勇丁们不是他的对手。此番还是以不去为好。"塔齐布久于行伍,经验丰富,勇丁的弱点看得清楚。

王鑫闹的是意气,塔齐布才是持重之言,但曾国藩考虑再三,还是决定派两个营去试试。以前打过几次仗,对手都是小股土匪、会党,从来没有跟真正的长毛交过手,书生究竟可否杀敌立功,还没有把握。于是,罗泽南的泽字营和金松龄的龄字营奉命开赴江西。

几天后,江西前线传来捷报:泽字龄字二营,不足千人,杀败长毛数千,收复安福,解吉安之围。初试告捷,使曾国藩大为高兴。"书生可用!"他对这支人马充满了信心。

但不久,前线传来凶讯:泽字营在南昌附近中长毛埋伏,大败。哨官哨长易良幹、谢邦翰、罗信东、罗镇南阵亡。一连几夜,曾国藩都被这凶讯搅得不能安睡。牛皮癣又发了。

因收复安福之功,被张芾保举为直隶州知州的罗泽南,在班师回衡州途中,心头十分沉重。这个理学信徒,一生以王阳明为榜样,要求自己立圣贤之德、建不世之功。但第一次与长毛较量,便丢掉二十多个兄弟的性命,这中间包括他的四个优秀的弟子。最为伤心的是,罗泽南是自己未出五服的族弟,回湘乡后,如何向八叔交代呢?为着减少自己的罪过,他尽量把阵亡勇丁的尸首都找回来,用棺木装好,准备派人送回湘乡安葬。他恨自己毕竟实战经验少,轻易地便中了埋伏,也恨金松龄在最危急的时候,见死不救,不然,损失也不至于这样惨重——

那天黄昏,泽字营和龄字营满怀着收复安福后的胜利心情,应江忠源之请,来到南昌城西南郊。只见永和门外帐篷林立,旌旗蔽空,太平军约有一万人马驻扎在这里,把整个永和门围得水泄不通。当中一座大营,营门前一根巨大的旗杆上,绣着斗大一个"林"字的杏黄镶黑边蜈蚣旗在迎风招展。在离永和门十里外,罗泽南和金松龄扎下营盘。

罗泽南求胜心切,帐篷一扎好,便邀来金松龄商议。他记得各种兵书上都讲偷营劫寨,是速战速决的好办法,便向金松龄提出当夜劫营的计策。金松龄跟随江忠源打过两年多的仗,知道太平军的厉害。他对罗泽南说:"劫营固然好,但我军来到此地,估计长毛已经知道,鸟飞尚有影子,何况一千多号人马?倘若他们已做好准备,反而弄巧成拙。"

罗泽南说:"今夜二更,我率泽字营去偷袭大营,即使不胜,也可挫伤他们的锐气。龄字营跟在我后面,胜则乘势追击,败则抵死相救。"

金松龄自知无论声望、地位以及与曾国藩的关系,都不能与罗泽南相比,只得勉强答应。

这夜,两营勇丁都没睡觉。二更时分,罗泽南派出的侦探回来,说长毛都已睡着,站岗巡逻的也没几个。罗泽南大喜,亲自带领泽字营走在前面,金松龄带着龄字营随后跟着。一直到太平军营盘前,四周漆黑,没有一丝动静。罗泽南下令直冲大营。令刚下,前哨一片骚乱。原来踩着陷阱了,十几个勇丁掉了下去。正在这时,只听得一声炮响,四周灯火通明,一个年约二十八九的太平军将领横刀立马出现在眼前,对着惊蒙了的勇丁们哈哈大笑:"林爷爷已在此等候多时!"这青年将领便是威霸江西的太平军殿右八指挥林启容。林启容年纪虽轻,却已是太平军中一位百战功高的大将。太平军的营盘四周都挖了陷阱,不是自己人不能识别。这是太平军安营扎寨的规矩,罗泽南并不知道。罗泽南从驻地启行的时候,早有探子告诉林启容。当下一场混战,泽字营丢下了二十多具尸体。龄字营见势不妙,后哨变前哨,撤离了战场。正当林启容指挥人马将要全歼泽字营时,永和门内江忠源的部队闻讯冲出城外,罗泽南才带着败兵狼狈冲出包围圈。

当罗泽南将这场战斗的经过报告曾国藩后,引起曾国藩的深深忧虑。罗泽南的失败并不可怕,可怕的是金松龄的败不相救。绿营在广西战场上与长毛作战,失败的主要原因就在此。倘若不对此事严加处罚,

第五章 衡州练勇

今后湘勇就会步绿营的后尘，后果不堪设想。罗泽南劫营失之轻率，然其勇气可嘉。书生带兵，最怕的就是缺乏勇气，罗泽南的这种勇气不可挫伤；尽管金松龄不赞同罗泽南的轻率冒进，但他终究答应了共同行事，即使不答应，也不能见死不救。金松龄罪不可赦。

曾国藩决定将此次泽字营、龄字营江西之行的奖罚大肆渲染一番。

这是一个晴朗的秋日。从北边飞来的大雁，在演武坪的上空结队飞过，有时还传下一两声清唳的鸣叫，使人想起"雁阵惊寒，声断衡阳之浦"的名句。千百年来，人们都相信北雁南飞，绕衡州回雁峰飞行三周后，便折转返回的传说。其实大雁北来，越过回雁峰，还会继续南行，直到找到它们认为满意的地方，才会成群落下过冬。

演武坪上，五千湘勇按营、哨、队，面对着指挥台整齐地排列着。曾国藩骑马来到演武坪，后面跟着的。是塔齐布、罗泽南等十营营官。下马后，曾国藩径直走上指挥台，几个亲兵执刀跟随，各营营官则走到本营队列前。今天指挥台上作了一些简单布置。台上正中的旗杆上飘拂着一面明黄长条旗，上面用黑丝线绣着一个硕大的"曾"字。两边各插着五面不同颜色的长条旗，比中间那面旗略小一点，旗上方分别绣着"塔""罗""王""李"等各营官的姓。台前方摆一张长桌，用一块白布罩着。台左右两边摆了几条长凳。曾国藩站在长桌后面，长凳全部空着。按照三、六、九曾国藩训话的规矩，训话开始前，各营官跑步到曾国藩面前禀报实到人数、缺席人数及原因。当十个营官都禀报完毕后，曾国藩清了清喉咙，大声说："弟兄们！"演武坪上五千湘勇一律腰板挺直，脚跟靠拢，发出一阵沉重的响声。"弟兄们，这次泽字营和龄字营出省与长毛作战，是湘勇创建以来第一次与真长毛交手。这次旗开得胜，一举收复安福，值得大大庆贺。这证明我们这支由书生和农夫组建起来的队伍是能够打仗的。弟兄们，我今天要在这里重重奖赏泽字、龄字二营。营官罗泽南、金松龄各赏银五十两，各营哨官赏银二十两，哨长赏银十五两，什长赏银十两，每个弟兄赏银五两。"

底下开始出现骚动，队伍中有唧唧喳喳的声响，隐隐听得出轻声的议论："真走运，到江西走一趟，就得了这多赏银。""眼红了吧！莫着急，有你发洋财的时候。"

曾国藩接着说："今后，我们要到湖北、江西、安徽、江苏去和长毛打仗，只要大家不怕死，把仗打赢，本部堂每仗要大发赏银。打了几仗后,大家都会阔起来。"

　　曾国藩放眼看指挥台下的勇丁们,一个个脸上泛出兴奋的光彩。他停了一下,换成另一番声调:"但不幸的是,我们在南昌城外误入长毛的埋伏圈,哨官哨长易良斡、谢邦翰、罗信东、罗镇南和另外22名弟兄以身殉国。我们为英烈的忠魂三鞠躬。"

　　曾国藩带头脱下帽子,台下所有官丁一齐把帽子脱下。曾国藩在台上每鞠一躬,台下的人也跟着一鞠躬。三次鞠躬后,曾国藩接着说:"对这些为国捐躯的英烈,将在他们的家乡湘乡县建祠纪念,使他们的英名流芳百世,永为后代子孙所怀念。"

　　这时,一个亲兵走上指挥台,悄悄地告诉曾国藩:"金松龄已被看起来了。"曾国藩点点头,他的湘乡口音突然变得十分严厉起来,"弟兄们,我请各位都再想想,大家背井离乡到衡州来投军,究竟为的是什么?"

　　说到这里,曾国藩用威峻的目光扫了全场勇丁一眼,没有人作声。曾国藩今天的训话,如同早春天气,一时晴,一时阴,众人都摸不着头脑,只有默默地听着他的下文。

　　"弟兄们,我看不外两点,一为保卫乡里,二为在战场上建立军功,升官发财,上替父母祖宗争光,下为妻子儿女谋福,也不枉变个男子汉,在世上走一遭。"

　　曾国藩对勇丁们讲话,一贯是一副乡下腔。他不用文绉绉的语言,也不讲修身齐家治国平天下的大道理。刚才这几句自问自答,又使气氛略为缓和,台下勇丁们大部分在点头,有些人在小声议论:"曾大人讲的是实话。""是呀!不为升官发财,我投么子军?说不定哪天脑袋就搬了家。"

　　"弟兄们!"曾国藩继续说下去,"既然大家都为这些个目标而来,那么我们就要努力去实现这些目标。我们十营弟兄是一家人。过些日子,我们要全部到前线去和长毛打仗。鼓点一响,就要冲上前去,那就是你死我活的事。弟兄们,你们在家,看到自己的父母兄弟和别人打架,打输了,会不会只在旁边看,而不冲上前去帮忙呢?我看不会的。或许也有,那是不孝不悌的孽子,死后不能入祖茔的人。我们和长毛打仗,大家都是叔伯兄弟,长毛就是敌人。我们要团结一致去打长毛。绿营官兵为什么失败?就在于他们胜则争功,败则不救。眼看着自家兄弟

第五章　衡州练勇

被长毛吃掉，为保全实力，就不肯上前支援。弟兄们，这不但没有军纪，也没有良心呀！"

说到这里，曾国藩停了一下，他看到所有勇丁都在专心听着，从眼神里看得出是赞同的。他知道自己的话起了作用。在衡州这几个月，曾国藩的训话比在长沙还要勤快，还要恳切。他给勇丁订军纪军规，严戒嫖赌、游冶、懒散、骄傲。曾国藩懂得恩威并重的道理。他认为带兵之法，用恩莫如仁，用威莫如礼。对待营中官兵，他常以父兄的身份向他们不厌其烦地谈为人处世的道理，言辞诚恳。他常说十营勇丁是一个家庭，自己是一家之长，从来没有哪个家长不希望自己的子弟人人学好、个个成才的。有时讲到动情处，曾国藩声泪俱下，使官兵深受感动。

平时，曾国藩带兵常用鼓励、劝勉、宏奖等以仁体现恩的一套，今天，他决定要用以礼——军纪，来体现威的一面。这时，曾国藩两道扫帚眉一皱，三角眼中射出肃杀的冷光。台下的勇丁，看到曾国藩这副神态，如同骤然刮起一股西北风，浑身泛起鸡皮疙瘩，胆小的两腿已发抖了。只听见他威厉的声音响起："这次在江西作战，就出现这样无军纪、没良心的人。泽字营陷入长毛的埋伏，即将全军覆没，而约好了的龄字营，却不去救援，反而撤离战场。大家说，我们这个家里能容忍这样不孝不悌、狼心狗肺的孽子吗？我不责备龄字营的弟兄们，他们听的是营官的命令。罪不可容的是他们的营官金松龄。"

曾国藩猛然提高嗓门，大喝一声："把金松龄押上来！"方才还在做发财梦的金松龄，被两个亲兵推到前台。金松龄面朝曾国藩跪下，说："卑职没有及时救援，卑职罪该万死！"

曾国藩望着跪在脚下的金松龄，虽叩头认罪，而神色并不紧张。曾国藩好一会儿没做声。只见他左手逐渐握拢，捏紧，忽然，猛地一下放开，喝道："给我推下去斩了！"

这是湘勇建立以来，第一次斩自家兄弟，而且这首次开刀的竟是一个营官！台下五千勇丁和各级将官们一时全都吓蒙了。金松龄顿时脸色灰白，瘫倒下去，好一阵才醒悟过来。他泪流满面，连连磕头："曾大人饶命，念卑职是初犯，宽恕一次，卑职宁愿挨一百军棍。"

曾国藩漠然地看着金松龄，一言不发，蜡黄的长面孔阴沉沉、冷冰冰的，如同一张将死老马的脸。罗泽南慌忙出队跑到台上，跪下，磕了一个头:"曾大人,金松龄罪虽该死,但卑职当初跟他商议时,他并不赞同卑职的主意,情尚可原,且又是初犯,目前正是用人之际,恳求大人饶他一死。"

罗泽南第一次在曾国藩面前叫他"大人",自称"卑职",使他心中一震。就凭着与罗泽南多年的深交而今日这样匍匐求情的面子,应该可以饶恕金松龄的死罪。曾国藩稍一犹豫,立即定了定神:不行!今天可以饶恕金松龄,明天就可以饶恕别人。犯了罪的人,一经讲情便饶恕,今后军中还能杀人吗?军法还有威严吗?倘若军纪松弛,今后不能成事,自己辜负朝廷之罪,谁来饶恕?他又一次握紧左手,严厉地对罗泽南说:"军中无戏言,既不同意,可以不答应;一经答应,岂可不践诺?"

罗泽南讪讪地退到一边。金松龄又叩头道:"曾大人,卑职一死不足惜,但上有八十风烛残年之老母,下有嗷嗷待哺之幼儿,望大人看在母老子幼的份上,网开一面,饶卑职一死,金氏先人定会衔环结草以报。"

曾国藩脸上的肌肉一阵阵抽搐,左手捏得更紧,汗在手心里流出,他咬了咬牙关说:"母老子幼,本可饶你一死,但五千湘勇之军纪军风,不能因你一命而废弛,皇上之圣命,三湘父老之期望,不能容许我法外施恩。今日杀你,实出无奈。你从小读圣贤书,带勇以来,我又多次开导,应当明白一身与天下相比,孰重孰轻的道理。眼下长毛肆虐,生灵涂炭,我是要一支荡平巨寇的劲旅,还是要一盘松松垮垮的散沙?母老子幼,你不必担忧。"

曾国藩叫身边的亲兵拿来纸笔,写了几行字交给金松龄,说:"你看后交给一位信得过的人保存,放心上路吧!"

金松龄接过字条,只见上面写着:

原湘勇营官金松龄因犯军法处死,家中老母幼子无靠,每月由营务处寄银十两,直到老母去世,儿子成人时止。咸丰三年十月二十一日曾国藩于衡州演武坪。

金松龄知已无望,把这张字条双手递给罗泽南,求他保管并督促营务处。罗泽南接过字条,抱着金松龄的双肩,低头不语,心里万分内

第五章 衡州练勇

疚。金松龄不待曾国藩再说话,便自己走下台去。五千湘勇看着这个场面,莫不又惊又惧。龄字营的勇于们,更是个个脸变色,心发跳。站在台下大队伍中的曾国葆,早就想出来为金松龄说情,但一直不敢出面。国葆深知大哥的脾气,最厌恶在公开场合以私情干扰公务,也最怕别人说自己徇私。前几个月,国葆回家招募了一千团丁,按理可当个营官。国葆自己也以为这个营官是当稳了,但曾国藩偏不给他当,他心里气不过。曾国藩把弟弟唤进内房,先是把正己才能正人、持身严才能军令严的道理说了一通,再又将这十个营官,一个个拿来跟国葆比,国葆也自认为不如他们,最后又给国葆讲了触龙说赵太后的故事,告诉弟弟无功而处高位并非好事的道理,这才把国葆说得消了气。曾国葆一直期待着金松龄自己的辩护和罗泽南的说情,能使大哥回心转意。看来一切都已无效,此时再不出面,金松龄就没命了。曾国葆硬着头皮,不顾一切地冲出队列奔上台来,"扑通"一声跪在大哥面前,喊道:"大哥!请你看在母亲大人的面上饶金松龄一死。"

曾国藩吃了一惊,他不明白该杀的金松龄与自己死去的母亲之间有什么关系。

"大哥,八年前母亲大人一天突发心绞痛,被抬到镇上,已经晕死过去。亏得金大哥的父亲金老太爷,以祖传秘方竭力抢救,才回转过气来。金老太爷又将母亲留在家里,亲自煎药服侍,三日三夜不曾合眼,最后母亲终于转危为安。母亲很是感谢金老太爷的救命之恩,每年三节都叫我们兄弟亲自送礼,以表酬谢。大哥,倘若没有金老太爷的抢救,母亲那年便已故去了。恳请大哥看在金老太爷救母亲命的份上,宽恕金大哥这一次,给他一个戴罪立功的机会。大哥,小弟求你了!"

说罢,头一个劲儿地在地上磕,满脸都是泪水。台上台下官勇见此情景,无不恻然。

曾国藩听了弟弟的哭诉,半晌做不得声。一提起母亲,他心里就悲痛。早知金松龄的父亲救过母亲的命,他今天无论如何也不会这样对待金松龄。这件事,国葆以前没说过,金松龄自己也没说过,他不觉对金松龄生出敬意来。但现在当着全体官勇的面,只因金松龄对自己有私恩便出尔反尔,饶他死罪,官勇将会怎样议论自己呢?威信怎能树立呢?军纪又何能整肃呢?不能收回成命!母亲已经死去,她老人家也不可能因此而责备自己了。为了湘勇今后的战斗力,为荡平洪杨的大业,松龄老弟,委屈你了,我是不得已才借你的头颅号令三军的。几十年后,到九泉之下,我再向你负荆请罪吧!经过一阵痛苦的思索,曾国藩释然了。他阴冷地望着满弟,严厉训斥:"曾国葆,此地乃湘勇练兵场,非白杨坪黄金堂,只有上下尊卑之分,没有兄弟骨肉之谊;只有军纪军法之严酷,没有私恩旧德之温情。你口口声声叫我大哥,哭哭啼啼诉说旧事,你是想要我以私恩坏朝廷法典吗?还不给我下去!"

曾国葆被骂得不敢回言,只得低着头走下台。金松龄彻底绝望了,闭着眼,任行刑团丁推着往前走。

最后,曾国藩又宣布:"罗泽南身为营官,不能正确判断敌情,轻率冒进,致使兵败,本应严办。姑念其敢以五日初次出征勇丁进捣一万长毛之老营,其勇气可贵可嘉。现革去营官职务,戴罪留营,以观后效。"

演武坪一片死寂。全体湘勇官丁,今天才真正领略到帮办团练大臣的威严和军法的凛然不可侵犯。

当晚,曾国藩在赵家祠堂召见金松龄的堂弟金龟龄,要他挑选二十名团丁,护送其兄灵柩回湘乡,又从自己的积蓄中拿出四百两银子来,要金龟龄代他送给金松龄的母亲,略表自己对金老太爷当年救母的酬谢。

衡州因为地处湘南,即使是冬天,只要太阳出来,就显得温暖如春。那条秀美的湘江,在冬日阳光的照耀下,益发显得纤尘不染,一清到底,实在逗人喜爱,偶尔还可以看到几个不怕冷的后生子在江中游泳!江面上除来往的货船、客船外,还有一种当地叫作钓钩子的小船,小船上只能坐一个人。一年四季,哪怕是烟雨霏霏的时候,湘江上都布满了这种钓钩子。渔翁们或站或坐在船上,把钓竿垂向水面,平心静气,等着鱼儿上钩。冬日和暖的江面上,没有风,水不急,钓钩子稳稳当当,如同用钉子钉死在水中。头上鹰击长空,脚下鱼游浅底,简直令人心旷神怡。这种南国冬钓的情景,与柳宗元笔下的"千山鸟飞绝,万径人踪灭,孤舟蓑笠翁,独钓寒江雪"的北方风味大异其趣。到了日落西山的时候,渔翁们上得岸来,一手提着满满一桶鱼,另一只手扶着反扣在肩膀上的钓钩子,笑微微地回家去。那情景,正是"高歌一曲斜阳晚"的典型写照。

曾国藩十多岁时,在石鼓书院从汪觉庵先生读过两年书,早早晚晚

第五章 衡州练勇

在湘江边散步,看着江上星星点点的钓钩子和站在其上的渔翁,觉得他们真是世界上无忧无虑最快活的人,常常不自觉地吟起《三国演义》开卷那首无名氏的《临江仙》:"滚滚长江东逝水,浪花淘尽英雄。是非成败转头空,青山依旧在,几度夕阳红。白发渔樵江渚上,惯看秋月春风。一壶浊酒喜相逢,古今多少事,都付笑谈中。"这个时候,攻读"四书五经"的烦躁厌倦之情,便会一时淡化,功名莫测的忧虑苦恼,也会得到片刻安慰:当么子大官,建么子功业,"是非成败转头空",还是当个渔翁幸福!

自到衡州治军以来,曾国藩的脑中常常浮现出少年时代所艳羡的那种情景。多次想过,哪一天要抽空去当一天钓钩子主。怎奈湘勇草创,百事丛杂,没有一天空闲,且办事不易,心情郁闷,也缺少那份闲情。近一个月来,通过对泽字营、龄字营江西作战的奖赏以及对金松龄的处置,湘勇的训练效果大为提高,军纪也更加整肃,塔齐布、周凤山、杨载福等人常说湘勇可用。曾国藩近来心情略为舒畅些了。今天是一个艳阳普照的好天气,吃早饭时,他突然萌发了驾舟浮钓的念头。想起兵勇们到衡州四个月子,还从来没有放过假,索性今天放假一天。命令下达后,大家都很高兴。

曾国藩带了满弟国葆,两个亲兵打着两只钓钩子跟着,沿着蒸水走到石鼓嘴下,亲兵把钓钩子放到水中。曾国藩打算钓完鱼后,再上石鼓嘴去看看石鼓书院,尽管汪觉庵师已离开书院回到乡下去了,但石鼓嘴上的一草一木仍然牵动他的情丝。

曾国藩饶有兴致地将钓钩子划到江中,国葆也划着一只跟着他,两个亲兵在岸上等候。钓钩子上的渔翁看着逍遥自在,真正当起来却不那么容易。船并不听曾国藩的使唤,左右摇摆,弄得他常常站不稳,有几次晃动得大,连装鱼的桶都打翻了。国葆的处境,也不比哥哥强多少。曾国藩坐在船上,心猿意马,不能安宁。一时想起过去在江畔的吟游,一时又想起在刑部时的审理案件,一时又想起好久没有去看岳父了。还有汪帅,已二十五六年未见面,怕是早已白发皤然了吧!一时又想起,对金松龄太残酷了,其实不杀也可以,一个时辰过去了,他的心思很少平静过,钓钩子也一直在晃动,鱼儿也很少有上钩的。他看看船头上那只小木桶,除几条瘦瘦的浮油子在窜来窜去外,仍是一桶清水。他叹了一口气:今生今世大概当不成一个像样的渔翁了。

正在这时,一艘大货船鼓帆顺流北去,船主并不知道这条小小的钓钩子上,居然坐着一位团练大臣,船过之时,激起的水波差点将曾国藩掀到水中。就在这个剧烈的颠簸当儿,他猛然想起,长毛凭着强大的战船,在千里长江上称王称霸,今后要与长毛作战,水师一定不能少,当不了渔翁,却可以当水师统领。是的,要趁着衡州有湘江、蒸水两条河流的有利条件,将湘勇的水师建立起来。水陆二军,齐头并进,那才是真正威风凛凛的曾家军。想到这里,曾国藩十分兴奋。

"曾大人!"呼声从岸上传来,打断了他的遐想。他回头一望,岸上的亲兵正对他打手势,示意他把船划到岸边来。

原来是欧阳凝祉先生前来桑园街看他,罗泽南打发人来喊。曾国藩当渔翁的兴趣已过,就是没有人来喊,他也准备上岸了,许多事急于要处理,渔翁不可久当。

曾国藩和国葆匆匆回到赵家祠堂,欧阳老人笑吟吟地迎上前:"涤生,你看谁来了?"

话音刚落,从里屋走出一个矮矮胖胖的老头子,笑容满面地说:"伯涵,还认得我吗?"

"呵哟哟,恩师驾到,国藩有失远迎。"原来这胖老头正是刚才在钓钩子上想起的汪觉庵,他仍用过去的表字称呼自己的得意门生。

"一别二十多年了,你老身体还这样硬朗,可喜!可喜!"

"不行啦,这几年常闹毛病。"汪觉庵拉着曾国藩的双手,异常亲热地上下打量,"胖多了,也威武多了,到底当了大官,与过去的穷书生完全不同了。"

曾国藩把觉庵师和岳父让进书房,亲手恭恭敬敬地给两位老人献上茶,望着觉庵师说:"岳父讲,你老离开石鼓书院,回乡下老家已有七八年了。国藩一直想抽空到长乐去看望你老,总找不到空。到衡州四个多月了,没有一天清闲,今天我是下了很大的决心,丢开一切事,去过一过几十年来想当个钓钩子主的瘾。"

觉庵哈哈一笑:"偷得浮生半日闲。不容易,不容易呀!"

"不瞒你老说,刚才在石鼓嘴边垂钓,我又想起你老当年执鞭教诲的情景,恨不得明天就到长乐去看望你老。"对眼前这位青少年时代的恩师,曾国藩有着真挚的深情。

"老朽蛰居山乡,路途遥远,岂敢劳贤契枉驾。你今日的担子很重,有贤契刚才这句话，老朽心中已备感欣慰。"

"恩师说哪里话来。当年你老朝夕相教的重恩，国藩至今未报，思想起来，常觉惭愧。没有恩师，哪有国藩今日。"

欧阳老人也说："到长乐去看看老师，是应该的。我原拟明年春暖花开的时候，和涤生一起到长乐来看你呢！"

"那就益发不敢当了。"汪觉庵高兴得开怀大笑。

"恩师一向不大到城里来，这次进城，有何贵干？"曾国藩问。

"我原不知在城里练兵的统帅就是你。"

"这是自然的。当年那个文弱单薄的书生，怎么也不可能与刀枪兵马连在一起。莫说你老，就是我在一年前也没有想到过。"欧阳老人插话。

"话要说回来，"觉庵望了一眼欧阳凝祉后，又转向曾国藩，说，"自古以来，当统帅的也有不少书生出身的。远的如孔明，近的如郑成功，都是羽扇纶巾之辈。我以前的确不知是你，若是知道，我早就会来看望了。我教了一辈子书，出息了你这个人才，心里有多高兴呀！这次是亲家六十大寿，三番五次邀请，才在初五进了城。昨天去看望老朋友——你的泰山，才知道贤契是今日的李邺侯、王文成了。"

"学生岂能与李泌、王阳明相比。请问恩师，你老的亲家是谁？"曾国藩笑道。

觉庵未开口，凝祉忙说："汪师的亲家，可是个大名鼎鼎的人物，他是船山先生的六世孙王世全先生。"

"就是与新化邓湘皋一起合刻船山遗稿的王世全？"

"正是的。"

曾国藩笑道："恩师与大儒结上亲戚，应当祝贺。"

"前年满女嫁给了世全的老四。这孩子酷爱诗书，有乃祖遗风。"

"听说王家世代建有船山先生的纪念室，过去在石鼓书院读书时，竟未一至，实在遗憾。"

"既然想去，我看今天最巧，下午我们一道到王衙坪去拜访汪师的亲家如何？"

"正好，"曾国藩说，"下午我就陪二位老人一起去瞻仰船山先生的故居，以偿夙愿。"

觉庵满心高兴："伯涵肯去，这可给世全家增色添辉了。"

国葆听说下午要去王家，立即叫一名亲兵先去通知王世全。

吃过午饭后，曾国藩陪着汪师和岳丈前往城南王衙坪。听说去拜访船山公的后裔，湘勇中书生出身的营官哨官个个兴致浓厚，大家都想随着去。曾国藩怕去的人多，王家招待不起，制止了他们，只带罗泽南和国葆同行。

出南门外不远便是王衙坪。它坐落在回雁峰脚下。这一带丘陵起伏，林木繁茂，风景很好。在并排摆着的四口大鱼塘旁边，有一栋年代久远的青砖瓦房，汪师告诉曾国藩："船山故居到了。"

门口，王世全带着四个儿子早已恭候着。王世全说："曾部堂光临寒舍，世全父子蒙幸匪浅。"

曾国藩答道："大儒贤裔，国藩景仰已久，今日陪同恩师前来以偿夙愿。"

世全陪着曾国藩一行进了大门。曾国藩见大门楹柱上刻着一副笔势老迈苍劲的对联："武功开一朝国运，文教启百代群蒙。"在客厅坐下后，王家很客气地敬献香茶，又端来满桌各式茶点。世全殷勤相劝："寒舍无佳物招待，请大人和各位贵客赏光。"

曾国藩说："听恩师说，先生正逢六十花甲大庆，国藩略备薄礼，愿先生康健长寿。"

国葆递上临出门时准备的，上面绕着一条红纸的一百两封银，慌得世全忙说："大人请快收回。世全一介寒士，今日与大人初次见面，如何担当得起！"又转过脸对觉庵请求，"亲家，你帮我说说。"

觉庵说："伯涵，你如何这样客气，弄得老朽都不好意思。"

曾国藩说："今日送这点薄礼，有三层用意：一为庆贺世全先生六十大寿，二来为祝贺王汪两家联姻。二十多年来，我未曾给恩师寄过分文，妹子出嫁，岂可不送点嫁妆？三则略表我对船山公的一点敬意。"

世全、觉庵见他说得如此恳切，只得收下。

吃了一会儿茶后，曾国藩对世全说："令先祖学问，近世罕有。国藩当年从汪师求学，便向往船山公的特立卓行。先生克绍箕裘，远承祖业，近年又刊刻令先祖不少遗著，嘉惠士林，功德不浅。"

世全欠身答道："把家先祖所遗旧作刊刻出来，是王氏世代心愿，也是世全的本分。只是世全学力和财力都不富，多年来心愿未遂。道光十九年，仰仗新化邓湘皋先生硕学大才，湘潭欧阳小岑先生又慷慨资助

第五章　衡州练勇

五千余金,家先祖经学方面的十多种著作才得以梓行。"

"据传令先祖晚年生活贫困,仍读书写作不辍,实为读书人万代楷模。"

"家先祖一生清贫,晚年隐居曲兰湘西草堂读书著述,甚为困苦。说来寒伧,家先祖当时竟无钱买纸,把别人不要的陈年账本翻过来装订成册,时有领悟,便记在这些册子上。临终时,写满字的册子,满满堆了一屋,但生前一卷都无力付梓。"

曾国藩问:"道光十九年前,船山公的书刻印过哪些?"

世全说:"家先祖去世不久,其四子王敔以湘西草堂藏本为据,在衡州刊刻十余种,总题为《王船山先生书集》,当时印得不多。后来惠江书局又刻了几种,印得更少。"

"道光十九年的版片印了多少?"曾国藩问。

世全答:"当时一种也只刷印了两三百部,版片存欧阳小岑家,拟日后再印一点。前些日子,小岑先生来信,说此版已毁于兵火之中。"

"可惜!"客厅里所有人都同时发出一声叹息。

曾国藩说:"我于船山公之书所读不多。在京时,蒙小岑赠送《礼记章句》四十九卷,诸经稗疏考证十四卷,对先生的学问文章钦佩不已。昔孔子好语求仁而雅言执礼,孟子亦仁义并称。圣王所以平物我之情而息天下之争,内之莫大于仁,外之莫急于礼。先生注《史记》数十万言,幽以究民物之同原,显以纲维万事,弭世乱于无形,功德大矣。"

欧阳老人说:"涤生所论甚是。前明之末,我朝开基之初,将黄南雷、顾亭林、乏船山并称为三大儒。其实,南雷党同伐异,器宇太狭窄;亭林为学支零破碎,未成体系;唯船山公学问包罗万象,博大精深,其人品更是高洁,非黄、顾所及。"

觉庵说:"船山公书中处处珍宝,只要留意,开卷可拾。且议论多发前人所未发,其精到细微,非世人可及。就拿对岳武穆的评价来说,后人都说武穆愚忠,为他可惜。船山公慧眼独具,说武穆正是不忠君,与高宗针锋相对才遭杀害的。"

世全说:"家先祖认为,武穆是要将抗金进行到底,而高宗赵构却要向金求和称臣,因此高宗不能容武穆。"

觉庵说:"更骇人的是,船山先生公然认为武穆灭掉金后,再来攻宋也是无可非议的。"

国葆说："船山公言之有理，赵构昏庸，武穆取代有何不可！"

罗泽南也说："此议痛快！"

曾国藩觉得这样的议论不便多发，万一传到朝廷，说不定会碍事。他换了一个话题："船山公现存有多少后人？"

"大约一百五十余人。我是家先祖次子攽公之后。"世全答。

曾国藩点头说："先生典守船山公旧居，保存了祖宗的珍贵遗物。近来世道乖乱，先生守之不易。"

"先祖旧业，世全不敢抛弃，守之虽不易，但也是后人应尽之责任。"

觉庵说："亲家，何不陪伯涵参观一下船山公遗迹。"

曾国藩说："正要瞻仰，烦世全先生带路。"

世全把曾国藩一行领进左边的一间厢房。这里陈列的多为船山旧物。一进屋，迎面而来的是一幅船山公画像。画的是一个容貌清癯的老头儿，脸特别长，细眉长眼，头上包着黑布，黑布两端拖下一尺余长的尾巴，顺着两耳下来，搁在两肩上。画像上题着船山公写的《鹧鸪天》一首："把镜相看认不来，问人云此是姜斋。龟于朽后随人卜，梦未圆时莫浪猜。谁笔仗，此形骸，闲愁输汝两眉开。铅华未落君还在，我自从天乞活埋。"画像两边贴着船山公自撰的对联："六经责我开生面，七尺从天乞活埋。"世全介绍，这是船山公七十岁寿辰时，请人画的一张像。曾国藩指着像上方"孝思恬品、霞灿松坚"八个篆字问："这八个字是谁题的？"

世全答："这是永历帝赐赠家先祖的话，为家先祖友人陈天台所书。家先祖的画像，这里还有一幅。"世全用手指着对面的墙壁。曾国藩等人转过脸，看到对面墙上也悬挂着一幅船山公的画像。像上的老人是一样的，只是头上不包布，而戴着一顶处士巾，也有船山自题的《念奴娇》一首："孤灯无奈，向颓墙破壁，为余出丑。秋水蜻蜓无着处，全现败荷衰柳，画里圈叉，图中黑白，欲说原无口。只应笑我，杜鹃啼到春后。当日落魄苍梧，云暗天低，准拟藏衰朽。断岭斜阳枯树底，更与行监坐守。勾撮指天，霜丝拂项，皂帽仍粘首。问君去日，有人还似君否！"

曾国藩问世全："令先祖诗词集中好像没有收这首词？"

第五章 衡州练勇

· 63 ·

世全回答:"的确没收。什么原因,现在已不得而知。想必是家先祖兴之所至,率尔操觚,书以自嘲,过后已不以为然,便不收进集中。"

曾国藩点点头。

曾国藩与罗泽南、曾国葆都是首次来此,一细看,室中收藏了三次所刻的部分书和大部分尚未刊刻的手稿。曾国藩将这些手稿也翻了翻。有个柜子里放着船山公生前穿戴过的衣帽。最令曾国藩感兴趣的是一把古纹斑斓的宝剑。剑鞘为紫铜皮所制,周围钉着密密的银钉,五寸长的青铜剑柄,被手磨得锃亮闪光。曾国藩没有想到王船山的遗物中还有这样一把古剑,好奇地把它抽出一截,立刻见银光四射。他脱口而出:"好剑!"便把抽出的部分重新插进剑鞘,又继续观看。过一会儿,他对身旁的罗泽南说:"待日后战事平息下来,我辈集资刊刻船山公的全集,这是一件有大功于世的事业。"

罗泽南笑道:"那时涤生牵头,泽南将全力协助。"

曾国藩说:"一言为定。那时我牵头可以,校勘就要靠你了。"

泽南说:"我愿用十年时间来办此事。"

国葆笑着说:"罗山师太聪明了,那其实是出钱请你读十年书。"

三人都笑起来。王世全听到他们三人的谈话,又想到曾国藩称赞柜子里的古剑,便悄悄把汪觉庵叫到一边,说:"曾大人看来喜爱家先祖那把剑。常言道,宝剑赠壮士,红粉贻佳人。曾大人正领兵杀敌,需要这种东西,我们留着无用,不如送给他。"

觉庵说:"那太好了,等会你就送给他吧!"

"只怕曾大人不收。"

"你是说他讲客气,不好意思?"

"不是。"

"那是什么原因?"

"亲家,你知道,家先祖是前明的臣子,生前一直不与国朝通往来。曾大人不会有忌讳吗?"

觉庵沉思一下说:"过会儿我来说几句话,他自然会收下。"

曾国藩的视线转到西边墙上,这里是近世几位名人题字。最前面高悬的是四个楷书字:"衡岳仰止",字后有段跋语:"衡山王船山先生,国朝大儒也,经学而外,著述等身,不唯行宜介特,足立顽懦。新化邓学博来金陵节署,言其后嗣谋梓遗书,喜贤者之后,克绍家声,固体额以寄。道光十八年四月望总督两江使者前翰林院编修安化后学陶澍敬题。"接下来还有陶澍联一副:"天下士非一乡之上,人伦师亦百世之师。"曾国藩心里暗暗叫好。再看下去是祁隽藻和许乃普所书的两副联语:"气凌衡岳九千丈,心抚离骚廿五篇。""痛哭西台,当年航海君臣,知已犹余瞿相国;羁栖南岳,此后名山述作,同声唯许顾亭林。"许乃普后是常大淳壬午游湘西草堂而作的一首七律:"老屋三问丹垩新,先贤前此久栖身。叹嗟今日风光换,想见当年著述频。甲子自书陶靖节,庚寅谁吊楚灵均。我来无限榛荟慕,欲向船山荐藻萍。"看着常大淳的墨迹,想到他已作古了,曾国藩心里不免有些伤感。常大淳之后,尚有一些诗词联语,也有写得好的,也有平平的。忽然,一种熟悉的字迹跳进眼帘,原来又是一副联语:"自抱孤忠悲越石,群推正学接横渠。"联语后端端正正写着一行字:"而农先生几筵,不能窥之万一。谨节录先生自铭语以为献。道光芒寅六月既望长沙后学唐鉴敬题并书。"镜海先生都有字挂在这儿,自己却今日才第一次来,相比前辈敬贤之心,曾国藩感到惭愧。

王世全走过来说:"承蒙前辈贤良关注,惠赐翰墨,使陋室生辉。今日大人光临,幸会难再,世全已备下笔墨纸砚,请大人及各位贵宾赏赐诗联,王氏族人感激不尽。"

"国藩才疏学浅,前贤墨宝之后,岂容我辈插足?日后世人将以狗尾视之,则自贻羞辱矣。"

曾国藩谦让不肯,王世全执意恳求。曾国藩本喜题诗作对,平日等闲之处,都愿题联留念,今日来到一代儒宗故居,怎会不愿留下墨迹呢?刚才推让,一是出自礼仪上的谦逊,二是正因为此地非比寻常,而自己还没考虑成熟,为慎重起见,不题也好。现在见世全态度诚挚,便思考一番,在书案上写下一联:"笺疏训诂,六经于易尤尊,阐羲文周孔之遗,汉宋诸儒齐退听;节义辞章,终身以道为准,继濂洛关闽而后,元明两代一先生。"写完后连声说:"见笑,见笑。"众人见曾国藩对船山学问评价甚高,又见其字刚劲挺拔,严谨流畅,齐声称赞。曾国藩又在左下方以小字落款:"咸丰三年十一月钦命帮办团练大臣前礼部右堂曾国藩敬题。"

世全又请罗泽南题,泽南一再逊谢:"我素来才思迟钝,仓促之间无好句,免了吧!"

第五章 衡州练勇

曾国藩说："罗山莫推辞了，你再推辞，就显得我不自量了。"

世全知罗泽南是湘中一带极有影响的学者，如何肯错过这个机会，一再请求。泽南拗不过，只得也写了一联："忠希越石，学绍横渠，在当年立说著书，早定千秋事业；身隐山林，名传史乘，到今日征文考献，久推百世儒宗。"也落款："咸丰三年十一月保升直隶州知州湘乡县训导罗泽南谨识。"大家一致称赞。世全又要国葆题。国葆感到为难，他望着大哥，不知该题不该题。曾国藩懂得他的意思，说："你素日崇敬船山公，今日瞻仰先生故居，也题一联，表表心意吧！"

得到大哥的鼓励，国葆认真思索之后，也题下一联："湘水衡云留正气，楚辞孤竹证同心。"家人进来，说晚餐已备好，世全请曾国藩一行、觉庵师和欧阳老人一道入席。

酒席宴上，世全频频敬酒，觉庵也以主人身份不断劝菜，宾主甚是欢悦。觉庵想起世全要以宝剑相赠的事，为消除曾国藩的顾虑，他把话题引到王船山对朝廷的态度上。觉庵有意隐去了船山对清朝敌视的一面，却大谈他对朝廷的依顺："人们说船山公是明之遗臣，不与国朝合作，其实此说不全面。先生的确忠于明朝，但对我大清也是拥戴的。"

"真的吗？"国葆插话。

"这有事实为证，"汪觉庵接着说，"康熙十六年，吴三桂慕船山大名，重金请先生为他撰《劝进表》，先生严词拒绝，说'我怎能作此天不盖，地不载之语耶？'在大是大非面前，可见先生的志向。"

曾国藩点头，表示同意汪师的观点。世全深知觉庵用意，立即接过话头："正因为家先祖不与吴三桂同流合污，所以康熙帝敬仰家先祖品藻气节。康熙十八年，湖南巡抚郑端遵循朝廷旨意，命衡州知府崔鸣鹭馈赠米银。康熙四十二年，受湖广学政潘宗洛之请，才有虎止公刊刻遗书的事。康熙四十六年，朝廷批准将船山公入祀乡贤祠。乾隆三十九年将《周易》《书经》《诗经》《春秋》四种《稗疏》列入四库全书，并命国史馆为家先祖立传。"

曾国藩说："我朝历代圣主，对船山先生之恩都有加无已。"

世全又说："幸而长毛未进衡州，以其对待孔孟之态度，家先祖亦将蒙辱。王衙坪之所以尚有今日之平静，实赖大人及各位先生捍卫乡邑、力战长毛之功。家先祖九泉有知，定会感激莫名。"

曾国藩逊谢一番，说："适才进门之际，见府上楹联书'武功开一朝国运'，看来先生祖上是以武功起家的。"

世全说："大人明鉴。王氏祖上确是凭武功为家族争得了一席地位。"

泽南说："我辈孤陋，对令祖上所立军功一事，一向不曾听说。"

"我王氏一脉，出自太原，后迁至江苏邗江。船山公这一支始祖仲一公，当年跟随洪武帝起兵，后渡江攻克金陵有功，封山东青州左卫正千户。洪武二十二年，进阶武德将军、骁骑尉。二世祖成公从明成祖南下有功，升衡州卫指挥佥事，晋同知，授阶怀远将军、轻车都尉，遂定居衡州。相传六世，绍紫垂荣，到七叶而武业中衰。此后则儒者辈出。"

"到船山公是第几代了？"

"已是第十一代。适才所看到的那把旧剑，正是洪武帝赐给仲一公的，仲一公仗此剑随洪武帝攻克金陵。曾大人，你老如今统率兵马，正是用剑的时候。王家自武夷公以来，一直以文章名世。此剑再留在王家，只是一件古董，而不能发挥它的作用。自古宝剑赠壮士，若大人不嫌弃，世全愿代表王氏家族将此剑送与大人。"

"这可使不得！此剑乃王家祖传之宝，国藩怎能夺人之爱！"曾国藩急忙辞谢。

"伯涵，既然世全一片真心，你就收下吧！此剑曾立赫赫武功，又是当年攻克金陵的吉物。今日长毛占据金陵，世全送与你，此乃天意。将来光复金陵，一定非伯涵莫属。"汪觉庵协助亲家来劝。

曾国藩原先认为王船山是个不同清朝合作的前明遗臣，今天听王世全和汪觉庵说来，方知他也是本朝的贞士。更使他激动的是，这把剑有过攻克金陵的光荣经历。难道收复金陵的盖世功勋真的要由自己来建立吗？如真的是天意，则不可违背。曾国藩想到这里，站起来说："既蒙世全先生错爱，又是汪师之命，国藩祗受了。"

世全命人拿出宝剑来，双手恭送给国藩，说："此剑有两点异处。一是剑刃看来甚钝，然削铁砍玉，如同泥土。二是每到午夜之间，它要长鸣一声。多少年来，都是如此。"

满桌人都感到惊奇，曾国藩更是高兴。汪觉庵说："伯涵，老朽代王家求你一事。日后金陵攻克之际，天下安定之时，请你出面邀请海内名儒，校勘刻印船山公全集，既使船山公一生宏愿得以实现，又光扬我朝学术。依老朽愚见，此功或不在荡平长毛之下。"

曾国藩侧身答道:"弟子谨记吾师教导。日后攻克金陵首功不在弟子则已,若天意授予弟子,弟子一定在金陵刻印船山公全部遗书。"

世全起身,深表感谢。大家继续喝酒。欧阳老人说:"涤生今日喜得宝剑,老夫也高兴。老夫十分喜爱旧日读过的一首古剑铭,现把这首古剑铭送给你如何?"

"谢谢岳父大人。"曾国藩恭敬地回答。

"这首古剑铭是这样写的。"凝祉一字一顿地念道,"轻用其芒,动即有伤,是为凶器;深藏若拙,临机取决,是为利器。"

曾国藩听完这首古剑铭后,明白岳父的深远用意,十分感激地站起来说:"国藩牢记在心。"

凝祉又对曾国藩说:"你来衡四个月了,听人说无论巨细,事事躬亲,昼夜操劳,毫无暇日。长此以往,将有损身体。秉钰娘要我转告你,还须随时注意保重才是。今日上午你能忙里偷闲,垂钓江上,我很高兴。自古以来,干大事有成就的人,都会忙里偷闲。一张一弛,文武之道嘛!"

听岳父提起上午的垂钓,他忽然想到创办水师之事,汪师、岳父和世全先生都是博学鸿儒,何不与他们商量一下?

"岳母大人的关怀,国藩很是感激。国藩今日上午在江上学钓,想起长毛这次顺利攻破武汉三镇、安庆、九江,长趋江宁,近来又在江西肆虐,靠的全是水师。日后,我们与长毛交战,不能没有炮船,我想就在衡州建立水师。今日特地请教各位前辈,不知可行否?"

欧阳凝祉、汪觉庵、王世全一致认为曾国藩此虑深远,衡州地处蒸湘汇合处,熟悉水性的人极多,不愁练不出一支水师劲旅。末了,王世全说:"曾大人要办水师,我倒想起一个人来,此人从小跟父亲在安徽长大,家藏一部《公瑾水战法》,多年来,对水师钻研有素,乃是一个极有用的人才。"

"此人是谁?"曾国藩对王世全的推荐极感兴趣。

"此人名叫彭玉麟,字雪琴,就是本县渣江人。"

汪觉庵说:"正是。若不是亲家提起,我竟忘记了。此人真可称得上衡州府一只玉麒麟。"

"彭玉麟现在何处?"

"他目前正陪老母在渣江闲居。"世全答。

"我日内当去渣江拜访他。"

"不烦曾大人亲到渣江，"王世全说，"来日我修书一封，请他到寒舍来，我再陪他去桑园街谒见大人。"

发源于邵阳、祁阳两县交界山脉的蒸水，上游水浅河窄，不能行船，到了渣江地带，河面开始宽阔起来，货船可以在江上畅行无阻。这里位于衡州城北偏西，水路到衡州有一百一十里。附近几十里山区的土特产在此处聚集，通过蒸水，运到衡州城，再南山陆路运到两广，北经湘江运到长沙，过洞庭到长江，远销全国各地。南北物产也由衡州经蒸水用船运到渣江，然后流散到各户农家去。因为这个缘故，一个小小码头，逐渐变成了衡阳、清泉两县的最大口岸。渣江镇上三街六巷，百货俱全，店铺栉比，商旅辐辏，不亚于一个中等县城。由于渣江地面重要，设在衡州城里的衡阳县衙门将县丞官署设置在渣江，以便管理。咸丰二年，县丞衙门被饥民放火焚毁，现在又修复起来，照旧行使它的职权。

彭玉麟就住在县丞衙门旁边一栋简陋的木板房里。一早起来，稍事梳洗后，他对母亲王氏说："母亲，我到外婆坟上去看看。"

王氏知道儿子笃于情义，从小在外婆家里长大，对外婆感情很深。自从外婆去世以来，只要玉麟住在渣江，隔不了三五天，便要到外婆坟上看看坐坐，有时呆痴痴的，一坐个把时辰，硬是用双脚把家门到外婆下葬处之间走出了一条五里长的小路。她对儿子说："麟儿，你去去就回来，不要停得太久了。"

彭玉麟离开屋门，在一家纸马铺里买了些钱纸、线香，沿着草河（蒸水的俗称）走了两里多路，然后折入一条小道，迤逦进了一座名叫斗笠岭的山冈。这是一座湘南常见的不大不小的丘陵，山不高，全是紫色页岩堆成。这种紫色页岩，当地老百姓叫它"见风消"——刚挖出来，坚硬如岩石，过十天半月，便散碎如泥沙了，山丘表层尽是暗红色的沙砾。这些沙砾既不装水，又没有一点肥性，它成了湘南贫困的象征。走到衡清一带，眼里若见着铺满暗红色沙砾的山冈，不用说，这里的农民一定苦不堪言。

斗笠岭上几乎没有像样的树木，只有几株枞树，矮矮小小的，稀疏的枝干在寒风中抖动，如同站着几个缺衣少食的孩子，令人见了既扫兴又怜悯。玉麟外婆的坟就葬在斗笠岭上一块向阳之地。在外婆坟边还有

第五章　衡州练勇

一座稍小的坟，立着一块矮一点的石碑，上面写着：梅小姑之墓，两座坟头各有一株纵树，这是玉麟十多年前亲手栽的，至今仍不到四尺高。

对于玉麟的上坟，王氏总以为儿子是眷念外婆生前的鞠养之恩。其实，玉麟想念外婆，更想念永远偎依在外婆身边的梅小姑。玉麟每次上坟，实际上都是来看望小姑的。今天，他照例在外婆坟头点燃线香，焚化钱纸后，再在小姑的碑下也插了几支线香，燃起一堆钱纸。他站在坟边，心里默默念道：

"小姑，我又来看望你了。明天我就要离开渣江，到曾大人军中去了，将会随大军转战南北，还不知有没有再来看你的一天。"

望着坟头被风扬起的片片纸灰，玉麟眼睛变得模糊了，整个身心完全沉浸在往事的回忆中。

玉麟父亲彭鸣九因家贫，20岁时离开渣江投军，在绿营多年，积功升至安徽怀宁县三桥巡检，后又迁合肥县梁园巡检。鸣九娶妻王氏，王氏为浙江山阴人，父亲是个老塾师。王氏12岁时，父亲弃养，母亲周氏带着一子二女守节。王氏择婿甚严，30岁时才嫁给鸣九。以后王氏的哥哥在安徽芜湖县衙门做了个文案小吏，周氏便带着满女跟着儿子住在芜湖。

嘉庆二十一年，玉麟出生于梁园巡检司署。10岁那年，舅父为玉麟在芜湖找到了一个品学俱优的先生，于是就在那年告别父母来到芜湖。玉麟的姨妈五年前正要出嫁时，却不幸得天花身亡，舅父虽成亲多年，却至今未生得一男半女，外婆王老太太常感膝下冷寂，对于玉麟的到来，真如天上落下一颗星星，欢喜不尽。玉麟生得眉清目秀，聪明伶俐，且秉性笃厚，对长辈恭顺，深得外婆和舅父母的疼爱。

一个冬天的午后，玉麟放学回家，绕道到附近一座小山上去看腊梅。刚到山脚，见山沟边躺着一个十三四岁的姑娘，脸色青白，两眼微闭。玉麟吓了一跳，心想：这女孩一定是病倒在这里，天气这样冷，若不叫醒她，病会加重。他蹲下来，推了推她，喊道："小大姐，你醒醒。"喊了几声，那女孩醒了过来，睁开双眼望着他，却不作声。玉麟问："你是不是病了？"女孩摇摇头。玉麟好生奇怪，没有病，为什么躺在沟边？他想了想，又问道："你是饿得很厉害？"女孩点点头。"我扶你起来，你到我家去吧，我请你吃饭。"女孩望着玉麟，仍然没有作声，眼睛里流出两行泪水。玉麟明白她心里在感谢。于是扶起女孩，一路搀着她回到自己的家。玉麟把情况跟外婆说了,王老太太也很怜悯,怕饿过头的人一时受不了硬饭,赶紧熬稀饭给她吃。那女孩狼吞虎咽吃了两碗稀饭后,气色好多了。正老太太又收拾好自己的床铺,要女孩睡到被子里去暖和暖和。那女孩激动地叫了声大娘,双膝跪下去,给王老太太和玉麟磕头,慌得玉麟赶快扶起她。王老太太要女孩休息,把玉麟拉出门外。王老太太把这事告诉儿子和媳妇,舅父母都称赞玉麟这事做得好,说心肠好的人今后会有好报。玉麟很高兴。

到了掌灯时,那女孩还未醒过来。王老太太进屋,坐在她的旁边。眼前这个孩子,王老太太越看越像自己的满女,看看想想,竟然流出了几滴泪水。过一会儿,女孩醒过来。她一眼看着王老太太慈祥地坐在自己身边,心里暖洋洋的,如同看到妈妈一样,情不自禁地喊了一声"大妈"。她向王老太太恳求:"大妈,我不走了,我就留在你这儿吧!我什么活都会做。"

王老太太吃了一惊:"孩子,你怎么能不回家,父母怕都要想死你了。"

女孩流着眼泪说:"大妈,我没有父母,也没有家。"王老太太扶着女孩坐起,说:"孩子,你为什么昏倒在路边,你把详情给大妈说说吧!"

女孩点点头,穿上衣,坐在床边,就像对自己亲生的母亲那样,倾吐满腔苦水。

原来,这孩子姓梅,名叫梅小姑,今年14岁了,是浙江嵊县人。两年前,父亲得痨病去世,母亲哭得死去活来。谁料半年后,小姑10岁的弟弟又得天花死去。儿子的死,给小姑母亲沉重的打击。自那以后,母亲便病倒了,家贫无钱医治,拖了一年多,也下世了。剩下小姑一个女孩子,无依无靠,孤苦伶仃。小姑虽然没有读过书,心眼却灵秀,裁剪针黹,煮饭烧菜,样样都做得好,模样也长得出众。街坊邻里有心肠好的,常常送点东西给她吃。也有人叫她做点女红,送她些手工钱。这样过了半年。

有一天,小姑的一个远房婶子从合肥回来,晓得了小姑的情况,便笑吟吟地来到小姑的家,对她说:"婶子领你到合肥去,那里有一个剧团,班主是我们嵊县人。你长得漂亮聪明,今后跟班主学戏,一定可以赚大钱出大名。"嵊县是越剧的故乡,会唱越剧的人很多,小姑也会哼

几句。她不想赚大钱、出大名，但她喜欢越剧，何况家里没有挂牵，去就去吧！小姑跟着远房婶子上了路。一路上，她把婶子当恩人，尽心尽意照顾她。昨天夜里，小姑和婶子落脚在一家伙铺里，半夜醒来，发觉隔壁有两人在谈话。听声音，一人是婶子，另一个也是个中年妇女，但不是浙江人的口音。小姑好奇，把耳朵贴着板壁上偷听。这一听，吓得她脸色煞白，手脚发抖，浑身如同掉进了冰窟。原来，她错把恶鬼当菩萨。这个远房婶子，过两天就要把她卖到一家窑子里去做婊子，卖笑接客。小姑想到自己命运的悲惨，一夜里，泪水把整个枕头全部湿透了。小姑想：宁愿死，也不进窑子。她趁天未亮，便偷偷离开伙铺，不分东西南北，信天跑去，心里只有一个念头：离开婶子越远越好。她又急又怕又冷又饿，走到山沟边想掬口水喝，刚弯下腰，头一晕，眼一黑，便倒在水沟边……

小姑边说边哭，王老太太边听边流泪。老太太自满女去世以后，常常痴心地想带一个女孩。她怜悯小姑的苦命八字，也喜欢小姑的清秀灵泛，又一口绍兴府的乡音，和儿子媳妇商量后，收下了这个养女。

没有多久，小姑身体复原了，面孔光洁，白里透红，益发显得标致。她勤快温柔，样样活都干得好，对王老太太像对亲生母亲那样的贴心，对老太太的儿子媳妇，也和对亲哥嫂样的亲热，对待玉麟，则更是关心体贴，无微不至。她感激玉麟，是玉麟救了她的命，是玉麟把她带到这样好的家庭，今生今世，要把自己全部的心血和爱都奉献给玉麟。她打算自己一辈子不嫁人，今后养母归天了，玉麟成家了，她就到玉麟家去，为他操持家务，把一个女人所能做到的一切，都用来报答玉麟的再生之恩。

每天一早，小姑都把玉麟上学所用的书和笔墨纸砚整整齐齐地放到竹篮子里。吃完饭后，她提着竹篮送玉麟到先生家。到了放学的时候，她早早地跑去接他。放学回家后，玉麟喜欢画画，小姑就常在一旁帮他铺纸、研墨。傍晚，玉麟休息时，她坐在玉麟身边，听玉麟讲些古今故事。那些故事多有味啊！慢慢地，她也懂得了不少知识，也跟玉麟学得了几百个字。

"玉麟，我问你一件事。"有一天夜晚，玉麟在灯下合起书本准备休息时，小姑轻轻地问他。

"什么事？梅姨。"

"我跟你说过好多次了，你不要叫我梅姨，我只比你大两岁，听起来多难为情。"

"你是外婆的养女，我不叫你姨叫什么呢？总不能叫你小姑姐吧！"

"你就叫我小姑吧。"

"小姑？太不礼貌了。"

"你就叫我小姑吧，我喜欢听。"小姑说着，脸上泛起一阵红晕，犹如三春季节，桃花开了。玉麟真想用手去摸摸。

"好！以后就叫你小姑吧。你刚才要问件什么事？"

"玉麟，你以前讲，古时有个叫兰芝的女子，曾割臂蒸汤给丈夫吃，终于治好丈夫的病。人肉真的可以治病吗？"小姑瞪着两只秋水般的眼睛望着玉麟，一转不转的。"这怎么说呢，"玉麟感到很为难，"可能有用吧！不然古书上为何常有割臂疗母、割臂疗夫的记载呢！"

几个月后，玉麟感风寒病倒在床，一连七八天，吃了十来服药都不见效。这天，小姑端来一小碗汤："玉麟，你把它喝了吧，喝了就会好。"

"这是什么药？"玉麟问。

"你不要管，喝了再说。"

玉麟端起碗，汤上浮着几个油圈圈，碗中有一块一寸长三分宽的肉条。他望望小姑惨白的脸，有点怀疑。他放下碗，抓起小姑的手，大声说："你把手臂伸给我看！"

小姑两眼含着泪水，死死地把手缩紧。玉麟明白了，他抓紧小姑的手，带着哭腔说：

"傻姑，割臂疗病，那是古人心诚的表示，哪里真的就可以治病呢！你怎么下得手，割自己的肉。"

小姑眼里的泪水流了下来，喃喃地说："你不是说有用吗？即使无用，表示我的心诚也好嘛！"

玉麟哪里能喝下。从这碗汤里，玉麟看到小姑那颗水晶般的心。

时间一天天过去，玉麟和小姑也一天天长大。玉麟觉得自己不知从哪天起，就已经深深地爱上了小姑，常常夜阑更深想起小姑，想得心里火辣辣的，恨不得立刻就把小姑娶来做妻子。他恨外婆那时为什么不认小姑为干孙女，却偏要认作养女。外婆的女儿，就是自己的姨，有外甥娶姨妈的吗？但小姑毕竟不是外婆的亲女，只要外婆说一声，改养女为

干孙女，不就行了吗？玉麟不敢向外婆开这个口，羞呀！小姑想得更多，更热切，她更羞于言辞。到了后来，两人在一起，又快乐又痛苦。纯真的爱情，便被这人为的大石板压着，只能弯弯曲曲、扭扭捏捏地萌生。

玉麟17岁那年秋天，祖母在渣江病逝。父亲辞官，全家回原籍奔丧。行前写信给玉麟，要他在芜湖等候。玉麟从出生到现在还没有见过祖母一面，但老人家去世，他也感到悲痛。更使他伤心的是，他就要离开小姑了。小姑听到这个消息，哭得两眼红肿。她请玉麟给她画一幅画，画面是她自己想好的：一株盛开的红梅，旁边站着一只威武的麒麟。玉麟懂得她的意思，按着她的构思画了。那一夜，小姑房里一盏油灯一直亮着，她在用彩色丝线绣这幅画。那一夜，玉麟躺在床上，直到天明未合眼。就要离开小姑了，他有种失魂落魄之感。第二天，小姑又绣了一天。到了夜晚，小姑推门进来了。她什么话都没有说，拿出两双鞋子、四双袜子，一个精致的绣荷包，默默地递给玉麟。看着小姑面色憔悴，两眼无神，玉麟伤心，小姑又从怀里拿出那幅绣好的麒麟梅花图来，双手抖抖地送给玉麟。玉麟接过，只见那只麒麟用脸摩挲着身旁盛开的红梅花，互相依依不舍。玉麟忽然把小姑紧紧地抱着，一股热血在胸中奔涌，他似乎觉得今夜自己已经是一个成熟了的真正的男子汉。他失去了理智，狂吻着小姑那张洁白细嫩的脸。小姑闭着眼睛，柔软地躺在他的怀里，温顺地接受着他的抚爱。当玉麟把她抱到床上的时候，她一点也没有加以制止，只是用手指了指那盏忽明忽暗的豆油灯。玉麟吹灭了灯……

重新点燃油灯的时候，小姑已穿好了衣服，两颊红灿灿的，依偎在玉麟的肩上，喃喃地说："玉麟，我的弟弟，我的郎君，我永远是你的人，三四年后你一定要回来。"

玉麟用手梳理小姑散乱的头发，说："小姑，我的姐姐，我的亲人，三四年后我一定回芜湖来，那时我和你拜天地，洞房花烛。"

"莫这样急，玉麟，再晚点，妈妈今年七十多岁了，待她老人家百年后，我们再成亲。我不忍心在老人家生前不做她的女儿，而做她的孙媳妇。再说，你也还要抓紧时间用功，我盼望你早日进学中举点翰林，为彭氏光宗耀祖。三四年后你回芜湖来，我陪你读书。"

"好，小姑，我听你的，等外祖母百年后再说。我要用功，我要早点取得功名，让你当夫人。小姑，你等着我，三四年后我一定回来。"

"玉麟，我等着你。此去衡州，登山涉水，你要保重，你要常常给我来信。"

玉麟跟着父母，带着12岁的弟弟玉麒回到了渣江。他从没有见过自己的故乡，渣江在他的眼里是陌生而新鲜的。办完祖母的丧事，他就急忙给小姑写了一封信，趁父亲发信给上司的机会，顺路将此信寄到芜湖。信中还夹了一首五律："昔闻蒸湘水，今日到衡阳。树绕湘流绿，云开岳色苍。弟兄惭二陆，父母喜双康。风土初经历，家乡等异乡。"他尽量写得浅显，为的是让小姑看得懂。怕小姑不明白"二陆"的典故，又在旁边用小字注着："系陆机陆云，兄弟二人以文才名世。"但小姑没有信来，玉麟知道，小姑寄信不容易。她只能趁舅父寄信的机会才能捎来一页纸几句话。有没有信来不要紧，玉麟相信小姑是时时刻刻在想着自己的。

谁知灾祸接踵而来，回渣江两年后，正在壮年的父亲却染病身亡。父亲临死时没有留给他别的话，只把一本旧书郑重地交给玉麟，告诉他：这是多年前一位朋友送的。近几年来，夷人从水路侵犯我海疆，看来水师在今后会大有用处。原本想起复后，自己训练水师用。现在不行了，要玉麟好好研读。玉麟接过一看，这是一本从来没有见过的书，封面上写着：公瑾水战法。玉麟埋葬父亲后，杜门不出，在家细读《公瑾水战法》。这是三国时周瑜在鄱阳湖训练水师时所写的，内有水师的编制、阵法、训练等内容，是周瑜训练水师的经验总结。玉麟认真揣摩周瑜的水帅作战方法，平时常用纸船在池塘里模拟演习。他相信今后会有一天用得上。

转眼回渣江已5年，玉麟22岁了。丧服刚一除，提亲的人便络绎不绝地来到彭家。王氏也想早点抱孙，极力要儿子早成亲。玉麟心中想着小姑，根本不理睬这事。每次提起，均以年岁尚小、功名未成相推辞。五年间，玉麟只收到小姑一封信。信纸拿在手里皱巴巴的。玉麟知道，这是小姑写信时眼泪滴在纸上造成的，真是"一行书信千行泪"呀！小姑告诉他，外婆身体好，舅父母身体好，她的身体也好，媒人辞掉了几十个，天天巴望着玉麟回芜湖。父亲已去世，还回安徽做什么？安徽并没有彭家的根，彭家的根在渣江！玉麟看完信后苦笑着。他按捺着火一般的思念之情，耐心地等待着那一天。

第五章 衡州练勇

· 75 ·

又过了两年,从芜湖来了封急信。信中说舅父去世,要玉麟前去吊唁。舅父无子,他爱玉麟,把玉麟当作自己的亲生儿子。得知舅父去世,想起在舅父身边生活了7年之久,舅父的疼爱终生难忘。玉麟又想起风烛残年的外婆晚年丧子,不知有几多悲痛。玉麟心里很难受。他跟母亲商议,要把外婆和姨妈接到渣江来奉养。王氏为儿子的孝顺所感动,她不知,儿子固然是要奉养外婆,更重要的是天天和"姨妈"在一起。玉麟一路急如星火地赶到芜湖,祖孙见面,抱头痛哭,和小姑见面,悲喜交集。一别7年,小姑已26岁,是个老姑娘了,她不能再不出嫁。看着悲痛欲绝的外婆,玉麟打消了立即成亲的念头。

玉麟护送外婆和小姑回湖南。一路上,玉麟和小姑耳鬓厮磨,形影不离。七年的离别太久太苦了,从今以后永远不能再分开,过去的亏欠要加倍地补回来。船将到彭泽的时候,玉麟指着长江中高高耸立的小孤山,给她讲小姑和彭郎相望的故事:传说很久很久以前,有一对恩爱的夫妻,男的叫彭郎,女的叫小姑,在长江边靠打鱼为生,夫妻俩相亲相爱,过着幸福平静的生活。有一年,彭郎病了,一连半个月,不能出船打鱼。小姑偷偷地驾了一只船下水,她要打些鱼来为彭郎换药治病。但那天江面忽起巨浪,小姑的船被吞没,她不能再回来了。彭郎倚门望江,一声接一声地喊着"小姑,小姑"。忽然,奇迹出现了。彭郎发现江心冒出了一座小岛,看那形状,正是他的小姑所化。彭郎激动地扑向江中,向小姑奔去。一个巨浪过来,彭郎与巨浪合成一体。它日日夜夜拍着小姑,千百年过去了,永远如此。

"这是你瞎编的。"小姑听着听着,脸上泛出红晕,笑着说。

"不是的,书上有记载。"

"那为什么也叫彭郎,也叫小姑呢?"

"那我就不知道了。"

江水在船底急速地流着,小姑躺在船舱里,心里感到无比的幸福。忽然,她想起彭郎和小姑的爱情,最后竟以悲剧结束,眼前似乎浮现一层阴影,心中有一种莫名的怅意。

老天真是无眼。正当这对有情人又开始朝朝夕夕相处的时候,一个可怕的疾病已偷偷地缠住了小姑。一天清晨,小姑起来到井边挑水,回来的途中,她觉得喉咙黏糊糊的,吐出来一看,她惊呆了:竟是一口血痰!小姑立时软瘫。她想起十多年前,父亲正是死于吐血。这可是不治之症啊！她明白，得这个病是因为多年来苦苦思念玉麟的缘故。她常常整夜整夜不眠，睡不着就起来为玉麟纳鞋底。写信无法寄，她干脆把鞋底当信纸。这一针一线，便是对玉麟说的千言万语，就这样活生生地把人给弄病了。

"小姑，就是倾家荡产，我也要把你的病治好。"玉麟脸挨着小姑的脸说。

"玉麟，你不要着急，我相信我的病会好。我现在有多幸福啊！我再也不要苦思苦想了。"小姑把脸挨得更紧，两行泪水流在玉麟的脸上。

人力终于无法回天。小姑一天天瘦了，干了。她再也不水灵灵、嫩生生了。挨到第二年春天，正是百花盛开的时候，小姑却长眠在寸草不生的斗笠岭。玉麟悔恨不已。那时如果鼓起勇气跟外婆讲清一切就好了。外婆那样的慈祥，对自己，对小姑那样的疼爱，她会宽恕我们的孟浪的。假若那时就携带小姑一道回渣江，怎么会有今天她的早逝呢！玉麟捶胸打背，呼天抢地，但已经晚了。在小姑的坟前，玉麟栽下棵枞树，又拿出那幅麒麟梅花图来，失神地看着，喃喃低语："小姑，我这一生要画一万幅梅花来纪念你，纪念我们生死不渝的爱情。"

那夜，玉麟用泪水作墨，写了两首七律。

少小相亲意气投，芳踪喜共渭阳留。
剧怜窗下厮磨惯，难忘灯前笑语柔。
生许相依原有愿，死期入梦竟无繇。
斗笠岭上冬青树，一道土墙万古愁。

皖水分襟整七年，潇湘重聚晚春天。
徒留四载刀环约，未遂三生镜匣缘。
惜别惺惺情缱绻，关怀事事意缠绵。
抚今思昔增悲哽，无限心肠听杜鹃。

彭玉麟从坟上回来，已是将近吃中饭的时候了。王氏对儿子事事满意，就是有一点不理解：今年都37岁了，却始终不愿成家。任你怎样漂亮的女子，都不能打动他的心。问他，总说："待金榜题名时，再议洞房花烛事。"王氏想，天下哪有这样犟的人，倘若这一辈子名不能题

金榜,就一辈子不成亲了吗?几多人在妻子儿女一大群之后才中举中进士的。这孩子,如何这样认死了目标,就九头牛都拉不回头呢?幸而次子玉麒早已成家,并生下两个女儿,王氏尚不苦膝下冷漠。玉麟实在不愿成亲,她后来也懒得说了。

玉麟将随身衣服、书籍收拾好,把《公瑾水战法》又大致翻了一遍,然后用布包好。他找出珍藏的麒麟梅花图来,贴心口放着。又把几年来已画好的一千多张梅花包扎好,锁进大柜子。已是深夜了,窗外,一只鸟儿飞过,发出一种奇怪的叫声。玉麟听了,心潮起伏,感慨万千。他拿出一张纸来,提笔写道:

岣嵝峰有鸟,夜呼"当时错过",声清越凄婉,不知何名,其亦精卫、杜鹃之流欤?

写完这几句话后,他站起来,在屋里背手来回踱步,轻轻低吟,然后又重新坐下,在纸上写了两首七律。

"当时错过"是禽言,无限伤心竟夜喧。
沧海难填精卫恨,清宵易断杜鹃魂。
悲啼只为追前怨,苦忆难教续旧恩。
事后悔迟行不得,小哥空唤月黄昏。

我为禽言仔细思,不知何事错当时。
前机多为因循误,后悔皆以决断迟。
鸟语漫遗终古恨,人怀难释此心悲。
空山静夜花窗寂,独听声凄甚子规。

写完诗,玉麟久久地伫立在窗边。白天热闹的渣江已被夜色所吞没。天长地久有时尽,此恨绵绵无绝期。"小姑,待日后大功告就,我决不贪恋富贵,一定回渣江守着你的孤坟。"玉麟在心里自言自语。

从那次王衙坪回来,曾国藩又派人把王世全接到桑园街住了一天。王世全把彭玉麟的情况详详细细地告诉曾国藩。当然,王世全不知道彭玉麟至今单身的真正原因,而曾国藩却更佩服玉麟"匈奴未灭,无以家为"的志气,认为是当今少有的奇男子。他对世全说:"一旦彭玉麟到了你家,你就派人告诉我,我要亲到贵府去拜访他。"

恰巧这时上月派往江西了解军情的郭嵩焘,从江西带着江忠源的信,来到了衡州桑园街。江忠源鉴于太平军水师的强大,力劝曾国藩在衡州训练水师,并答应向朝廷上奏。郭嵩焘也把在前线所看到的太平军炮船,在江上往来如飞的威风告诉曾国藩。曾国藩愈想早一点见到彭玉麟。

彭玉麟来到王衙坪的第二天下午,曾国藩就来了。玉麟见曾国藩亲自来看他,十分感动,有点局促不安地说:"曾大人,玉麟渣江街上一落魄书生而已,岂敢劳大人屈尊降贵前来,这实在是万万担当不起的。"

曾国藩双手拉着玉麟的手,仔细端详着这位早几年才进学的秀才,果然长身玉立,英迈娴雅,在清秀的眉目之间透露出一股卓尔不群的勇武气概来。他突然在脑子里浮现出由秀才而封王的郑成功的形象,心中喜不自已,笑道:"听世全先生介绍,雪琴兄是时下罕见的奇男子,国藩心仪已久,今日有幸结识,实为三生缘分。"

一股相见恨晚的诚意深深感动了彭玉麟。他激动地说:"大人言重了。大人以朝中卿贰之贵,在衡州训练虎旅雄师,为衡州大壮声威。大人文武兼备,一身担天下重任,大人您才是真正的奇男子。"

曾国藩哈哈一笑:"衡州是国藩的老家,况且今日还谈不上壮声威,即使壮了声威,也是应该的。"

"雪琴知道大人要办水师,极愿为大人效力。"王世全说。

曾国藩对彭玉麟说:"早就知足下深通周瑜水师战法,是国家栋梁之才。国藩欲请足下先筹建水师第一营,待足下将此营建好后,拟以此营为榜样,再多建几营水师。"

"玉麟其实只是一个书生,虽读过周公瑾的水师法,但毕竟是纸上谈兵。大人将这副重担交给我,玉麟如临深履薄,深恐日后折足覆悚。"

"足下不必谦逊。国藩深知兄台机警勇敢,道光末年,亲擒反贼李沅发,实儒林中少见之英雄。"

"后来衡州协为雪琴请功,总督裕泰公以为擒李沅发者必为武人,于是拔雪琴为临武营外委,赏蓝翎。雪琴一笑置之,竟不受赏,辞归渣江。"世全笑道。

"此事真可载儒林趣谈。去年足下在耒阳当机立断,发主人质库数

第五章 衡州练勇

百万钱募勇制旗守城。这种魄力，国藩深佩不已。"

玉麟淡然一笑："这也是仓促之间，无可奈何。那时县令请饷，竟无一应，只得以此应急，也顾不得主人肯不肯了。"

"将在外，君命有所不受。就凭这一件事，足可以看出雪琴兄的将才。"

大家都笑起来。曾国藩说："军事殷急，不容闲暇。请雪琴兄明日就搬到桑园街去，立即着手筹建水营。不过，有一事我想劝足下一句。"

"请大人赐教。"

"听说足下至今尚单身一人，要等功成名就后再成家，志气虽可嘉，但窃以为不必如此固执。古人说，不孝有三，无后为大。不娶妻生子，怎能慰老母之心？且今后从军打仗，兵凶战危，生死难以预料，更不能没有子嗣。望足下听某一言，在大军离开衡州之前，一定成家。"国藩叫亲兵抬来一盒银子，指着盒子说，"军中饷银匮缺，又乏珍稀，这八百两银子不是聘足下之礼，只是作为足下的安家之费。待得足下成家之后，水师训练好了，再浮江北下，为朝廷分忧。"

彭玉麟既不能拂逆曾国藩的这番好心，也不能不接受这份厚赠，只得恭敬从命。

彭玉麟第二天就搬进桑园街赵家祠堂。曾国藩想起杨载福在洞庭湖上的精彩表演，觉得杨载福实在是个难得的水师军官，便向彭玉麟介绍了杨载福。二人相见，甚是欢洽。前些日子，曾国藩从长沙请来永泰金号老板黄冕到衡州。黄冕曾在江苏一带任过多年知府，见过许多炮船，视察过江苏水营，对办水师有经验。又调来在广西管带过水营的候补同知褚汝航。杨、黄、褚三人和彭玉麟一起商讨水师的筹建，先定在石鼓嘴下的青草桥边建一大造船厂，广招各方木匠，努力造船。为互相辨认和壮声势，彭玉麟还为新筹建的水师第一营设计了各色旗帜。

常言道，"插起招军旗，自有吃粮人"，衡州、衡山、祁阳一带历来多船民。这些船民，并不打鱼，而是靠长途运货为生。自从太平军这一两年在湘江、洞庭湖一带点燃战火以来，长途贩运的船民的生计受到很大影响，许多人只得改行另谋生路，但大部分既无田，又没有别的手艺，生活很困难。得知曾国藩在衡州招水勇，连个橹工的饷银都可以养活一个四口之家，于是这一带失业的船民接踵而来。短短十天，前来投军的便有两三千，大大超过一个营的编制。曾国藩决定从中挑出一千五百人，同时建三个营。任命彭玉麟为第一营哨官，杨载福为第二营哨官，褚汝航为第三营哨官。

自从彭玉麟的到来和水师的顺利建成，湘勇出现了一派新气象。每逢单日，曾国藩去演武坪，逢双日则去石鼓嘴，见塔、罗训练的陆勇和彭、杨训练的水勇都在认真操练。坪里，刀枪闪光，杀声震天；江面，旌旗耀眼，战船如梭。水陆两支人马威武雄壮，曾国藩心情十分欢悦。这些日子来，每天夜晚曾国藩都和康福对弈。康福将祖传秘局一一传授给曾国藩，曾国藩的棋艺大有进展。这天夜里，曾国藩与康福又在以康氏祖传的云子切磋棋艺，彭玉麟、罗泽南等在一旁观看。正下得起劲，一个水勇风风火火地闯进门来禀报："曾大人，彭总爷，江上有贼偷袭我们，杨总爷正率领人和他们在搏斗。"

曾国藩忙把棋子一扔，对彭玉麟说："到江边去看看。"

说完，二人带了几个随从，骑着快马，一溜烟向石鼓嘴江边跑去。

黑夜里，只见江面上灯火通明，七八条水师长龙围住一条极大的民船，民船上装着垒得高高的麻袋，那些麻袋里装的都是湘勇的口粮。快蟹上的水勇们，一手提着刀，一手擎着火把，七嘴八舌地吆喝。一些人则纵身跳到民船上，与船上的人扭打。江面，有两个人头在水面上下出没。曾国藩来到岸边，立即又叫开出四五条长龙，命令他们务必将民船上的人全部抓起来。约摸过了半个钟点，杨载福钻出水面，一只手抓住另一个人的头发，把他拖到岸边。时已隆冬，杨载福出水后已冷得发抖。曾国藩看那人时，只见他脸色青灰，就像死去一般。曾国藩要杨载福进舱换衣，并吩咐多喝几口白酒，又叫人拿出一套干衣服来给那人换了。接着走进船舱，亲自审讯被抓的一批窃贼。这批窃贼共有十六人，他们招供，因生活所逼，前来盗窃军粮，为首的就是被杨载福从水中拖出的那人，名叫申名标。

申名标被押了上来。此人年近四十，长得五大三粗，慓悍狰狞，见到曾国藩，便双膝跪下，说："我申名标有眼不识泰山，冒犯了大人，我甘受大人处罚。在水中擒拿我的那位壮士一手好功夫，我佩服，如果大人不嫌我是窃贼，我愿投靠大人麾下，为大人效力。"

曾国藩问："你除了会偷盗外，还有些什么本事？"

申名标苦笑了一下，说："大人，偷盗不是我申名标的本事，只是这些天来，弟兄们揽不到事干，家里老少都饿得肚皮贴着脊梁骨，我们

第五章 衡州练勇

眼红大人军中的粮食。大人，我们是被逼着干的。我申名标十几年前，也曾是关天培将军手下的把总，对于水战稍知一二。大江之上，一刀在握，二三十条汉子并不在我的眼中，这上下百余里水面上，提起我申名标的名字，船民中无人不知。"

杨载福在一旁说："这小子是有些能耐，十几个兄弟都被他打下了水。水下功夫也了得。"

曾国藩捋着长须，微闭着三角眼在思索：这申名标分明是个湘江上的水盗，梁山泊里阮氏三雄那样的人物。这种人最无品行操守，给他当个头目，他会坏了军风军纪，把一群人都带坏；若只给他当个普通勇丁，谁又能管得了他？如不是此人勇敢，有些功夫，目前正是用人之际，埋没了他的长技，又太可惜。尤其是当过关天培手下的把总，这点更使曾国藩动心。对关天培，曾国藩一向钦佩，在关提督手下当过把总的人，总不是十分不济的人。收，还是不收？曾国藩在犹豫着。彭玉麟说："大人，这等鼠盗之辈，纵有某些长处，也还是以不用为好，将来败坏军营风气，为害更大。"

杨载福见曾国藩沉吟不语，便说："大人，雪琴兄的话固然有道理，但依载福看来，此人尚能用。我与他交手半个时辰之久，无论水上水下的功夫，湘勇水师中还少有人记得他的。况且用人如用器，用其所长，避其所短，主要看在驾驭得不得法。"

曾国藩频频点头，杨载福的这种观点与他的想法完全一致。他暗思，莫看杨载福年纪轻轻，真有大将气度。曾国藩睁开眼，微笑地看了杨载福一眼，然后转过脸，威严地审视申名标良久，厉声训道："申名标，你带头偷盗我湘勇军粮，犯了死罪，你知不知道？！"

申名标磕头如捣蒜："小人知罪，小人罪该万死。求大人饶命。"

曾国藩喝道："你这等偷鸡摸狗之辈，本不应该收留，以免坏了我的营规。本部堂怜你有一技之长，目前国家正是用人之际，我为国家着想，又看在杨总爷的面上，收下你。就派你在杨总爷营中听命。今后要遵杨总爷的将令，老老实实改邪归正，为国家出力。立了功，一样少不了你的升官发财；若旧病重犯，两罪并罚，本部堂军法不容！去吧！"

申名标见曾国藩收下了他，喜不自禁，忙又磕头。起来后，又在杨载福面前磕了两个头。曾国藩命令将抓到的窃贼，每人杖责十板后放了。申名标本无妻小，跟那帮兄弟说了几句分别的话，也不问去了，当夜便宿在船上。

从那以后,申名标便在杨载福的水师二营中充当一名水勇。申名标十分感激杨载福的恩德,对他毕恭毕敬,训练时百倍卖力,又加之对水战很有一套,不久,杨载福便提拔他当了一名什长。申名标又暗地召唤来二三十个船民头领投靠杨载福。杨载福放排出身,自然十分熟悉水上船民的性格,知道他们大都骁勇粗豪,不受约束。他不仅能容下申名标,又见他招来的兄弟个个都有一身硬功夫,且其中几个,杨载福在放排时就已闻其名,故而对他们一概欢迎。这批人也死心塌地跟着杨载福。一个月后,杨载福提拔申名标当了一名哨长。申名标给杨载福当参谋,将在关天培水师中所学得的布阵操练的功夫全部献了出来,协助杨载福训练。杨载福的水师二营果然进步甚快,在三个水师营中一枝独秀。其他两营也不甘落后,水师中出现一股你追我赶的气氛。湘江本一向平静温柔,像个待字闺中的淑女,这下弄得一天到晚剑拔弩张、杀气腾腾,变得如同一个准备出征的武夫似的。曾国藩见三营水师蒸蒸日上,又恰好这时收到郭嵩焘在湘阴募集的二十万两饷银,于是索性比照陆勇的建制,也建十个营。告示一贴出去,应募者纷至沓来。那个年代,老百姓贫穷困苦,走投无路。苦难的岁月,使得人对生的留恋大大减弱,对死也不甚畏惧,反正生和死都差不了多少。他们想:投军吃粮,固然容易死在战场,但吃了几天饱饭,喝了几顿好酒,就是死了也值得,兴许还能在战场上发横财也不可知。若祖上的坟堆葬得好,说不定还可杀出个军官来,光宗耀祖,享受人世间的荣华富贵。不上半月,水师又建起七个营,连同原来三个,共十营。战船不够,曾国藩便委托黄冕在湘潭又建一座船厂,昼夜不停地改造民船,制造新船。又派人到广东购买洋炮。曾国藩对这十营水师分外喜爱,彭玉麟、杨载福又是他一手赏识提拔上来的营官,可谓真正的心腹嫡系。曾国藩将大部分心思转而用在水师上,他甚至认为,这十营水师,才是真正的曾家军。

正当彭玉麟、杨载福等人指挥十营水师在湘江上,按照周瑜当年所创造的长蛇阵、方城阵、八卦阵等阵势,并参照关天培训练水师的经验逐日操练时,太平军西征军在千里长江两岸取得了辉煌战果。安徽战场上,翼王石达开坐镇安庆主持全局,先是攻克集贤关、桐城、舒城,帮办团练大臣、工部侍郎吕贤基兵败自杀;接着是庐州克复,

第五章 衡州练勇

新任安徽巡抚江忠源投水自尽。江西战场上,国舅赖汉英在占领湖口后,战船进入鄱阳湖,一举攻克南康府。接着湖口、九江易帜,又连克丰城、瑞州、饶州、乐平、浮梁,击毙守城官吏。国宗石祥祯指挥大军从江西西上进入湖北。克复武穴、田家镇、蕲州。张亮基奉旨降调,新任湖广总督吴文镕战死在黄州府城外二十里的堵城。节节胜利的西征军将士,从水陆两路再次包围湖北省垣武昌。这时,清廷急令曾国藩率湘军东征。

起先,曾国藩原打算将水陆各军练好之后再上奏清廷,出省作战。不料他刚把练勇万人的计划告诉江忠源,就被江忠源合盘奏出,结果船炮未齐就招来咸丰皇帝的一连串征调谕旨。第一次是咸丰三年十月,太平天国西征军进至蕲、黄一带,武汉危急,清廷接连下令曾国藩率炮船增援湖北;第二次是咸丰三年十一月中下旬,太平军大将胡以晃进攻庐州,清廷令曾国藩督带船炮兵勇速赴安徽救援;第三次是咸丰四年正有,太平军袭破清军黄州大营,清廷再次催促曾国藩赴援武汉。曾国藩深知太平军兵多将广,训练有素,绝非一般农民起义队伍可比,没有一支劲旅是不能贸然去碰的;况且与太平军争雄首先是在水上而不在陆上,没有一支得力的炮船和熟练的水勇,是无法与拥有千船百舸的太平军相抗衡的,甚至连兵力调动和粮饷供应都会发生困难。因而打定主意,船要精工良木,坚固耐用;炮要不惜重金,全购洋炮,船炮不齐,决不出征。他在给朋友的信中说,"剑戟不利不可以断割,毛羽不丰不可以高飞"。"此次募勇成军以出","庶与此剧贼一决死战,断不敢招集乌合,仓猝成行,又蹈六月援江之故辙。虽蒙糜饷之讥、获逗留之咎,亦不敢辞"。一时形成"千呼万唤不出来"的局面。

其实清廷催曾国藩赴援外省,不过以湖南乡勇可用,令其前去配合绿营作战,以解决兵力不足的困难,这也是过去常有的事,绝非要他充当主力,独力担负与太平军作战的重任。所以当曾国藩在奏折中处处以四省合防为词,声言"事势所在,关系至重,有不能草草一出者"时,咸丰皇帝即以讥讽的口吻在奏折上批道:"今观汝奏,直以数省军务一身克当,试问汝之才力能乎否乎?平日漫自矜诩,以为无出己之右者,及至临事,果能尽符其言甚好,若稍涉张皇,岂不贻笑于天下!"可见咸丰皇帝对曾国藩是很不理解的,在他看来不过是无知书生的好高骛远和自我吹嘘,并非深思熟虑的举动,因而咸丰皇帝再次促其"赶紧赴援"，并以严厉的口吻对曾国藩说："汝能自担重任，迥非畏葸者比，言既出诸汝口，必须尽如所言，办与朕看。"曾国藩接到谕旨后仍然拒绝出征，他在奏折中陈述船炮未备、兵勇不齐的情况之后，激昂慷慨地表示："臣自维才智浅薄，惟有愚诚不敢避死而已，至于成败利钝，一无可恃。皇上若遽责臣以成效，则臣惶悚无地，与其将来毫无功绩受大言欺君之罪，不如此时据实陈明，受畏葸不前之罪。"并进一步倾诉说："臣不娴武事，既不能在籍终制贻讥于士林，又复以大言偾事贻笑于天下，臣亦何颜自立于天地之间乎！中夜焦思，但有痛哭而已。伏乞圣慈垂鉴，怜臣之进退两难，试臣以敬慎，不遽责臣以成效。臣自当殚尽血诚，断不敢妄自矜诩，亦不敢稍涉退缩。"咸丰皇帝看了奏折，深为曾国藩的一片"血诚"所感动，从此不再催其赴援外省，并以"朱批"安慰他说："成败利钝固不可逆睹，然汝之心可质天日，非独朕知。"曾国藩"闻命感激，至于泣下"，更以十倍的努力加紧了出征的准备。多少年后，他还对此念念不忘，并专门请人从京中抄回原奏（因底稿在九江水战中座船被俘而丢失），与咸丰谕皇帝的朱谕一起保存，"同志恩遇"。

　　曾国藩为坚持船炮不齐不出省作战的原则，不仅拒绝了清朝最高统治者咸丰皇帝的命令，也摈弃了师友的私人情谊。当湖北第一次危急时，他于咸丰旨之先已接到湖广总督吴文镕求其急速援救的函札。吴文镕是曾国藩的老师，长期以来二人交谊甚厚，无论公理私情他都是应该迅速赴援的。但是曾国藩接到吴文镕的信函仍不想赴援，只是由于王鑫誓报江西谢邦翰等人被歼之仇，积极要求赴援湖北，才不得不勉强同意；后来一接到"武昌解严，暂缓赴鄂"的谕旨，便乘机取消了王鑫赴鄂之行。不久，太平军西征部队回师西上，吴文镕接连发信向曾国藩求援，曾国藩皆复函拒绝，并反复说服不能草草轻发的道理。吴文镕终于被其说明，虽自料必死，仍令曾国藩万勿草草而出。当太平军进攻庐州时，江忠源危在旦夕，曾国藩亦拒绝出征，仅派刘长佑和江忠源率一千新勇由陆路赴援。结果江忠源、吴文镕二人先后兵败自杀。这对曾国藩是个沉重的打击。江忠源在曾国藩诸门生中办团练最早，最有实战经验，同时也任职最高，最得清政府的信任。曾国藩曾打算练勇万人概交江忠源指挥，完成镇压太平天国革命的重任，而自己只在后方办理练兵筹饷等事。不料未待出征而江忠源毙命，这无异于砍去曾国藩的左膀右

· 85 ·

臂，使他明知自己不善带兵而又不得不亲自出征。吴文镕的死对曾国藩打击更甚，吴文镕身任湖广总督，既是曾国藩的老师，又是他强有力的后台。若吴文镕仍在，处处有人帮他说话，或许不至陷入后来那样的政治困境。可见，曾国藩坚持不轻易出省作战的方针虽然使他赢得了充分的准备时间，为其后的军事胜利打下了基础，但同时也为此付出了巨大的代价。

第六章

率军东征

水陆大军启程东征，曾国藩办的第一件事，就是发布一道檄文，将起兵的宗旨昭告天下，做到师出有名。

无独有偶，太平天国起事之初，身为全军统帅的杨秀清、萧朝贵也曾发布过一道檄文，布告天下，申明起义的宗旨。两件檄文均为重要历史文献，鲜明地表露出敌对双方的思想理念。两相比较，可以看出很多问题。故笔者不吝篇幅，以其发布时间的先后，迻录原文，以飨读者。笔者先不做分析，大家看文章，清者自清，浊者自浊，相信读者都会有自己独立的判断。先看杨秀清、萧朝贵的《奉天讨胡檄布四方谕》，简称《奉天讨胡檄》。

真天命太平天国禾乃师赎病主左辅正军师东王杨、右弼又正军师西王萧为奉天讨胡，檄布四方。

若曰：嗟尔有众，明听予言，予惟天下者，上帝之天下，非胡虏之天下也；衣食者，上帝之衣食，非胡虏之衣食也；子女民人者，上帝之子女民人，非胡虏之子女民人也。慨自满洲肆毒，混乱中国，而中国以六合之大，九州之众，一任其胡行，而恬不为怪，中国尚得为有人乎！妖胡虏焰幡苍穹，淫毒秽宸极，腥风播于四海，妖氛惨于五胡，而中国之人，反低首下心，甘为臣仆。甚矣哉，中国之无人也！

夫中国，首也；胡虏，足也。中国，神州也；胡虏，妖人也。中国名为神州者何？天父皇上帝，真神也，天地山海是其造成，故从前以神州名中国也。胡虏目为妖人者何？蛇魔阎罗妖邪，鬼也，鞑靼妖胡，惟此敬拜，故当今以妖人目胡虏也。奈何足反加首，妖人反盗神州，驱我中国悉变妖魔。罄南山之竹简，写不尽满地淫污；决东海之波涛，洗不

净弥天罪孽。予谨按其彰著人间者约略言之：夫中国有中国之形象，今满洲悉令削发，拖一长尾于后，是使中国之人变为禽兽也。中国有中国之衣冠，今满洲另置顶戴，胡衣猴冠，坏先代之服冕，是使中国之人忘其根本也。中国有中国之人伦，前伪妖康熙暗令鞑子一人管十家，淫乱中国之女子，是欲中国之人尽为胡种也。中国有中国之配偶，今满洲妖魔悉收中国之美姬，为奴为妾，三千粉黛，皆为羯狗所污；百万红颜，竟与骚狐同寝。言之恸心，谈之污舌，是尽中国之女子而玷辱之也。中国有中国之制度，今满洲造为妖魔条律，使我中国之人无能脱其网罗，无所措其手足，是尽中国之男儿而胁制之也。中国有中国之语言，今满洲造为京腔，更中国音，是欲以胡言胡语惑中国也。凡有水旱，略不怜恤，坐视其饿殍流离，暴露如莽，是欲我中国之人稀少也。满洲又纵贪官污吏，布满天下，使剥民脂膏，士女皆哭泣于道路，是欲我中国之人贫穷也。官以贿得，刑以钱免，富儿当权，豪杰绝望，是使我中国之英杰抑郁而死也。凡有起义兴复中国者，动诬以谋反大逆，夷其九族，是欲绝我中国英雄之谋也。满洲之所以愚弄中国，欺侮中国者，无所不用其极，巧矣哉！

昔姚弋仲，胡种也，犹戒其子（姚）襄，使归义中国。符融亦胡种也，每劝其兄（符）坚，使不攻中国。今满洲乃忘其根源之丑贱，乘吴三桂之招引，霸占中国，恶极穷凶。予细查满鞑子之始末，其祖宗乃一白狐一赤狗交媾成精，遂产妖人。种类日滋，自相配合，并无人伦风化，乘中国之无人，盗据中夏。妖座之设，野狐升据；蛇窝之内，沐猴而冠。我中国不能犁其窟而除其穴，反中其鬼谋，受其凌辱，听其嚇诈，甚至庸恶陋劣，贪图蝇头，拜跪于狐群狗党之中。今有三尺童子，至无知也，指犬豕而使之拜，则艴然怒。今胡虏犹犬豕也，公等读书知古，毫不知羞。昔文天祥、谢枋得誓死不事元，史可法、瞿式耜誓死不事清，此皆诸公之所熟闻也。予总料满洲之众，不过十数万，而我中国之众，不下五千余万，以五千余万之众受制于十万，亦孔之丑矣！

今幸天道好还，中国有复兴之理，人心思治，胡虏有必灭之徵。三七之妖运告终，而九五之真人已出，胡罪盈贯，皇天震怒，命我天王肃降天威，创建义旗，扫除妖孽，廓清中夏，恭行天罚。言乎远，言乎迩，孰无左袒之心；或为官，或为民，当急扬徵之志。甲胄干戈，载义声而生色；夫妇男女，摅公愤以前驱。誓屠八旗以安九有，特诏四方英俊,速拜上帝,以奖天衷。执守绪于蔡州,擒妥欢于应昌,兴复久沦之境土,顶起上帝之纲常。其有能擒狗鞑子咸丰来献者,或有能擒斩一切满洲胡人头目者,奏封大官,决不食言。盖皇上帝当初六日造成之天下,今既蒙皇上帝开大恩命我主天王治之,岂胡虏所得而久乱哉!公等世居中国,谁非上帝子女?倘能奉天诛妖,执螫弧于先登,戒防风之后至,在世英雄无比,在天荣耀无疆。如或执迷不悟,保伪拒真,生为胡人,死为胡鬼,顺逆有大体,夏夷有定名,各宜顺天,脱鬼成人。公等苦满洲之祸久矣,至今而犹不知变计,同心戮力扫荡胡尘,其何以上对上帝于高天乎!予兴义兵,上为上帝报瞒天之仇,下为中国解下首之苦,务期肃清胡氛,同享太平之乐。顺天有厚赏,逆天有显戮,布告天下,咸使闻之。

文告作于壬子二年(即咸丰二年),其时,太平军正从广西挺进湘鄂,这篇文告当时为号召沿途民众投身起义而作。此檄文是太平天国众多文献中较有文采的一篇,读起来还算文从字顺。杨秀清目不识丁,这显然不是他的手笔,但贯彻了洪杨的意旨。从遣词造句,以及时不时掉一下书袋来看,文告当是太平军中的读书人所作。文告称所号召的对象为"公",显然针对的是识文断字的士大夫阶层。中国人自古敬奉天地君亲师,而士大夫阶级宗孔子,尤其不好语怪力乱神。这篇文告把中国特色的上帝(即天父皇上帝)作为唯一的创世主。几乎不可能得到他们的认同。对朝廷纵容贪官污吏,贿赂公行等最为人民痛恨,也最容易引起大众共鸣的弊端,文告只是一笔带过,却把重点放到了子虚乌有,很难被人相信的事情上。譬如满洲人如何心怀鬼胎,想要通过淫乱中国女子,使中华尽为"胡种"云云。洪杨等自以为最能激起人愤恨的事情,在富于理性的读书人眼中,反而暴露了其思想之猥琐与拜上帝教的荒诞不经。其实是满洲人更怕满汉通婚,忧心自己在人种上被居于绝对多数的汉族同化,满汉通婚的禁令,直到20世纪初才被废除。至于语言、衣冠、制度等等,与其说是满洲用夷变夏,莫不如说这个昔日军事上的征服者,在文化上,早已成为被征服者,在士大夫眼中,这些都是不言自明的事实。故而这篇满是宗教蛊惑与种族谩骂、内容空疏荒谬的檄文得不到知识阶层的响应,自在情理之中。

我们再来看曾国藩的《讨粤匪檄》。

　　为传檄事。逆贼洪秀全、杨秀清称乱以来，于今五年矣。荼毒生灵数百余万，蹂躏州县五千余里。所过之境，船只无论大小，人民无论贫富，一概抢掠罄尽，寸草不留。其掳入贼中者，剥取衣服，搜刮银钱；银满五两而不献贼者，即行斩首。男子日给米一合，驱之临阵向前，驱之筑城浚壕。妇人日给米一合，驱之登陴守夜，驱之运米挑煤。妇女而不肯解脚者，则立斩其足以示众妇；船户而阴谋逃归者，则倒抬其尸以示众船。粤匪自处于安富尊荣，而视我两湖、三江被胁之人，曾犬豕牛马之不若。此其残忍惨酷，凡有血气者，未有闻之而不痛憾者也！

　　自唐虞三代以来，历世圣人，扶持名教，敦叙人伦，君臣父子，上下尊卑，秩然如冠履之不可倒置。粤匪窃外夷之绪，崇天主之教，自其伪君伪相，下逮兵卒贱役，皆以兄弟称之。谓惟天可称父，此外凡民之父，皆兄弟也；凡民之母，皆姊妹也。农不能自耕以纳赋，而谓田皆天王之田；商不能自贾以取息，而谓货皆天王之货；士不能诵孔子之经，而别有所谓耶稣之说、《新约》之书。举中国数千年礼义人伦、诗书典则，一旦扫地荡尽。此岂独我大清之变，乃开辟以来名教之奇变，我孔子、孟子之所痛哭于九原！凡读书识字者，又乌可袖手安坐，不思一为之所也！

　　自古生有功德，没则为神。王道治明，神道治幽。虽乱臣贼子，穷凶极丑，亦往往敬畏神祇。李自成至曲阜，不犯圣庙；张献忠至梓潼，亦祭文昌。粤匪焚郴州之学宫，毁宣圣之木主，十哲两庑，狼藉满地。嗣是所过郡县，先毁庙宇。即忠臣义士，如关帝、岳王之凛凛，亦皆污其宫室，残其身首。以至佛寺、道院、城隍、社坛，无庙不焚，无像不灭。斯又鬼神所共愤怒，欲一雪此憾于冥冥之中者也！

　　本部堂奉天子之命，统师二万，水陆并进，誓将卧薪尝胆，殄此凶逆；救我被掳之船只，拔出被胁之民人。不特纾君父宵旰之勤劳，而且慰孔孟人伦之隐痛；不特为百万生灵报枉杀之仇，而且为上下神祇雪被辱之憾。是用传檄远近，咸使闻之：倘有血性男子，号召义旅，助我征剿者，本部堂引为心腹，酌给口粮；倘有抱道君子，痛天主教之横行中原，赫然奋怒，以卫吾道者，本部堂礼之幕府，待以宾师；倘有仗义仁人，捐银助饷者，千金以内给予实收部照，千金以上专折奏请优叙；倘有久陷贼中，自拔来归，杀其头目，以城来降者，本部堂收之帐下，奏授官爵；倘有被胁经年，发长数寸，临阵弃械，徒手归诚者，一概免死，资遣回籍。

在昔汉、唐、元、明之末，群盗如毛，皆由主昏政乱，莫能削平。今天子忧勤惕厉，敬天恤民，田不加赋，户不抽丁。以列圣深厚之仁，讨暴虐无赖之贼。无论迟速，终归灭亡，不待智者而明矣。若尔被胁之人，甘心从逆，抗拒天诛，大兵一压，玉石俱焚，亦不能更为分别也。

本部堂德薄能鲜，独仗"忠信"二字为行军之本。上有日月，下有鬼神；明有浩浩长江之水，幽有前此殉难各忠臣烈士之魂，实鉴吾心，咸听吾言。檄到如律令，无忽！

曾国藩的檄文则诸诸事实，说教不多。证之以当事人的记录，大抵可信。檄文中列举太平军所造成的祸乱，大致可以归为以下数则：

一、劫掠民船。太平军先后于湖南益阳、岳州、湖北蒲圻掳获民船上万艘，其中多数是当地政府征集备用的，因清军一触即溃而被掳获，实在怪不得太平军。但自武昌东下，太平军确实劫掠了民船。"贼自上游掳船只下金陵，诳谓船户送到（金陵），不留船，许自返，并不必蓄发。开水手名，将厚赏。及金陵城破，尽数驱之入（城），其愿附者易船，不愿附者，分入诸贼馆为听使。各船所自有之物，并没于贼。"

二、劫掠民财。金田团营时，信徒自愿捐财产入圣库；但到后来，太平军每攻陷一城，均实行以下步骤：劫掠富户，不从者杀；设立"进贡公舍"（即圣库），要求阖城人家进贡，"凡金银钱米鸡鸭茶叶皆可充贡，且云：'进贡者仍各归本业。'盖进贡与拜上（帝）异，拜上则为兵，进贡者仍为民也。于是人争趋之。"但这只是利用百姓畏惧当兵的心理搜刮民财的骗局，随后即依进贡时的登记名录，将百姓逐一编入营伍。

三、裹胁从军。在广西时，自愿从军者多为拜上帝会信徒，此后攻城略地，有大批会党分子与对现状不满之人投军。但普通百姓，只想过安定温饱的日子，是不可能自愿从军的。而太平军的做法是，每至一地，先将百姓召集起来"讲道理"，也就是宣传拜上帝教义，号召民众加入；之后将居民阖家强行拆散，分别编入男馆、女馆（又称男行、女行），年富力强者编为"牌面"，冲锋陷阵；老弱者编为"牌尾"，从事各种杂役。转移时，通常会放火将民房焚烧净尽，以绝其顾恋，且全家被强制编入不同营伍，一人逃亡，会牵累全家，故尽管不情愿，也不得

不随行。而曾国藩檄文中所述,均实有其事。

四、泯灭人伦。太平天国等级森严,但在理论上只承认上帝为唯一的"父";其余人等,与其敌对者则开除人籍,一概称"妖";自己人则无论长幼辈分,祖父子孙、母女夫妻,一概以兄弟姊妹相称。"其女行法,女人无论老少,呼曰新姊妹;聚二十余人为一馆,老姊妹辖之,曰牌长。老姊妹者,广西女人也,亦不论老少。""其男行法,男子无论老少,呼曰新兄弟,聚二十余人为一馆,两司马辖之。两司马皆湖南(湖)北人,不称老兄弟,老兄弟惟发至长者得称。"

五、毁灭文化。洪秀全科举屡试不第,大病一场,后来他将病幻中升天之所见所闻整理成《太平天日》一书,公开颁行,其中就有上帝责罚孔子的内容。整个故事如同一幕短剧,可见其名落孙山后迁怒于孔子的心态。

(天父指着儒学经典对洪秀全说)"这是孔丘所遗传之书,即是尔在凡间所读之书,此书甚多差谬,连尔读之,亦被其书教坏了。"

天父上主皇上帝因责孔丘曰:"尔因何这样教人糊涂了事,致凡人不识朕?尔名声反大过于朕乎!"

孔丘始则强辩,终则默想无辞。

天兄基督亦责备孔丘曰:"尔造出这样书教人,连朕胞弟读尔书,亦被尔书教坏了!"

众天使亦尽归咎他。主(即洪秀全自称)亦斥孔丘曰:"尔作出这样书教人,尔这样会作书乎?"

孔丘见高天人人归咎他,他便私逃下天,欲与妖魔头偕走。天父上主皇上帝即差主同天使追孔丘,将孔丘捆绑解见天父上主皇上帝。

天父上主皇上帝怒甚,命天使鞭挞他。孔丘跪在天兄基督前再三讨饶,鞭挞甚多,孔丘哀求不已,天父上主皇上帝乃念他功可补过,准他在天享福,永不准他下凡。

后来洪秀全造反称王,手里有了军队,遂将头脑中的意淫付诸实施。故凡太平军所过之处,对学宫(即家塾、村塾、书院、贡院等所有供奉孔子牌位之所)与文庙(即各地祭奠孔子的祠堂),无不捣毁;儒学经籍、孔子木主,无不焚烧。一时间黄钟毁弃,瓦缶雷鸣,斯文扫地以尽，这是最令曾国藩痛心疾首的事了。"举数千年礼义人伦、诗书典则，一旦扫地荡尽。此岂独我大清之变，乃开辟以来名教之奇变，我孔子、孟子之所痛哭于九原！"其沉痛的心情，跃然纸上。也是因为这种愤恨与沉痛，曾国藩超越了一家一姓的朝代嬗递、国家兴衰的局限，大大提升了檄文的境界。与太平军的这场战争，绝不仅是保卫既有秩序之战，更是护卫传统之战，护卫中华文化之战。

在这里我们又看到了顾炎武的影子。顾炎武有一段极有名的言论："有亡国，有亡天下，亡国与亡天下奚辨？曰：易姓改号谓之亡国。仁义充塞，而至于率兽食人，人将相食，谓之亡天下。……是故知保天下，然后知保其国。保国者，其君其臣，肉食者谋之；保天下者，匹夫之贱与有责焉耳矣。"后来的"天下兴亡，匹夫有责"这句话，就是从这里来的。国家与天下有什么不同吗？有很大的不同。国家，通常指一家一姓的王朝，王朝总会有一个由兴到衰的过程，这是不可逆的历史发展规律。而天下则不同，天下在这里的涵义，指的是中华的文化价值体系。哪朝哪代亡了，老百姓照样可以生活；可天下（文化）亡了，则意味着维系社会的价值体系的崩溃。文化价值体系崩解了，社会就会变为一盘散沙，沦入无序之混乱，代之而起是兽性的泛滥与丛林原则的盛行，整个民族将会就此沉沦。

看一个时代是盛世还是衰世，主要看它的文化价值体系。这个社会的风气是诚朴还是虚伪呢？是鼓励正直还是强调顺从呢？是能够正视并痛改前非呢，还是讳疾忌医，文过饰非呢？是仁义道德，还是骨子里却是男盗女娼呢？是心智健全，还是人欲横流呢？是天下为公，还是巧言令色、假公济私呢？如果是后者，事态就危险了。所以顾炎武用孟子的话，作为亡天下的表征：表面上看，仁义充塞，似乎好得不得了，而在实际上社会已经到了率兽食人、人将相食，就要解体的地步。什么叫率兽食人，人将相食？"朱门酒肉臭，路有冻死骨"，社会之不均、不公已到了人不如兽的地步。整个社会对名、利趋之若鹜，物欲横流，尔虞我诈，贿赂公行，鲜廉寡耻。社会走到这个地步，起因即在文化价值体系的蜕变，也就是管子所说的："礼义廉耻，国之四维；四维不张，国乃灭亡。"

亡国，是大臣们的事，是当官们的事，因为他们食朝廷的俸禄，自然该为国家效力。可亡天下，亡文化，则是全民的事，虽匹夫之贱，也

有推卸不了的一份责任。看到太平天国试图以非驴非马、不中不西的邪教毁灭中华传统文化，曾国藩焦急了，愤怒了，挺身而出了。他认为，知识分子对文化责任更重，于是振臂大呼："凡读书识字者，又乌可袖手安坐，不思一为之所也！"

六、毁禁宗教与传统信仰。这也与文化相关，宗教（释道两教）与民间信仰，虽非主流，却也是传统文化的组成部分，且基础广大深厚。曾国藩是位儒者，并不信仰宗教，对鬼神更是敬而远之。他之所以拉扯上宗教鬼神，是因为民间信仰对老百姓的影响巨大，太平天国只拜上帝，此外一切神祇，均在铲除之列，这无异于剥夺百姓们日常的精神寄托。曾国藩把这些列出来，争取民心，让老百姓看清楚，洪杨邪教坏事做绝，人神共愤，终不免毁灭的下场。作为对比曾国藩指出，甚至像李自成、张献忠这样的人，对圣人、鬼神也都还存有一份敬畏之心。其中的张献忠，尤其嗜杀，割据四川时，曾强迫各府县读书人到成都赴试，集中后"驱至青羊宫杀之，先后万人，弃笔砚山积"。张于僧道医人，无所不杀；道观寺庙，无所不焚，孑遗者唯关帝庙与文昌庙。之所以不焚关帝庙，是因为陕西有奉祀关帝的风俗（张乃陕西人）；而保留文昌庙，乃是因为文昌君（又称梓潼帝君）也姓张。其中还有一则趣事。

左右告以文昌姓张，献（忠）曰："吾祖也。"追封始（祖）高皇帝，从官献谀，比之李唐之祖混元，遂命建太庙。归而落成，赋诗曰："一线羊肠路，此地更无忧。人是人神是，同国与天休。"命严锡命以下皆和之，少迟斩。刻石八卦亭内，寻梦文昌责之，令为文致祭，凡涉文义者斩之。献（忠）大声曰："尔书咱自傲，文（曰）咱老子姓张，你也姓张，为甚吓咱老子，咱与你联了宗吧！"尚享至今，人以为笑。或曰：献（忠）初过梓潼，梦人以宗弟红束来谒，戒勿杀梓潼人。献（忠）语人曰："咱一家兄弟，人何忍杀之？"故梓潼得免。

曾国藩这篇檄文的反响如何，效果如何，笔者想引用两位太平天国史研究专家的评论做一收束。一位是起初不失客观，后来以阶级斗争史观判定太平天国为伟大革命运动的国内权威罗尔纲先生；另一位是揆诸民族大义，视太平天国为种族革命先驱，而对其所为种种多有恕词的海外名家简又文先生。罗先生的评价是：

> （曾氏《讨粤匪檄》）给当时人心影响极大。因为中国人讲伦常，宗孔孟，信鬼神为社会上思想的基础，其私有财产制度，也是社会上根深蒂固的制度，而一旦都为太平军所破坏，人民的惊疑震荡为如何！这篇檄文，就从这些地方来刺激人心，使人民就是平素抱种族的观念，同情于洪秀全的人，也将视上帝教为异教，而反为他们自己的信仰、他们的身家财产以反抗太平军。于是檄文所播，传到了士绅的手中与富豪地主的社会里，他们便都兴奋地说："义军起矣！曾公可与言事。"有的就慷慨自请从征，有的就踊跃捐资供饷、造船、制炮以助湘军。湘军就在这种背景与立场之下，得到了不断的资源、不断的人力，以与太平军作长期的斗争，而且终于得到了最后的胜利。

再看简又文先生的分析：

> 曾国藩等起兵攻太平军，明知民族的与政治的主题为无懈可击，惟舍重就轻，避实攻虚，乃集中于其毁灭中国固有文化一点而攻之，号召人心之力果非常伟大，盖以为太平天国虽以"攘夷狄"为口号，而其文化的与宗教的主张，皆夷之又夷，反不若满清之完全皈化于中国的礼教，此在中国传统的文化（非民族的）立场上，足令曾等之振振有辞也。假使他们惟抱单纯化的目的，只求号召全汉族同胞推倒满政府建立新政权，而不问其他，则又谁能非之，谁敢抗之？国父孙中山先生致力于国民革命，为揭櫫三民主义以推翻满清，建立民国，凡属同志，一视同仁，而未尝以其自己所信之基督教强迫他人以必信，是为革命的最高策略。一则功败垂成，一则迅成大功，非无故也。

看得出来，简先生虽为洪杨的失败抱憾，却也不得不承认洪杨之文化宗教主张"夷之又夷"，不合国情，难以得到中国人的认同。至于洪杨所倡导的"民族的与政治的主题"，是否无懈可击，则另当别论。《奉天讨胡檄》中对满族人（注意：太平军对统治者与一般满族人民并不加以区分，而是一律视之为"妖"，是诛杀的对象）的肆口谩骂，在攻破南京等城市时，对满洲人不分官民老幼妇孺的集体屠杀，究竟是民

族革命,还是种族灭绝?凡未陷入革命迷狂之中,稍有理性者不难判断。而其所谓政治的主题,从洪秀全创立拜上帝教的起因与其后来的活动,我们所能看到的,只是一个因抱负难伸,积郁成恨,而与清廷为敌的人;一个拆散众人家庭,要求信徒们做苦行僧,自己却迫不及待地占有众多女性的邪教教主;其政治诉求,无非是由自己来坐天下,成为新王朝的新皇帝而已!而且这个新王朝政教合一,空前黑暗,不允许任何不同意见存在。在毁灭传统文化的同时,天国领袖们所发出的不过是狂人的呓语,所施展的不过是"下凡"的巫术而已。在天国所谓革命与平等的光环下面,有的只是沉渣泛起,是最腐朽东西的死灰复燃。

简先生认为太平天国若胜利,是国族"革新自强的黄金机会";曾国藩断送了这种机会,所以是"罪人"。但观洪杨之理念与所言所行,可以肯定其与中国历史上众多邪教并无本质的不同;故太平天国一旦成事,中国非但绝无"革新自强"的可能,反倒极有可能倒退,沦入简先生所说的"万劫不复之厄运"。看来,一个执著于其党派成见、带了意识形态有色眼镜的学者,即便学富五车,也可以无视基本的历史事实,难怪他们会称妻妾满宫、动辄虐待殴打女人的洪秀全"生活态度严肃","简直是一个严格的道德主义者,方之西国之清教徒未遑多让"了。

判断一个人在历史上的功罪,要看他在当时条件下,所作所为是推动还是阻挠社会进步,或虽未能推动,但却阻止了社会的倒退,也可以称作是功臣;只有阻碍社会进步,甚至将社会拉向倒退者,才是罪人。以此衡量,曾国藩于艰难竭蹶之中,奋不顾身,以天下兴亡为己任,使中国免于沦入拜上帝教的统治,并于大乱之际,与众多中兴名臣一起,推动了古老中国迈向近代化的脚步,非但功在国家,而且功在天下。

曾国藩自咸丰三年墨绖出山,剿匪、练兵、造船一年多,还没有与太平军照过面。现在总算练成了一支水陆大军,他发布檄文,率师东征,不想未待他找上敌人,敌人却先找上门来了。湘军师至长沙,即遭遇太平军大举进军湖南的局面。这是仓促成军的湘军,首次与敌人大规模交战,也是决定湘鄂乃至大清命运的一战。为什么这样说呢?首先,我们先要搞清楚太平军重返湖广的战略意图,并对这一年多来的战况,与双方形势之消长做一番梳理。

咸丰三年,是太平军猛虎出柙,高歌猛进的一年。先是,因久攻不克，粮秣不继，太平军主动放弃长沙，改走益阳。在益阳，太平军意外掳获民船数千，顺江而下，官军望风而逃，于是兵不血刃占领岳州。在岳州，太平军不但再获民船五千，而且得到了国初吴三桂囤积于此的大量火炮物资，从而装备成为一支庞大的水陆军。之后太平军循水陆二途分进合击，势如破竹，相继占领蒲圻、汉阳，合围武昌，并于咸丰二年十二月四日，以地雷轰塌城墙二十余丈，攻克省城。武昌雄踞长江中游，素有"九省通衢"之称，为中南军事经济重镇，历来为兵家必争之地。这是太平军攻下的第一座省城，也是中南最富庶的城市，但太平军仍沿袭以前吃足就走的流寇战略，在掳获大量资源，充实实力后，弃城东下。在不足一月的占领期内，洪杨等将武昌洗劫一空，有在劫者做了逐日记录，颇具代表性，这里略录几则，以见其所为。

破城：初四日黎明，"黑雾中闻大声震动，文昌门城颓二十余丈"，太平军"八人扬旗先登，见垛口疏落，招飐大呼，逆党继之，复四围乘梯攻入，兵勇纷纷走避，城遂陷"。武昌城高墙厚，太平军破城得力于土营，即"在（湖南）耒阳招得挖煤人甚众，每攻城用以穿地道，遂为长技。其法于数里外开一巨洞，以大木上钉横板，旋进旋以木承之，故无压坠之患。其木两旁可容人出入，所挖之土即于此担出，既达城足，堆满火药，或以匱（音柩，即棺材）盛之，而皆藏引线竹筒中，预刻其时为引线之长短，随迟随疾皆可预定。位置既毕，乃静候轰裂，乘势攻入"。入城后即传令"官兵不留，百姓勿伤"。释放狱中囚犯，搜杀官兵，至初五日，杀人盈街。开始"三五为群，入人家搜刮财物，加刃于颈，逼索金宝。如是者累日"。

打馆：初六日，杨秀清传"止杀"令。太平军"入城日众，皆居长街列肆及人家大厦，收罗军器，使人舁（搬运）火药局硝磺入船"。胁迫城中人加入拜上帝会，"分设写名（登记）数馆，从之者皆至馆报明名氏、年籍，登簿记注。既写名，则群居一所，初以十人为一馆，旋以二十五人为一馆，皆设头目领之……搜城中米盐，日分给各馆，使人毁窗棂及木具为薪。贼设伪圣库于长街汪姓?（绸）店，凡珍贵之物咸纳焉。"十一日又在阅马场"讲道理"，号召居民拜上帝。

进贡与编伍：初十日，号召没有加入拜上帝会的百姓进贡，声称进贡者可各安本业，"于是人争趋之……闻进贡仍得为民，皆不惜倾囷倒廪出之。"进贡时逐一登录姓名在册。二日后鸣锣传呼进贡者点名，迟

误者斩首。之后开始将城中人逐日带往城外，编入营伍，"不分老幼，率以四五十人为一营，使二长发贼为正副营长领之……少壮有力者二十五人为正牌，老幼为牌尾，有疾者为能人，送入能人馆，有医为诊治。"十六日起，外始发给入伍者兵器。最后，武昌城数十万人，得居城中者十无二三，此时居民虽知受骗，但已悔之无及。

开设女馆：十九日，传令城中妇女归馆。"迁延者，鞭箠促之，时各家男子多已出城，妇女虽青年弓足者，莫不躬自负担，抱儿挈女，络绎街巷。至则有贼妇领之。服饰华美，有钗钏者，辄为贼妇所夺。每馆贼日发油一盃，人各发谷三合。"所谓"贼妇"，指的是自广西一路随军而来的客家老姊妹，客家女不缠足，故"皆大脚高髻，力能任重，可胜二百斤"。俯巷人家有藏匿不出者，搜出打屁板数十后，就城中归馆。

选妃：洪秀全等太平军头目于初九日入城，分别居住于官府衙门（洪住巡抚衙门，杨住藩台衙门）。二十五日为天历（即太平天国自定的历法）岁尾。于本日"使民间女子往阅马场听讲（道理），至则选十余龄有殊色者六十人，即逼令入抚署。从此沉溺狂澜，遂与父母永诀矣"。当日天国男女官员，各备肴馔，敲锣打鼓进献于天王与王娘，并赏给各营猪一头，钱数贯，以示同庆。次日贺岁，"城内爆竹如雷，街巷地上爆竹纸厚至寸许"。洪秀全在广西时已有王娘三十六人，至此又添六十人，故后其入南京时，妻室达八九十人，随从簇拥，蔚为大观。

转移官银：天历大年初二（即旧历十二月二十七日），此时估计太平天国领导层已做出建都金陵的决策，故开始作转移之准备。"布政司广储库银七十余万，粮储道库银十余万，合盐道、府、县库银总计之约银百万，贼悉舁之登舟。"

劫掠纵火，弃城东下：二十八日，太平军将武昌守城用的铜炮、铁炮搬运入船；二十九日传令各营备齐一月口粮，锄锹四具（攻城时用于挖掘地道）；三十日，开始于空屋纵火。三十日后，太平军治装登舟，老姊妹们在纷纷捆载出城的同时，驱赶女馆妇女概行登舟。正月初二，太平天国诸王与百官前往洪秀全处辞行后，至东王府会齐后以次出城；随后洪秀全"乘黄毡轿启行，其后有肩舆百余乘"。老姊妹们深入僻巷各女馆搜刮余财，之后出城登船。另有太平军使者"循行市中，呼曰：将焚九门内民居，男妇悉从东行，不则焚死也。于是男子从行者十之九，女子从者十一二"。担任掩护大队转移的太平军，撤退前一把火，

"是夜，城中焚庐火环起，赤光烛天，明如白昼，照见江中贼舟往来，纤悉毕见。"

据《贼情汇纂》分析，太平军攻陷永安时，人数不过三万七千人，进入湖南道州休整时。算入老弱妇孺也不过五万多人。湘南郴桂一带会党分子大批投军后，其人数倍增，到长沙城下时，已逾十万。"迨陷武汉，裹胁男妇老幼水陆东下，合前数五十万有奇。"证之以《武昌兵燹纪略》，所记，"贼初入武昌，粤东西匪二万余，湖广匪四万余，粤西女贼万余。……船数千艘，楫棹士（船夫）万余，大计其数，不下十万众"，则被太平军裹挟东下者，最少在三十万人以上。如此，一个繁华富庶的武昌，连人带物被席卷一空，就此变成了一座空城。

二日后，太平军前锋占领黄州，六日攻占蕲水，八日于广济老鼠峡大破于此堵截的清军，总兵恩长、参将遇寿战死，所部溃散。十一日，前锋石达开部水师直趋九江，旋即于十七日攻占安徽省城安庆，掳获官银三十万两，炮百余尊，守军溃散，巡抚蒋文庆死。石达开部随即放弃安庆继续东进，相继占领池州、铜陵、芜湖，并与清军再战于东梁山，击毙总兵陈胜元。至一月二十八日，陆路前锋黄生才部亦进抵板桥，逼近江宁（时南京称江宁）；次日陆路先锋李开芳、林凤翔、吉文元部进抵省城西南扎营。二月三日，太平军水师亦进抵下关，大队登岸，与先期抵达的各部合围江宁。此时的太平军，经沿途裹胁，人数已达七十余万。

武昌陷落的当日，清廷懵然不知，尚命徐广缙、向荣专办两湖军务，另以两江总督陆建瀛为钦差大臣，进防江皖；以琦善为钦差大臣，进防信阳、新野一带。太平军弃武昌东下之日，陆建瀛才抵达九江，而江宁的防务，委之以原广西巡抚邹鸣鹤（以其曾主持桂林城防，有守城经验），但邹等军政大员虚应故事，直至警报频传，方才略事准备。派到城外布防的兵士，"皆鸦片鬼也"，或"恇弱如妇女，不知何所用也"。而城内所招乡勇，多为"向来失业及无赖游手之徒"。一月十九日，陆建瀛自九江逃回，阖城人心惶惶。水师提督福珠隆阿带兵五百驻防雨花台，而慑于太平军的声势，沿江守军闻风逃遁，郡县空无一人。太平军大队兵临城下后，原来囤积城外御敌的军火尽为所得。太平军合围江宁后，占据城外的制高点，连日以大炮向城内轰击，同时赶造云梯，穴地埋雷。

二月十日拂晓，仪凤门城墙被地雷轰开两丈多宽的缺口，太平军数百人涌入城内，旋即分路扑击内城（即八旗驻守之满城）。仪凤门为江宁将军的防区，闻知失守后，将军祥厚即调派驻守太平门的旗兵百人赶赴仪凤门，以火枪迎击，"连环而进，贼不能当，踉跄却走"，太平军见势不利，吹螺号撤退，由原路退出。清军旋即堵塞缺口，太平军此番突击并未得手。

但是，先期由成贤街经小营突袭满城的太平军，与闻讯而出的两江总督陆建瀛不期而遇，总督的仪从护卫见到太平军进了城，一哄而散，总督遂成刀下之鬼。敌军进城，总督被害的消息，随逃散者传至南门，守城官兵顿觉大势已去，相继遁逃；恐惧如影随形，像传染病一般开始蔓延，水西门、汉西门的兵勇亦闻风溃散。此时已是午后，占据着城外制高点的太平军很快便发觉南门弃守，迅速支起云梯登城，并沿城台绕至水西、汉西两城门，强迫居住于各门附近的百姓搬走堵塞城门的土袋，于是三门洞开。其时天色已晚，占据各城门的太平军即宿于附近的人家。"而中北城人不知三门情形，即东北各门守城兵亦不知也。城上仍复时时开炮，街巷仍复纷纷巡逻。"次日黎明，太平军由三门大举入城，顷刻间，喊杀声枪声震彻街巷，各门得知太平军进城，军无斗志，遂作鸟兽散，旗兵退入满城，除太平门、朝阳门继续抵抗了一阵外，各门均弃守。入城的太平军，在追杀城中溃卒的同时，传令居民闭户不出，违令者杀，然后集中兵力攻打满城（内城）。

纵观江宁城的陷落，清军的窳弱、军政大员不谙军事，懈怠无能，各城门守军之间缺乏协调与消息隔膜等等，都是致命伤。而太平军的心理战，则是其制胜的重要因素。首先是人多，人海战术使得城高墙厚的江宁城就像是汪洋中的孤舟，首先在心理上瓦解了城内军民的斗志。据当时身在江宁的汪士铎所言："或（有人）登三山门望之，自城外至江东门一望无际，横广十余里直望无际，皆红头人（指以红布包头太平军士卒）。虽知其皆胁从，然以悍贼夹其中胁制之，使不乱行，故既众且整，吾人望之气夺。"其次，以小股佯动，疲弊守军，虚耗其弹药。"贼又分数十人东至通济门，距城半里许，三五窥探，守兵遥见，即连续开炮，惊扰不已。少时洪武门亦如此；又少时朝阳门亦如此。"再次，太平军派细作事先混入城内，散布谣言，恐吓民众，致使城内一夕数惊，人心惶惧。如破城前一日，"传说贼于明日破城，官民惶惑。是晚，城北居人笼烛巡街，忽见各家门墙或画红圈，或画白圈，或一或两，或朱书天字，或大字，或刀十字。周环二三里，家家俱遍，先一刻无此也。群相惊疑，知有奸细，巡防彻夜无间。"

江宁陷落的另一重要原因是，受命追击堵截太平军的清将不用心，打打停停，养寇自重。武昌失陷后，清廷将钦差大臣、署湖广总督徐广缙革职拿问，以在武昌与太平军对峙的署湖北提督向荣为钦差大臣。其时在前敌，能与太平军一战的，只有向荣，而清廷也将遏制太平军势头的厚望寄托在他的身上。在绿营兵中，向部素称劲旅，而且自广西始，与太平军打了数年，对手作战的路数，向荣很清楚。太平军东下后，他率军尾追，若如其声称的是日夜兼程，本不难追及陆路的太平军。但一月十四日到九江后，向借口催饷、裁勇、雇船，二月二日才乘船上路。抵达江宁时，清军已足足落后了二十三天。而此时太平军已攻克江宁十二天，且挥师东进，相继占领了镇江、扬州二城。向荣率所部在孝陵卫结营，是为江南大营；之后另一钦差大臣琦善率部屯住于扬州外围，是为江北大营。此后清军即"晏安苟且，狃文恬武嬉之故习而不改"。曾国藩虽远在湖南，也从亲戚（在江南大营粮台任职）处得知其所为，"据称向营兵勇五万余，自三月至十月并未开仗。此人误尽天下事，遗祸于江、皖、两湖，参之，肉其足食乎？而至今多言其勇者，公道之不明如此，可痛恨山。"

太平军大规模拆散家庭，强制入伍，强制劳役的状况骇人听闻，姑且不论其人道与否，由此裹胁而成的军队战斗力如何，是个令人感兴趣的问题。可以肯定的是，绝大多数老百姓是不会愿意从军作战的，但太平军的领袖们设计出一种屡试不爽的办法，由不得你不从。

首先，编伍者要登录兵册。每营以两司马为单位，从头领到士兵，均要登记番号、军职、姓名、年龄、籍贯、入营时间、地点。每两司马造兵册一本，呈本管卒长；每卒长合四两司马兵册，汇造一本呈本管旅帅；每旅帅合五卒长兵册，汇造一本呈本管师帅；每师帅合五旅帅兵册，汇造一本呈本管军帅；每军帅合五师帅兵册，汇造一样四本，分送本管监军、总制、将军及诏书衙。如有逃走者，则随时添改。每七日，两司马据册开单，赴圣库领一周钱粮。兵册而外，尚有家册，每军自军帅至伍卒，人各一页，亦由两司马造送，层层汇转如兵册之制，经本管总制送存于诏书衙。家册录入每人军伍番号、姓名、年龄、籍贯、入伍

时间地点与军功封赏等项外,还要逐一录入父母、兄弟姊妹、妻子儿女姓名及所在。如此,家人形同人质,若发生逃亡、败降等事,则可以按册索骥,连坐家人。这一有组织的恐怖制度从金田团营,分男行女行时即已实行,实践证明,对防止逃亡(用"天国"的语汇,叫作"变妖"),这是很有效的一招。另外,太平军不准剃头,被裹胁一段时间后,头发自会生长变长(故被百姓称作"长毛"),即便逃亡,也很可能被官军、团练认作是"贼"而性命不保。

其用人,"最喜粗鄙无知识人,为其易于愚弄,……且皆强有力能耐劳苦,故每抚慰而任用之。""无恒产力作以谋衣食者,如郴桂挖煤开矿人,沿江纤夫、船户、码头挑(夫)脚(夫)、轿夫、铁木匠作、艰苦手艺(人)皆终岁劳动,未尝温饱。被掳服役,贼必善遇之,数月后,居然老兄弟矣。衣锦食肉,优游自如,遂亦安之。"太平军尤喜收养童子,因其年少可塑性强,随军时间一长,"耳闻目见,无非邪说暴行,遂习而与之俱化,效其杀人放火,无所不至,随贼愈久,残忍愈甚……凡临阵攻城,亦惯用童子为介,以童子皆不畏死,无不以号叫跳跃为乐者。"这恐怕是历史上最早利用儿童作战者,张德坚《贼情汇纂》中与立"童子兵"一节可以参看,于此不赘。

那么又用什么保证士卒的战斗力呢?一是进行拜上帝教育,"令新掳之人,诵习赞美天条书及一切伪书,并极言天父天兄天王东王诸神异,自拜降后可思衣得衣,思食得食。凡打仗,天父必大显权能,助阵杀妖,万无一失。况新兄弟在后助仗,并不用尔等前驱。凡事但遵天令,出力立功,必授美官显爵,死后魂升天堂,享福无穷。一人悔罪,举家升天,不必挂念。"此外,每日早晚还要进行礼拜上帝仪式。"早晚吃饭,鸣锣集众,率念赞美(辞),念时置桌屋中,列肴馔,茶三盏,饭三碗,点烛而无香。馆人散坐于两旁,瞑目扬声,如僧讽诵。""其词云:赞美上帝,为天圣父;赞美耶稣,为救世真主;赞美圣神风为神灵,赞美三位为合一真神。真道岂与世道相同?能救人灵,享福无穷;智者踊跃,接之为福;愚者省悟,天堂路通。天父宏恩,广大无边,不惜太子,遣降凡间,捐命代赎,吾侪罪孽,人知悔改,魂得升天云云。""念毕,各向外跪,书手默念:'小子(女馆自称小女)某某,跪在地下,仰求天父皇上帝老亲爷大开天恩'等语,末句则高呼'杀尽妖魔'而起,然后吃饭。"上述赞美辞与"天条",要求三个礼拜之内背熟，否则斩首不留。且礼拜三次无故不到，也会被处以斩首之刑。

思想灌输之外，则以军法部勒，临阵退后者斩，违令者斩，逃亡者斩。自金田起事时，临战即有督战队，据当时被俘者交待，打仗时"如有退缩回馆者，由各头子指出，即行斩杀。每次打仗回去，总杀有二三十人。是以众匪拼死"。金田时期主动从军的老兄弟，有坚定信仰，且历经土客械斗、官军围剿、攻城略地，皆身经百战，是太平军的军事骨干，且大都升任高级军职；而参加较晚的郴桂会党分子，后多成为中基层军事骨干。太平军自己统称这些人为老兄弟，清军则称之为"老贼"。到江宁时，广西过来的老兄弟老姊妹，已经不满三万人，"临阵率多郴桂以下续裹之人，叠受伪封，甘为之死。老贼凭高远眺，作壁上观而已。"或在后督战，新兄弟（清军称之为"新贼"）慑于"退后立斩"之军令，"齐一心志，誓以死斗，我军往往不敌。即遇我之劲旅，是杀毙皆我之人民，与老贼初无所损。……或有经数十战犹存者，譬之顽铁百炼亦可成钢。此辈即无伎俩，到此地步亦成能者。"据说，对这种裹胁之术，杨秀清独有心得。时人有笔记说：

（杨）向所亲密（之人）言曰："吾亦知新收兄弟心不服而怨恨，全在绳以苛法，劫以严令，驱策而挫折之，使之不遑有他志。如有相约变妖（指逃亡）者杀之。虽各有异心，彼此疑惧，谁敢先出诸口？况人人心虽恨我而不能祸我，人人身体精神皆为我役使，是恨我者虚，助我者实也。妖之待人，人人感之，未必妖营办事之人能如我诸兄弟之尽力。是感妖虽有实心，助妖并无实际，此妖之所以屡败，我之所以屡胜欤？"

裹胁成军这个特点，注定了太平军只能胜不能败，且只能以多战少，一旦战败，尤其是主帅与带队的老兄弟阵亡后，很容易崩溃，因为其中相当一部分人只要有机会，注定会逃亡。再有就是必须不断攻城掠地，以补充军资、兵员之消耗，从而不可能建立起可供长久依托的根据地。之前太平军屡战屡胜得益于其朝气，亦得益于清军的暮气。尤其是长期生活于和平环境中的官民，对于突如其来的战争与杀戮，既乏军事准备，亦无心理准备，很容易被太平军的声势所震慑。诚如汪士铎所言："江宁之祸，无将无兵无外援。城大，在事者皆文人，陆（建瀛）与邹鸣鹤虽经见战而茫然不知守御。殆战时在百里之外。蒙被而卧，又

不采访人言也。将军、提督、都统虽武弁，然循格推升者，原不知武为何事也。文臣之佳者以廉名，以干（练）名，皆色取之巧也，夤缘依附之力也。不知掘壕，不知调兵，除八旗兵外，皆市井无赖、手无缚鸡力者，与之同守，岂不殆哉！"

太平军攻克满城，杀"妖"（泛指一切满洲人及汉族官兵）殆尽后，则又开始在武昌实行过的那套程序：搜刮民财充实圣库，打馆，分男行女行，讲道理号召拜上帝，号召纳贡免役，之后强制青壮男子编伍出征，选妃进献天国领袖，等等。在太平军攻占的镇江、扬州等城市，这一幕照样搬演。不同的是，江宁是洪杨认定的小天堂，他们要在这里待下来，建立"人间天国"。

据李秀成说，洪秀全原本想要进军中原，但杨秀清听了其座船水手的话，决定建都南京。笔者以为李秀成所言乃是传闻，因为李当时还是个中下级军官，不可能参与这种重大决策。定都南京，最晚也是在武昌时做出的决策。不然，湖北河南相邻，武昌距河南不过数百里之遥，若进图中原，何不从武昌直接北上，而要舍近求远，迂回数千里？稍有军事常识者，都不可能犯这种错误。

洪秀全可能确实有去北京坐金銮殿的想头，但太平军的节节胜利，是在杨秀清等的指挥下获得的，他不过是个因人成事的傀儡（在杨秀清眼中，一定是这样的），说话不硬气，即便坚持，杨秀清来一次"天父下凡"，即足以否决他的主张。而杨秀清自视神圣，也绝不是那种肯听老兵谏言之人。其实，建都金陵早在其计划之中。

洪秀全可能是看到太平军进展太顺，以为清廷不堪一击，起了北进的念头。至于老水手云云，笔者以为，是杨秀清故意放出的流言，为的是贬低洪秀全在太平军中的威望。堂堂天王，其意愿的分量竟赶不上东王座船上一个水手的话，这是何等羞辱！洪秀全当然不甘心，于是下诏诉诸公议，命令御用文人何震川等各抒己见。但杨秀清此时已是一人独大，绝没有人敢于违拗他的意志，"公议"自然清一色大谈建都金陵的正确性。杨秀清在败亡之前，明里暗里，几乎在每件大事上，都故意与洪秀全唱反调，洪自知不敌，于是行韬晦之计，忍辱负重，深居简出，将军政大事一概交给杨秀清打理，等待复出的时机。洪杨之争最终酿成内讧屠杀的血案，会在后面讲到，于此不赘。

江宁甫克，太平军即在天京（今南京）内外，构筑工事，其城防之坚固严密，令时在南京的汪士铎大感吃惊。他在自己的笔记中说：

嗣见贼守城法。于各城（门）外皆为营垒，垒以土垣，不甚高厚，留穿（孔）以置铳炮；中为更楼一，高三层或四层，楼上四面空敞以瞭望，夜以支（值）更，其下为房以居人。垒内为壕一，外为壕三四道环之，多则有七八道者。壕深八尺，广六尺八尺不等，中密钉竹签；壕相间约丈，上置虎刺荆棘，巨木槎枒，周密环布。垒门门首皆曲向，壕上往来以吊桥，此壕外又为一大壕环城。城上间（隔）二丈（设）一更房，之更更人每旁五人，直一更析不许少歇。城内环城亦为壕，并上城坡（道）亦壕之，坡上置栅，闭城上人不许下，每门设城守、巡守二人。士卒不许脱衣而寝，夜不点灯火不闭门，夜不许人行，日落时寂如长夜，惟贼之听令者巡查者行焉。城门砌狭城阙，内置炮二座；城上女墙以筐盛石，置之备抛掷。城门各街皆置更楼，街有他馆，馆又各一更楼，而北极阁覆舟山一带尤众。故全城内外，在目如绘，一闻战，则更楼吹角，各馆人持械疾赴韦昌辉处听指挥，少延则斩。然后知我军（清军）守城真儿戏也。

既要定都南京，原有的战略当然要改变，否则一旦清军实施合围，天京便成了一座全无战略纵深的孤城。其次，掳掠固不失为因粮于敌的好战法，可一旦定都，再多的虏获也不免于坐吃山空。要获得源源不断的资源供给，已不能单靠杀鸡取卵式的掳掠，而是要占据足够多的地盘。这也就是攻占江宁仅七日，杨秀清便派大军分进镇江、扬州的原因。战略一变，原来弃如敝履的武昌、安庆暨沿江各省，对于"天朝"的生存，便有了至关重要的价值。此时的杨秀清等肯定省悟到，他们已经犯下了严重的战略错误，于是，便有了北伐与西征的作战。北伐的目的，是太平军贾其余勇，直捣幽燕，推翻满清的尝试；西征则为的是控制长江沿岸各省，拓展战略纵深，抢占东南财赋之区。但从军力的配置看，更受重视的是西征。

三月初，太平天国在封赏功臣的同时，决定了下一步的军事行动。东王杨秀清为全军统帅，居天京总揽全局；北王韦昌辉主管城防，拱卫天京。在新增置的七位侯爵中，北伐主将李开芳被封为定胡侯，林凤翔

第六章 率军东征

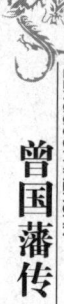

被封为靖胡侯，吉文元被封为平胡侯，朱锡锟被封为剿胡侯，黄益芸被封为灭胡侯。兵分三路，间道北伐。西征军则以翼王石达开为主帅，护天侯胡以晄、顶天侯秦日纲为辅，溯江西上，经营沿江各省。这个决定表明了战术上精明的太平军，在战略上的无知。有些学者好为人谋，以为当时曾国藩的湘勇还在萌芽之中；而西方列强尚不了解太平天国的异教性质，反而因其崇拜上帝而报之以同情与好感；麇集江宁一带的清军精锐，如江南大营的向荣，江北大营的琦善，总兵力不过数万，太平军本可以压倒性的优势兵力与之决战，消灭这股有生力量；然后举全力北伐，乘清廷惊魂未定之际，直捣黄龙，灭此朝食。群龙无首的各级官府，见大势已去，不难传檄而定。即便有抵抗者，也难于持久。似乎若非战略错误，太平天国注定会统治中国。

西哲黑格尔有言，"存在的即是合理的"，也只有合理的方能存在。暗喻着事物与社会发展中存在着一种必然。历史之所以没有也根本不会出现上述结果，即出于这种必然。洪杨所以屡屡出现战略失误，学者只归咎于他们没有诸葛亮式的好军师、好参谋，却没有深思其所以然。他们那套与中国主流文化异质的歪理邪说非但难以吸引知识分子，反而为士大夫阶层所深恶痛绝，而不能获得社会精英阶层的认同与加入，从源头上就注定了洪杨的事业不会、也不可能成功。百年之下重温那段历史，我们大可不必惋惜，而应该庆幸。

从北伐与西征军统帅的任命上，西征的大帅是王，北伐的统帅是侯；从两军人数上，西征军四五万人，北伐军不过三万人；二者孰重孰轻，不言自明。可以看出，杨秀清还是循着他在道州时的思路："专意金陵，据为根本，然后遣将四出，分扰南北，即不成事，黄河以南我可有已。"故北伐是个尝试，能成功固然好，不成功也可划江而治，偏安于东南。而西征则不然，这是巩固金陵的根本所在，没有长江沿岸各省作依托，金陵根本是没办法保住的。这才是杨秀清头脑中的战略，以他的地位与权威，在关系"天国"命运的决策上，是不会容任何人置喙的。洪杨都不脱农民小富即安的烙印，所以战术上精明，战略上保守，毋宁说是种必然的选择。太平天国的独裁体制也难于集思广益，杨秀清一拍脑门子，事情就这么定了。所以成也杨秀清，败也杨秀清，这也是所有独裁政体无可逃避的悲剧命运。

在这两大军事行动中，北伐与曾国藩无涉，故于此只对其过程做一简略叙述。咸丰三年（1853年）四月一日，李开芳、林凤翔率北伐军离开扬州，经仪征西进；六日乘船千艘，自仪征、六合至浦口江面，八日占领浦口。清军西凌阿部溃败，北伐军旋即攻克滁州、凤阳。由朱锡锟、黄益芸率领的北伐军之一部由天京出发，接应李、林所部，自浦口登陆后误入六合境小河，遭清军堵击，黄战死，朱带余部在滁州清流关与大军会合，继续北上，连克怀远、蒙城、亳州，一路横扫皖北。五月，北伐军绕过在宋家集堵截的清军，间道入河南，出敌不意一举攻陷归德府（今商丘），获得大量补给。此后一路西进，连下宁陵、睢州，直逼开封，因大雨不克攻城，五月十六日撤围西上，二十一日，自汜水开始渡河北上。北伐军一路仍沿袭"打粮括人"的老办法，至渡河时"裹胁之众已有十余万"。"官军遥望，辄开枪炮轰击，而远不能及；贼果开帆来，则溃散而去，屯据温县西关，贼于是从容渡河。"二十九日，北伐军大部过河，随即围攻怀庆府。此时北伐军人数虽多，"然长发仅数百，余皆所裹胁湖南北、江宁、扬州之人及皖、豫捻匪，而捻匪极多。"其时，数省清军"数万官兵观望逡巡，贼不敢出，兵亦不敢进"。而由江南大营奉调北上追击的胜保一军，"从后追赶，相距止一两程，贼行亦行，贼止亦止，任其沿途杀掠，不能救援一处。贼目笑之，以为送行，尝植四大字木牌于其来路，曰：'胜保免送。'"

当得知太平军渡河北上的奏报后，咸丰备极忧惶，颇有末日将临的感觉。据说他曾对其师傅之子，时任军机大臣的杜翰感叹说："天启当亡国而弗亡，崇祯不当亡而亡。今豫南北皆残破，贼已渡河，明代事行见矣。设有不幸，朕亦如崇祯不当亡而亡耳。"咸丰这番感叹中所提及的天启，就是明熹宗朱由校，是明末有名的昏君。他性喜木作，"好亲斧锯髹漆之事，积岁不倦"。他所信用的乳母客氏与魏忠贤，狼狈为奸，魏每每趁他做木工活做得兴起时，奏请政事，"帝厌之，谬曰：'朕已悉矣，汝辈好为之。'忠贤以是恣威福惟己意。"天启在位仅7年，无子，传位于其弟朱由检，是为末代皇帝崇祯。崇祯即位后，贬黜了魏忠贤集团，宵衣旰食，孜孜求治，但终不免于亡国。咸丰感叹明朝不亡于天启这样童騃昏庸的皇帝，却亡于崇祯这样励精图治的皇帝，颇有以崇祯自况，怨艾老天不公的意思。其实，崇祯亡国，一大原因在于其刚愎自用、多疑好杀的个性。而咸丰虽然也很自负，但在用人上有耐心，尚宽容，故能得臣下效力，最终没有亡国。这是个插曲，我们还是来看北

第六章 率军东征

107

伐军。

此时围追堵截的清军，也已赶到开封。五月二十五日，由绥远、黑龙江、陕甘调来的马队赶到氾水，随即直扑巩县，滞留南岸，尚未渡河之太平军四千余人寡不敌众，于是掉头南下，一路转战，经湖北赴安徽，其残部最后在安庆加入太平军的西征大军。

六月八日，诏命大学士、直隶总督讷尔经额为钦差大臣，主持畿辅防务，并开始从各省抽调兵力，拱卫京师。而渡河之太平军，在久攻怀庆不下后，主动撤围西行，转由太行山封门口进入山西，连克晋南多座州县。八月二十七日，北伐军斩关夺路，师次冀南重镇临洺关。其时，讷尔经额所统率的大军也屯驻于此，可见到太平军，尚未接战，"官军仓皇失措，车驰卒奔，万余人溃散略尽。讷相以数十人走入广平府城，尽失其关防、令箭、军资、军书等物，幕友吏仆皆星散。"讷尔经额全无军旅经验，"为承平大吏已数十年，养尊处优，素不知兵，行军既无侦探，又无营垒"，用这么个草包当大帅，临事张皇失措必不可免，讷尔经额旋即被革职拿问，可根子在皇帝用人的失误，故讷氏逃过一死。由此亦可见咸丰的宽厚。

临洺关一失，华北大平原门户洞开，"自八月二十七日起，至九月初七，计仅十一日，竟连失十州县。纵贼匪等势如风卷，而所过各城何至全无关阑，如入无人之境？……城池虚设，武备废弛，探报不先，堵防无策，一州一县之大，而失守于终日之间。"九月初八，北伐军攻占深州，距北京仅有保定一城之隔，京师大震，官民纷纷逃迁。于是次日京师戒严，诏命以惠亲王绵愉为大将军，科尔沁郡王僧格林沁为参赞大臣，总统四将军，会同自江南大营奉调北上的钦差大臣胜保，全力保卫畿辅。此时清廷真的是到了危急关头，一旦京师陷落，不单清廷本身会倾覆，而且肯定会动摇全国官民对朝廷的信心。所以清廷调集了满洲蒙古的老家底，准备背城借一，与太平军做决定命运的一搏。

然而，北伐军此时已是强弩之末。其一路裹胁掳掠的流寇作风，也激起了北方民众的恐惧与恶感。九月二十五日，北伐军攻克沧州，因死伤惨重而报复屠城，杀戮阖城男女万余人。二十六日入静海，二十八日直扑天津，在这里遇到了真正的抵抗。十月一日，天津知县谢子澄率勇丁四千人，于运河稍直门处与北伐军遭遇。其时运河涨水，非乘船不能过。

值得一提的是，天津所以众志成城，士绅用命，与县令是清官，得民众拥戴关系极大。谢子澄，号云舫，四川新都县人。道光壬辰乡试举人，大挑一等，分发直隶，历任青县、静海、邯郸、卢龙、滦州、无极及天津知县。谢沉沦下僚，"恂恂一儒吏耳"，但为政廉明，多善政。"听断（案）明敏，无积案，无私押。每至行刑之际，辄有愀然不乐之状，是以用法得当，邑无冤民。当时有神明父母之称。"谢后于十一月战死于独流，奉旨赏布政使衔，建祠置祀，赐谥忠愍。"灵柩回津，津郡为之罢市，百姓倾城而迎，哭声震地，老妪幼孩无不潜然流涕。民间供奉演剧焚香者，至今不绝。"可见其遗爱之深。他临时募编的兵勇，相当一部分是狱中囚犯，能够跟从他作战而没有临阵反水，其人格感召力之强可见。若换作贪官，又有哪个百姓肯为之卖命呢！

受此重挫，太平军进退维谷，遂分兵占据静海城、杨柳青与独流镇三处，以互为犄角。大批清军随即合围，太平军亦于三处掘壕筑垒，与清军相持，等候援军。十月五日，清军先克杨柳青，太平军退入独流；十一日再战不利，林凤翔受伤回静海大营。二十三日一战，清军中伏，副都统佟鉴与谢子澄战死。但坚守一地不是太平军擅长的战法，其兵员、军资日渐消耗，若援军不继，则失败被歼是早晚的事。此后两个月，没有大的战事，清军以围困为主，目的是困死太平军，太平军也自做突围的准备。

咸丰四年（1854年）正月初八，北伐军李开芳、林凤翔等分别从独流、静海突围，且战且走，僧格林沁率马队紧追不舍，再次将北伐军围困于束城一带的村庄中，北伐军则凭借深沟高垒坚守待援。而杨秀清派来增援的黄生才、许宗扬、陈世保等四军，还远在安徽英山、桐城一带。二月初九日，北伐军乘入雾自束城突围，且战且走，于十一日占据阜城，而僧格林沁、胜保、崇恩等各路追兵亦再次合围。此时北伐军已陷入绝境，据被俘太平军招供，"伪丞相三人，日夜哭泣"。而黄生才等援军，也自丰工渡过黄河（其时黄河河道与今日不同，是经山东南部江苏入海）。二月二十七日，平胡侯吉文元战死于阜城，六天之后，援军赶到山东临清，僧格林沁则派善禄与胜保二军南下阻截，而新任山东巡抚张亮基亦带所募兵勇数千人，尾追于太平军之后。三月初三日，太平军开始猛攻临清州城，以图获得补给，不克。此后善禄、张亮基、胜保先后赶到，但却相互龃龉，掣肘不前。张亮基劾奏胜保拥兵养寇，纵

暴殄民，胜保则参奏张推诿巧诈、冒功陈奏等；清廷迁就胜保，将张革职发往军台效力。十五日，太平军穴地轰城，临清陷落，但城内粮草与火药在破城时尽被焚毁，粮秣不继，而半途加入的新兄弟（相当一部分是捻子）也开始结队私逃。二十五日，太平军弃城南走，清军尾追不舍。且战且退中，对继续北上，还是南下，援军主将意见分歧，黄生才、曾立昌主张继续赴援，许宗扬、陈世保认为军心不稳应南下归队。此后，这支援军屡遭围追堵截，狼奔豕突，黄生才被俘处死，曾立昌溺毙于河中，陈世保死于蒙城，最终只有许宗扬生还金陵。

四月九日，候援无望的北伐军自阜城突围，向东越过运河，占领东光县的连镇，试图南下与援军会合。但僧格林沁的三万骑兵紧追不舍，旋即将他们包围在连镇。四月二十三日，南路胜保一军亦回师至连镇。连镇横跨运河，分东西两镇，互为犄角。五月初二日，李、林决定分军作战，林率大部据守连镇待援，李则率两千骑兵突围南下，探查援军所在。率部南下数百里后，李开芳攻占了高唐州城，随即被追踪而来的清军胜保等部合围。而僧格林沁既无法攻克连镇，遂于其外围构筑长垣，打算困死太平军。这样一直相持到年终，林部断粮，清军猛攻西连镇，太平军大批投降，林凤翔率两千人收缩至东连镇固守。咸丰五年（1855年）正月十九日，僧格林沁兵分四路，对林部发起总攻，林凤翔伤重被俘，全军瓦解。林被凌迟处死，其部下诸将被押解到遭太平军屠城的沧州处斩，以慰亡灵。胜保则因无所作为而被革职拿问，所部被遣散，改由僧格林沁主持高唐军事。正月二十九日，清军行欲擒故纵之计，放李开芳突围，行至高唐以南四十多里地的冯官屯，李部再次被围。此时太平军只余数百人，僧格林沁故伎重施，筑高墙围困而外，开渠引水漫灌冯官屯。支撑到三月十二日，太平军两百人出降，次日又有一百余人混在难民中泗水逃生，但全数被清军诛杀。至此穷蹙绝境，三日后李开芳乃率最后八十八人投降。李开芳被押解京师，献俘后凌迟处死，其余八十八人则分别押解到曾遭受兵燹的各州县行刑示众。北伐军转战近两年，纵横七省，其覆灭使太平军损失了大量精锐，洪杨一统天下的努力亦成为泡影，而能否偏安于江南，则取决于西征的成功与否了。

西征大军兵分两路，一路由护天侯、春官正丞相胡以晄为主帅，军指安徽；一路由夏官副丞相赖汉英统率，进取江西。咸丰三年（1853年）四月十二日，两军自南京乘船千艘，溯江西上。五月二十七日，又有国宗、提督军务石贞祥、国宗韦俊、石镇嵛、石凤魁等率船千余艘，赴援江西。总计兵力在五万以上。

安徽一路，由于省会已转移至庐州，原省会安庆防务空虚，太平军只用了一日，便再克安庆。五月四日，两军分手，赖汉英部继续由水路前往江西。在江西，太平军遇到了一个强硬的对手——江忠源。江忠源随张亮基到湖北后，咸丰三年三月被实授为湖北按察使，随即赴通城、崇阳剿匪。其间朝廷下旨调他赴江南大营帮办军务，三月二十九日，江返抵武昌办交卸，随即带勇一千两百人赴任。五月五日抵达九江后，适值太平军西征，路途受阻。其后，赖汉英部相继占领彭泽、湖口、南康，省城南昌告警，江忠源应江西巡抚张芾请求，于十六日赶到省城，布置防务。他与太平军交过多次手，对太平军的战法相当熟悉。

江屡屡带兵勇出城，与太平军接战，时获小胜，有效地消解了守军的畏惧心理。六月底，石贞祥部舟师两万赶到南昌，会合赖汉英部，猛攻南昌。同时派悍将曾天养，以偏师进击丰城、瑞州、饶州等地，掳粮以济军用。七月二十日，曾国藩调派增援的兵勇三千六百人，在夏廷樾、朱孙诒、罗泽南与江忠淑带领下抵达南昌，几日后便与太平军打了场恶仗。其中曾国藩编练的湘勇尤其勇猛，于短兵相接中格杀太平军两百余人，在追击时中了埋伏，营官谢邦翰、易良幹、罗信南、罗镇南与湘勇八十余名战死。此后，江忠源派夏廷樾、罗泽南、刘长佑分兵增援樟树、吉安，并剿灭了安福与太和两县响应太平军的起事者，稳定住了江西的局面。

太平军久攻南昌不克，于八月二十二日解围而去。次日，西征军大帅石达开也抵达安庆坐镇指挥。西征军事不顺，赖汉英被调回天京，杨秀清"斥其无用，革职删书"。这一路遂改由石贞祥统率，继续溯流而上，连下九江、武穴，进军湖北。九月六日，太平军攻占半壁山，准备对据守田家镇的清军发动总攻。十二日，江忠源率部跟踪而至，次日太平军发起猛攻，清军大败。田家镇一失，湖北门户洞开，太平军遂于十八日直取汉口、汉阳，武昌再次告警。此时西征的太平军主力，正以全力经营安徽，无力兼顾湖北，石部兵力不足以围攻武昌，遂于十月六日放弃汉口汉阳，退驻黄州待援。

安徽方面，石达开到安庆后，"张榜安民，择村里桀黠者为乡官，迫民献粮册，按亩输钱米，立榷关于大星桥，以铁索巨筏横截江面阻行

舟，征其税"。其所为反映出太平天国组建地方政权，扩展战略纵深，以获取稳定供给的努力。十月，杨秀清派秦日纲取代石达开，十四日，"乘雨直扑集贤关，进攻桐城，陷之。庚子（二十九日）陷舒城，团练大臣吕贤基等死之。"此后太平军兵锋直指省会庐州，安徽告急。

清廷以御敌不力，九月十九日将安徽巡抚李嘉端革职，以江忠源代之。江忠源兵败田家镇，所部兵勇仅千余人，又患病于赴任途中。先是，曾国藩曾有书信告知江忠源，自己有意练勇六千，交给他统带作战。无奈此时尚未练成，只能派江忠濬与刘长佑率募勇一千赴援。江因病滞留六安，原想等此军到后赴任，而庐州知府胡元炜"诡言庐州兵力已厚，饷亦充裕，促公往。公力疾驰至，问守具，元炜以方筹画对。糗粮、军火一无（所）有"。江因相信了胡元炜的话，所部一半留在了六安，十一月十日抵达庐州时，随任兵勇仅数百人，而庐州本地新募之勇全无作战经验。江见庐州城大，于是连夜将城门堵塞，并连日动员上万名百姓参与城守。两日后，太平军西征主力胡以晄、曾天养部十余万人合围庐州，并采用围点打援的战术，于穴地埋雷的同时，连败赴援的清军。相持一个多月后，太平军再次炸开水西门城墙，"公（即江忠源）督勇力堵，贼梯北城入，蜂至。公驻水关桥督战，大呼杀贼。一壮士突前强负公行，公叱令去，已，啮其背乃释。贼飞戟乱刺，身被重创，投桥下古塘死。十二月十七日，天甫曙也。"同死于庐州的，还有曾国藩的京师旧友，时任池州知府的陈源兖。

江忠源死时，42岁，正当壮年。在当时清军中那些养寇自重或望风而逃的将领中，江实为佼佼者，是个做大帅的材料。曾国藩曾说过：

公（即江忠源）每出兵当大敌，横槊马上，瞭察山川形势，遇坡岭回互，辄举鞭指示营将曰："若以一营伏此，吾转战至某所，若出为吾应。"虽平地田畴交错，或辄留数骑伏阡陌间，后与贼相持急，往往以伏兵起得全胜。……居围城，每夜必环城一巡视，见士卒食苦，或时下马呼匕箸，取尝所食，曰："适巡城饥，与君一共此味耳"。以故士卒感服，无忍背者。

曾国藩极为推重江忠源，"岷樵（即江忠源，岷樵为其号）之为人，孝友朒朒，与士卒同艰苦，临阵长居人先，死生患难，实可仗倚。"

吴文镕出任湖广总督，曾（其时他尚不知江已调任安徽巡抚）向老师举荐人才，亟称江忠源是帅才，"璞山（即王鑫，璞山为其字）忠勇冠群，驭众严明，然局量较隘，只堪裨将。以视岷樵之智勇兼全，器局闳远，则非其伦矣。"他在衡阳练兵的初衷，就是练就一支劲旅，交江忠源统带，自己并无亲自带兵的打算。江忠源开府安徽，他既高兴，又忧心。高兴的是，任一省之军政最高长官，才干可得施展；忧心的是，安徽已成敌我胶着之战场，而自己此时两手空空，并无足恃的资源。在给同事的复信中，他曾流露出内心的焦灼，"岷樵自入皖境，已成糜烂，护身无数百之卒，环围有盈万之贼。弟北望君门，东望师友，恨不得插翅奋飞，一赴水火之援。而船炮两事，实不能仓促立就。"在给江忠源的信中，对方也详述了何以不能马上赴援的苦衷：

添勇六千之说，昨因令弟达川（即江忠濬，字达川）带勇一千进省，即令其赶紧赴皖，以备阁下爪牙之需。其余五千须伺炮船办齐，水陆并进，乃可有济。省中诸友及璞山之意，皆欲急急成军以出。国藩思此次由楚省招勇东下，一为四省合防之计，一以助阁下澄清之用，必须选百练之卒，备精坚之械。舟师则船炮并富，陆路则将卒并愤，作三年不归之想，为百战艰难之行，岂可儿戏成军，仓猝一出！人尽乌合，器多苦窳，船不满二百，炮不满五百，如大海籨豆，黑子著面，纵能迅达皖省，究竟于事何补？是以鄙人愚见，总须备战舰二百号，又辅以民船载货者七八百，大小炮千余位，水勇四千，陆勇六千，夹江而下，明春成行，与麾下相遇于九江、小孤（山）之间，方始略成气候。否则名为大兴义旅，实等（于）矮人现场，不值方家一哂耳。明知阁下盼望此勇甚切，然速而无益，不如迟而有备。

次年正月十三，曾国藩得知江忠源的死讯，震惊之余，只能大呼"呜呼痛哉！"曾国藩因做事认真，被朝廷鞭打快牛，压了重担，且有口难言。而江忠源一死，挥师东下，与太平军角逐于长江一线的重任，亦责无旁贷地落在了他的肩头上。在给胡林翼的信中，我们可以看到曾氏此时茫然无归，难以名状之心绪。

阁下治军鄂渚，为甄师（即湖广总督吴文镕，字甄甫；甄师是曾国

藩对老师的尊称）喜，为两湖喜。而同时又接庐州失陷，岷樵殉难之信，为天下忧，为吾党忧。国藩自九月来，募练诸勇，造备战船，拟与甄师、岷老（即江忠源，岷老为敬称）合为一气，共商四省合防之策，兼筹以剿为堵之道，意将以甄师为主，而侍与岷老辅之。不谓斯材遽成名以去，而甄师又被群言谤劾。孤立无助，对此茫茫，只堪痛哭！

曾国藩写此信前一日，吴文镕已兵败身死于堵城（湖北黄州北二十里），此后局势急转直下。原驻黄州待援的石贞祥部，此时已得到安徽与南京方面的增援，新到者为秋官又正丞相曾天养、春官又副丞相林绍璋、水师统领张子朋等太平军悍将，水陆两军达四万人，遂再次进军武昌。就在曾国藩发布檄文，水陆大军由衡州北上之际，太平军却先发制人，石贞祥、林绍璋于二月一日，先占领了岳州府，之后相继攻占湘阴（二月六日）、靖港（二月九日）、宁乡（二月十三日）。在宁乡，两军打了个遭遇战。

这一战，也是两军精锐的硬碰硬，显示了湘军以寡击众、勇猛敢战的作风。湘军仅五百人，而太平军有三千人；储玫躬（营官）与十八名湘勇战死，却杀毙太平军三百余名。另一支先头部队在王鑫、朱孙诒带领下，也赶走了湘阴一带的太平军，随即尾追至岳州。

二月二十三日，湘军水师抵达洞庭湖，与太平军水师略有接触，小胜，随即收复岳州。石贞祥部收缩至蒲圻、崇阳、通城一带，此地与湖南平江县接壤，曾即派林源恩所部平江勇驻防塔市，又调派胡林翼部黔勇六百名增援。二月二十九日，林绍璋自汉阳率太平军三万赴蒲圻，与石贞祥部会合，于三月二日、六日对塔市的清军发起攻击。此役湘军（含胡部黔勇）仍是以少胜多，总计击毙太平军近千人，斩杀太平军副丞相林大旺，缴获了林绍璋的军旗。湘军旋即兵分三路，由胡林翼、塔齐布、王鑫率领，进击崇通、蒲圻一带的太平军。其中王鑫一路（约一千六百名）剽疾轻进，七日于蒲圻羊楼司遭遇太平军主力，败绩，回撤至岳州。旋即被追踪而来的太平军包围。岳州先已被太平军掳掠一空，无粮秣，难于据守。曾国藩派水师接应突围，救出王鑫等九百余官兵。是役，营官钟近衡、钟近濂、刘恪臣战死，士卒死伤近半，王鑫部元气大伤。此后便留驻湖南，未能随湘军主力远征。

另外两路（胡林翼、塔齐布），由平江北进，十二日在通城附近石水塘遭到太平军数千人伏击，胡部沉着应战，击毙太平军三百余人；塔齐布部则于十四日在通城沙坪与太平军万人鏖战，毙敌千人。此役，湘军再次以少胜多，但因王鑫之败，太平军大队南下，故曾国藩急调塔齐布一军回保长沙。

在水师方面，三月初七，"北风大作，湖中巨浪如山"，战船毁损数十艘，当地人民已逃亡一空，无工无料，不得不退回长沙修复整编。

第六章　率军东征

第七章
大战太平军

长沙整军后,曾国藩信心十足,准备向新败的太平军西征军发动攻击。西征军曾天养部闻湘潭大败,恐湘军乘机进攻被太平军占领的沿江诸城,乃由宜昌东进,经澧州、安福,收集湘潭溃军。林绍璋败后,经靖港、岳州,亦收罗残军,向西进的曾天养靠拢。行至常德,闻曾天养已东进来援,遂留驻常德。不久,两军会合,一起转回岳州,高垒深壕,准备与湘军决战。

曾国藩闻知太平军在岳州加强了防务,先命塔齐布七千人马迅速赶至岳州城下,让罗泽南、周凤山率军为后援。咸丰四年六月三十日(1854年7月24日),两军会战,太平军失利,连夜弃岳州退守城陵矶。

城陵矶是长江通洞庭的一个极险要的军事要塞,易守难攻。太平军占领城陵矶,湘军几攻未下。七月十六日(8月9日),湘军水师褚汝航、夏銮、清军登州镇总兵陈辉龙、游击沙镇邦等飞舟顺水乘风攻至城陵矶,江风呼啸,清军水师突入太平军的防守圈内。太平军奋勇冲杀,湘军水师指挥失灵,进退两难,被动挨打。结果,湘军惨败,褚汝航、陈辉龙、沙镇邦、夏銮4人皆被打死,水师丧失大半,战船数十只或沉或降。后队杨载福赶来,水师已溃不能战,只得退回岳州。

七月十八日(8月11日),湘军陆师塔齐布进攻城陵矶,曾天养率军抵抗,两军展开前所未有的恶战。塔齐布与曾天养都是两军中的善战拔尖人物,他们指挥的军队都不怕死,两军殊死冲杀,各不相让。恶战之中,曾天养与塔齐布突然相遇,他拍马挺枪与之交战,塔齐布毫不示弱,二人马去枪还,犹如古战场上的两员猛将,杀得两边兵将直了眼。

曾天养在太平军中,威名赫赫,他是广西壮族人,参军时已五十余岁，骁勇异常，屡战皆捷，被誉为"飞将军"。所部称"虎头军"，因功封为秋官正丞相，为太平军西征军主要将领。西征以来，率兵攻克江西南昌、丰城、瑞州、饶州、乐平、景德，安徽东流、建德、集贤、桐城、舒城，在庐州击毙江忠源；转战湖北，克黄州，破吴文镕部，又连克汉口、汉阳，取孝感、云梦、德安、随州、安陆、宜昌；继援湖南，克澧州、常德。曾天养有勇有谋，虽年已六十，但每战必身先士卒，武艺精湛，无人能敌。

然而，城陵矶之战，遇上塔齐布，也算碰上了强敌。塔齐布是湘军第一员猛将，善于骑战，精于马术，他是满洲镶黄旗人，依然保持着入关时那种剽悍的气质。

二人激战多时不分胜败。曾天养怒睁豹眼，越战越勇，突然一矛刺中塔齐布战马，一个颠扑，塔齐布几乎摔下马来。塔之亲兵在同一瞬间，从曾天养背后猛刺一枪，曾天养猛一回马，其坐骑即被刺中，马蹶人倒，被塔齐布挺矛刺中，壮烈牺牲。

曾天养的牺牲，是太平天国的重大损失，西征军闻知皆痛哭失声，为之"茹斋六日"，洪秀全追封他为烈王。城陵矶主将牺牲，顿失斗志，只好败退武昌。

城陵矶战后，曾国藩指挥水陆并进。水师连陷嘉鱼、金口，湘军将士扬眉吐气，逢阵皆露立船头，不披甲胄，不避枪弹，一路杀来，直达武昌城南数十里下泊。陆师从岳州出发，经蒲圻、咸宁、山坡、纸坊，直达洪山一带。

水师达金口时，曾国藩召集众将，议攻城之策。罗泽南提出，陆路分兵两路，一路攻洪山；一路攻花园。他说，花园的太平军有精兵两万，设有三座大营，若攻其洪山，花园太平军必起而援助，罗泽南自任前锋，先攻花园，余兵扼堵洪山，协其攻克花园，武昌即成为孤城。曾国藩同意了他的计划。

咸丰四年八月二十一日（1854年10月12日），罗泽南挥军进攻花园，太平军凭借临时搭起的木城，架炮轰击，罗军伏地前进，待攻至木城前，太平军竟溃乱而逃。罗军乘势夺取了数十条大船，连续攻克了三座大营，两万太平军几乎不战而溃，第二天，继攻鲶鱼套，经过小战，也轻易取得。花园太平军溃败，塔齐布率军攻洪山，洪山守军坚决抵抗。得知花园溃败，此路太平军知不能守，也纷纷退避。塔齐布下令攻

第七章 大战太平军

击,太平军多跳湖奔逃,降者千余,洪山亦克。

湘军兵临武昌城下。

太平军武昌守将为黄再兴、石凤魁、韦以德等人,或则文员,或则国宗,皆不习战事。当曾天养牺牲,湘军水陆北上达金口时,国宗韦以德首先逃离武昌。太平军在武昌城的守卫部队尚有千余战船,陆师万人以上。但黄、石等人无指挥之才,官兵也悲观失望,在太平军失陷花园、洪山的第二天夜里,便弃城逃走。长江上游最重要的重镇武汉,就这样轻易地丢给了湘军。

石凤魁等人是在少量守护部队的保护下私逃的,汉水里的大批船只、数千水军及城里的守卫部队皆未得到撤退的消息。天一亮时,湘军攻城,城里的守将早已逃跑,守军大乱。湘军登上城墙,打开城门,一拥而入。

凶猛的湘军逢人便杀,太平军尸横满街,血水成河。被禁闭在汉水里的船队遭到湘军的猛烈射击,或被射杀,或被赶入水中淹死,水师受到毁灭性打击。

曾国藩于当日在诸将官的拥护下进入文昌门,见到这湖广第一名城已为自己收复,心里感慨万端。

武昌被攻占的第七天,湖广总督杨霈向咸丰报捷。又过了六天,曾国藩才详细地向咸丰奏报了湘军进攻花园、洪山及攻克武昌的战况。

咸丰闻报,高兴得比曾国藩还要厉害。他简直不敢相信曾国藩一个文员,率领编练不足一年的湘军,竟把武汉攻克,收复两湖大部失地。看过奏报,立即下旨,任命曾国藩为湖北巡抚。他兴高采烈地向大臣们说:"不意曾国藩一书生,乃能建此奇功!"还在谕旨中表示:"获此大胜,殊非意料所及。朕惟兢业自持,叩天速赦民劫也。"

随后,又下旨封赏湘军将领。胡林翼升为湖北按察使,罗泽南为浙江宁绍台道,彭玉麟为广东惠潮嘉道,杨载福擢常德协副将,鲍超升为参将,李元度、李续宾、郭嵩焘、刘蓉、陈士杰等人都有升迁。

正当大家兴高采烈,喜庆荣升之时,又一道上谕弄得众人晕头转向。在收到授曾国藩署理湖北巡抚的第七天,曾国藩跪听的又一个上谕是:"曾国藩著赏给兵部侍郎衔,办理军务。毋庸署理湖北巡抚。陶恩培着补授湖北巡抚,未到任之前,湖北巡抚着杨霈兼署。曾国藩、塔齐布立即整师东下,不得延误。"咸丰帝还在曾国藩的奏折上批道:"朕料汝必辞，又念及整师东下，署抚空有其名，故已降旨令汝毋庸署理湖北巡抚，赏给兵部侍郎衔。"还怪曾国藩的奏折不署加封的官衔（即署湖北巡抚衔），故说是"违旨之罪甚大，著严行申饬"。

上谕改变了初衷，收回署理湖北巡抚的旨意。曾国藩本来就是侍郎，上谕又说"赏给"，纯是空头人情，曾国藩的官职丁点未动，还落得个"严行申饬"。更让曾国藩恼怒的是，署理湖广总督杨霈未有寸功，却因武昌收复而实授总督，一直与曾国藩作对、反对编练湘军的原湖南按察使、新授江苏布政使陶恩培竟实授了湖北巡抚之职。

是何原因？上谕解释，因曾国藩立即要率师东下，"署抚空有其名"。然而，当时清军、湘军中的授衔，哪个不是"空有其名"呢？所以，还是令人费解。究其原因，咸丰帝是在遵奉大清祖训，即不肯把地方督抚大权交给手握兵权的汉人控制。此后，曾国藩率军艰苦奋斗，仗越打越大，声名越来越高，清政府对他也越来越不放心。使他在若干年内，处于客军虚悬之地；以后虽授以地方大员之位，仍是不断发生龃龉，对他游移不定，甚或加以打击，使曾国藩左右为难，进退维谷，甚是尴尬。

曾国藩攻取武昌后向咸丰皇帝奏报了下一步的作战计划，即采取稳扎稳打、步步为营的推进方略，先经营湖北，再以两湖为基地，进取江西、安徽，步步逼向太平天国的大本营南京。眼前需要休整部队、补充兵员、调集粮饷，作好再度战斗准备。曾国藩提出，太平军的主要兵力部署于长江两岸，实力并未根本丧失，湘军虽取得武昌城，若全军东下，失去后方供应，必然陷入困境，造成难以估计的后果。但是，咸丰皇帝却拒绝接受曾国藩的正确意见，下旨令湘军立即东下，曾国藩不敢违旨，只得提兵东下，果然陷入了军事困境，几乎全军覆没。只是在东进的第一仗——田家镇一战再次取得胜利。

当武昌失守消息传至天京（即南京），使太平天国领导人洪秀全、杨秀清等甚为震动，送下令锁拿黄再兴、石凤魁，押回天京。令燕王秦日纲前往田家镇布防，迎击湘军的东进。

秦日纲率领三万人马西上，行至湖北蕲州，召集各地的军队和自武昌败退的军队。不久，石祥祯、韦俊、林绍璋、石镇仑、周国虞等部皆到达蕲州。武昌败退的军队，也陆续到达万余人。秦日纲在蕲州召开军事会议，商量战守事宜。大家都认为，湘军占武昌，势必东进，犯天

· 119 ·

京。但湘军水陆充其量不过三万人，而且连连战斗，未得休整；太平军目前集于蕲州者已过五万人；从蕲州至武穴，关隘甚多，充分加以利用，正是歼灭湘军的大好时机。

韦俊、周国虞等进一步提出：蕲州、武穴之间有一险镇名曰田家镇，位于长江北岸，隔江相对的是半壁山。此处江流湍急，地势险要，在此布置人马，是歼击湘军的好去处。最后，秦日纲决定让检点陈玉成率军驻守蕲州，其他诸军全部驻守田家镇，准备在此全歼湘军。

正如太平军诸将所分析的那样，田家镇的确是武昌以东的军事重镇。该镇是一个有五千人口的大集镇，商贾繁盛。对岸的半壁山，孤峰雄立在大江南岸。山下一条大道，通往瑞昌；山南麓有一条发源于幕阜山，流经通山、兴国的富水，在此注入长江。入江之处是富池镇，下走三十里，便是武穴。咸丰三年一月（1853年2月），太平军在此大败两江总督陆建瀛，如今主客易位，太平军要在此阻击湘军。

秦日纲率领四万人马赶至田家镇，侦察之后分兵两处。秦日纲、石祥祯率两万人马驻守田家镇，韦俊、石镇仑、周国虞等率两万人马守卫半壁山。

韦俊等来至半壁山，对防守进行了精心安排。韦俊、周国虞等将领皆非泛泛之辈，韦俊是北王韦昌辉之弟，又名韦志俊、韦十二，年方28岁。太平军起义初，随兄起义。他虽是国宗，但学问、见识都很高，打起仗来也颇英勇、果敢。自起义以来，参加了许多次恶战，表现突出，战功卓著。湘军成军后，与之进行了几次战斗，知湘军非绿营军可比，曾国藩等将领也非一般清朝官吏，对他们不能掉以轻心。这次作战，他是半壁山两万兵马的主将。他让石镇仑率军八千人至半壁山脚安营，林绍璋率五千人驻守富池镇，周国虞率六千水军扼守江面，自己率其余兵马扎营半山腰，总领半壁山战场。他向部队下了死命令：掐死湘军水陆去路，绝不许后退。

韦俊、周国虞等还怕挡不住湘军水师，提出可在江面上设一道拦江铁锁，以阻湘军的战船。他们也知当年东吴阻挡晋军、后晋阻挡后汉，都用过铁锁挡江之法。然而，铁锁如何架法？为什么当年吴、晋的铁锁又未锁住大江？唐代大诗人刘禹锡《西塞山怀古》，悼念当年吴国在田家镇的上游黄石设拦江铁锁，还是被晋国大将王浚打破，落得"千寻铁锁沉江底，一片降幡出石头"。最后大家认为，战守之具全在运用，没置拦江铁锁，用以阻挡湘军水师，绝不会出现"金陵王气黯然收"的那种下场。

太平军里有的是铁匠、木匠，周国虞等人找他们来一同商量。大家七嘴八舌做出了决定：做成六根大铁锁，南拴半壁山，北系田家镇，横截大江江面。锁下每隔十丈安一只大船，首尾以大锚固定，铁锁也固定在船上。每隔三只大船再设一个大木排，承受铁锁的压力。按此计议，周国虞布置铁匠打锁、木工造排，十天以后半壁山六道拦江大锁造成，像六根玉带，捆住了滔滔大江。

北岸田家镇的布防与南岸半壁山大体一致。

咸丰四年九月十三日（1854年11月3日），湘军水陆从武汉出发，分兵三路东进。湖北军在固原提督桂明的率领下，沿江北岸推进，为第一路；湘军水师顺流而下为第二路；湘军陆师沿南岸前进为第三路。湘军陆师离开武汉后又分为两支：塔齐布一军经武昌县进攻大冶，罗泽南一军经金牛堡进攻兴国，两地取胜后，合军进攻半壁山。

曾国藩亲自指挥水师沿江东下，经葛店、黄州，于第三天到达道士洑。接到前军探马报告：前站是蕲州，有太平军陈玉成守卫，水陆号称万人，主要是陆师，仅少量水师。湘军前锋塔齐布现达金牛镇，听候进军命令。

曾国藩与彭玉麟、杨载福、刘蓉、郭嵩焘等研究之后，下令塔齐布与罗泽南分别进攻大冶和兴国，引诱陈玉成援救，水师趁机冲过蕲州。

塔、罗两军接到战令，立即向大冶和兴国发动进攻。陈玉成果然亲率四千人马援救兴国与大冶，而塔、罗兵进神速，不待陈玉成赶到，已分别攻下两地，合军向半壁山前进。

曾国藩知陈玉成率兵援救兴国与大冶而去，先是企图一举攻下蕲州城，结果进攻几次皆未成功，遂改变策略，采取越寨攻敌之策，舍弃蕲州而不攻，顺流直驶田家镇。杨载福的先锋营首先到达田家镇，猛然看到江面上有黑黝黝的六根大铁锁拦在江面上，铁锁后面布置着太平军的水师。杨载福明知铁锁难过，急令后撤，太平军水师大炮齐轰，几条战船被打伤，许多湘军士兵落入江中。

曾国藩也无过锁之策。他发出命令，先让陆师进攻半壁山，或能夺得半壁山，从岸上除掉铁锁，水军开炮，为陆军助战。

罗、塔两军依令分别攻打半壁山和富池阵。太平军依险顽强抵抗，

第七章　大战太平军

湘军先有武昌之胜，打起仗来也格外勇敢。经一天激战，双方死伤很重，罗军方攻下山脚的营盘，太平军退回山上。塔军经两天激战，攻下富池镇。第二天，秦日纲、韦俊亲自指挥，反攻湘军，血战竟日，太平军大败，退回对面的田家镇，半壁山战斗结束，这天是十月初七日（11月26日）。

这时，湘军水师也部署了破坏江上铁索的计划。彭玉麟、杨载福指挥战船，集中火力轰击太平军的江面水师，同时轰击铁锁下的船只和木排。在强大火力的掩护下，湘军驶出一队船只，分别驶至铁锁之下，以巨锅盛满油脂，置于船上，将大铁锁烧红，用巨斧砍断。

太平军见湘军欲断铁锁，水陆两军同时出战，拼命阻挡。战斗在江面和两岸同时进行，异常激烈。烧锁的湘军船只多次被炮火击中，巨锅里的沸油烧着了战船，另一只燃油的战船再冲上去，继续烧锁。

此时，占领半壁山的湘军，利用山上大炮轰击江面上的太平军水师。

十月十三日（12月2日），拦江铁锁被焚断，湘军水师攻过田家镇，沿江焚烧太平军的战船，被毁达四千五百余只，长江江面，一片火海。太平军西征的战船不下万艘，经湘潭、岳州、武汉、田家镇几战，九江以上的战船荡然无存，水师大体瓦解。

田家镇一战，太平军水陆大败，伤亡巨大。于十月十三日退向黄梅。十四日，蕲州守军也败退广济。湘军陆师尾追至黄梅与广济之间的双城驿，两军再次交锋，太平军再败，退向九江。

湘军在田家镇战役中虽然取得胜利，但伤亡也很重。战后，曾国藩集中部队在田家镇休整，向咸丰报捷，为部下讨封赏，为阵亡官兵请恤。曾国藩深知优恤死者，可以激励生者，就在田家镇建立"昭忠祠堂"，供奉哨官以上的军官，对牺牲的勇丁也都刻碑纪念。八个纪念石碑密密麻麻地写满了牺牲者的姓名。祠堂落成，曾国藩率全体军官，向死者亡灵行祭；曾国藩为死者亲题挽联："巨石咽江声，长鸣今古英雄恨；崇祠彰战绩，永奠湖湘子弟魂。"左右燃起纸香，曾国藩诵读祭文，先是呜咽，再是泣涕，最后竟放声大哭。他充满感情地哭诉："自军兴以来，从未有此次丧师之惨者！"湘军水陆全体将官皆为之感泣落泪。

田家镇失利的消息传到天京，杨秀清急令在皖南作战的翼王石达开、在江西饶州的冬官正丞相罗大纲星夜轻骑赴援。

石达开是威震敌胆的太平军名将，文武兼备。他闻田家镇失利，立即率五千劲旅，日夜兼程，赶赴增援，成为太平军西征军的主帅。

罗大纲也是太平天国著名骁将，手工工人出身，十年前就是广西天地会首领之一，长期进行反清武装斗争。太平天国起义时，率天地会加入起义队伍，从广西到南京的征战中，一直是先锋营指挥官，率军首先攻入永安州、全州、岳州等城镇，功劳卓著。定都之后，与吴如孝一军联合攻占镇江。太平天国西征，命为主将之一，率军转战皖南、江西一带。他的部队敢打敢拼、军纪严明，在太平军中威信极高。这次赴援，率领万余精锐赶往前线。

当他们在九江会师时，黄梅已失守，大批太平军正在溃败后撤。湘军仍在溃军之后穷追。罗大纲首先率军拦住溃军，在孔垅驿一带与追兵激战，阻住了湘军的攻势。而后退军九江、湖口两城。

湘军陆师随后追杀，于咸丰四年十一月十五日（1855年1月3日）攻占小池口，十一月二十一日（1月9日）渡长江，二十五日（13日）扎营九江大东门外的四里坡。湘军水师也顺流攻到九江之侧的江面上，与陆师合围九江城。湖广清军副将王国才率领四千人马驻扎黄梅，按察使胡林翼率军两千人由咸宁东出瑞州，进攻九江之背。诸军合在一起约二万六千余人，统归曾国藩指挥。

守卫九江的将领也是太平天国著名骁将林启荣，他三十余岁，是金田起义的老兄弟，在东王杨秀清的直属部队先锋营。作战英勇顽强，勇冠三军。西征开始，他也是杨秀清亲点的主将之一。

石达开一进九江城，即招集罗大纲、林启荣等诸将研究如何对付湘军的攻击。林启荣占领九江已两年，他对九江的防卫很有信心，提出太平军合军五万人，对付远道而来的湘军两万多人，可采取以守为攻，以逸待劳的办法。待湘军兵疲师老，可合军歼之，不可立即决战。石达开同意林启荣以守为攻的战略，但他强调要守中有攻，不断利用机会，打击来犯的骄兵骄将。石达开命令：林启荣以守九江城为主，罗大纲守卫湖口西岸的梅花洲，自己守湖口城，三军互为犄角，配合作战。

正如石达开等人估计的那样，湘军连战连胜，尤其是武昌、田家镇之战后，太平军节节败退，势如溃堤，更平增了湘军的轻敌思想。湘军水陆攻至九江城下，曾国藩在座船上召开会议，研究进攻方案。他对九江的地形及林启荣、石达开的军势能力是有一定了解的。会上他提出，

九江北枕大江，南控鄱阳湖，周围山水纵横，形势险要，各要地皆有"长毛"水陆把守。林启荣在此经营两年，绝非泛泛之城可比。现在又有翼王石达开坐镇，据说此人文武兼备，是"粤匪"中的顶尖人物，非寻常草寇可比。

但是，塔、罗、彭、杨等人皆认为绿营军与"长毛"作战，不是失败于敌人多么厉害，而是败在自己的腐败无能。自与湘军作战以来，未见"长毛"有多么厉害。所以，都摩拳擦掌，打算一鼓作气，攻下九江。于是塔齐布、罗泽南、鲍超、李续宾、彭玉麟、杨载福、李孟群等各领水陆大队，分兵攻打九江的四门，一举攻克。

然而，当四路人马向九江城前进时，却不见城上有太平军一兵一卒。当湘军挨近城边，"则旗举炮发，环城数千堞，旗帜皆立如林"。太平军凭借林启荣两年来修建的堡垒和配置的火力，怀着满腔复仇的怒火，向湘军猛烈轰击，杀得湘军人仰马翻，卷旗逃命。塔、罗等将企图制止湘勇败退，但看到城上火力甚猛，白白伤亡人马，只得带着溃兵回至营地。

曾国藩、罗泽南、彭玉麟等人与石达开、林启荣经过这次交战，方知石、林确非泛泛之将，知硬拼硬打不能奏效，乃另谋善策。他们决定先在九江上游的竹林店休整，之后由塔齐布率军继续攻城，牵制九江兵力，由罗泽南率军绕过九江，攻取湖口，彭玉麟与胡林翼合力进攻梅家洲。如此分兵攻击，使太平军穷于应付，若有一处得胜，则可打开一个突破门。

石达开与罗大纲等立于九江城头，见湘军退走，几天不再进攻，料定曾国藩必然另有所图，遂命各军密切注意。他估计湘军攻不下九江，将会转攻其他要地，便亲率小股部队，到上游各要处查看防卫情况。先乘夜至九江下游五十里的湖口视察，接着又到了对面江心的梅家洲。

视察之后，便命令罗大纲率领一万人马开赴梅家洲，并立即在洲上筑垒架炮，封锁江面，准备迎击湘军的水师进攻。让林启荣加强九江城防，坚守城垒，不要出城作战，利用枪炮火器打击攻城的湘军。自己亲率一万陆师和数百战船，赶赴湖口。

太平军分兵防守布置完毕，湘军分兵攻击的计划也开始实施。他们没有料到，九江城里的石达开与罗大纲已经在湖口和梅家洲张网等着捕鱼了。罗泽南求胜心切，催兵赶至湖口，湖口县城一片寂静。湘军贸然冲向城厢，大军到了护城壕畔时，城头上万枪齐发，打得湘军像秋风扫落叶，一片片倒下，余者伏地还击，战斗不到半个时辰，便不支溃退下来。罗泽南心急如焚，催马督军再战，石达开命令大开城门，出动两支人马，迎击罗部。湘军自出师以来，第一次碰上太平军如此猛烈的进攻，一触即溃，退至江边。

　　进攻梅家洲的彭玉麟水师，也陷入了罗大纲布置的火力网中。洲头有战船架炮拦击，洲上是数百门大炮封锁，湘军水师一下子被打得队形散乱，船翻人亡。自率军以来，彭玉麟没打过败仗，这次梅家洲的失败却是极惨。他的水师前进不能，后退又遭洲尾巨炮的堵击，首尾难顾，进退两难。经过左冲右突，丢下大批船只武器，付出很大代价，才突出封锁，逃离战场。

　　攻击九江城的塔齐布一军自然更是无能为力了，只能丢下大量尸体，无功而退。

　　石达开打击了湘军的锐气之后，进而谋划破敌良策。他向众将分析：我们以险阻击湘军，已收成效，但要想破敌，就得出击，而打出城池与曾妖硬拼并无把握。湘军水师强大，我军战船数量不多，装备也远逊于彼。欲破湘军，必先败其水师；而破其水师，只能智取。

　　诸将向石达开询问智取之计。石达开说："曾妖头的水师船只有长龙、快蟹、舢板三种，长龙与快蟹都是大船，行动缓慢，不利于前锋战斗，而利于指挥、运兵、运械；舢板行动轻捷，利于战斗。二者相互配合，取长补短，相得益彰，过去的几仗，皆仗大小船只的配合而取胜。今天我们用计让二者分开，使其分则两败，才是破敌良策。"

　　诸将又问如何方能使之大小战船分开。石达开说："用计之事，我来布置。但自此之后，九江、湖口、梅家洲各军只许坚守，湘军来攻，一概置之不理，听我用计安排。"

　　曾国藩几番进攻，皆遭挫败。休整了两日，不见敌军动静。于是，再令各路出击。诸军因有前番的教训，只是远远地开枪开炮，不敢再涉险境。即使如此，九江等城，亦不见太平军的任何反映，连冷枪也不打一发。各路军马折腾了两天，疲惫地返回营地。入夜正要休息，湘军水师的宿营江面，突然枪炮齐鸣，并有无数小船冲入江中，把火箭、火球射向湘军水师的船上。湘军水师欲战无从战，欲睡无法睡。连续几夜，弄得湘军惊恐不安，将帅们心焦气躁。

石达开见时机成熟，便开始用计。

咸丰四年十二月十二日（1855年1月29日），一串四十余只的太平军船队突然出现在江面上，这个情况被湘军斥候看在眼里，报告给曾国藩。曾国藩立即与诸将商量对策，按照常规，湘军水师远胜太平军水师多倍，他们不敢出动四十余船在长江上行动，既然行动，必有原因，曾国藩本应小心对付。但逢湘军既骄又躁之时，也不做深入推想，反正明明是石达开的船队，出来了就得打。曾国藩也认为再无攻敌良策，不能失此机会，便命萧捷三等率舢板一百二十余只攻击太平军船队。

萧捷三又气又急，想冲上敌船消除连日的躁气，命令湘勇快速追赶。太平军的船队都是轻便小船，见湘军大队来攻，也拼命前驶。双方你逃我赶，比赛速度，转眼划至湖口。眼看就要追上，萧捷三正准备命令前锋开炮，只见太平军船队向右一转，一齐向鄱阳湖驶去。萧捷三仗着自己的船多，不假思索，也指挥水师进了鄱阳湖。谁知湖口外连长江、内接鄱阳湖，是五百里湖水的进出口，口子极窄，如同一个大肚口袋的袋口。

双方船队进入鄱阳湖后，太平军立即封住湖口水卡，修上工事，安装大炮，将其死死地锁在湖内。从此，湘军水师被肢解为外江和内湖两部分。留在长江水面的全是长龙和快蟹大船，失去快船的护卫，完全陷入被动挨打的境地。

曾国藩等到傍晚不见萧捷三的消息，正在焦急，突然有大队太平军船只向湘军水师攻来。湘军的大船离开了舢板，犹如鹰隼失去了翅膀，在敌船的进攻中，只能笨拙地移动。太平军轻便的小船在湘军的大船夹缝中，穿梭般划来划去，投出串串火把、火球，不一时便烧毁湘军大号船九只、中号船三十余只。曾国藩、彭玉麟仗着大船炮火猛烈，打得太平军快船无法靠近，才免遭灭顶之灾。

太平军船队胜利撤走后，曾国藩急忙调回在武穴养病的杨载福，又调回罗泽南、胡林翼各部，集中力量，再攻九江。就在罗泽南回九江的当天夜里，即咸丰四年十二月二十五日（1855年2月1日）夜间，太平军对停靠在靖港内的湘军水师发动了更大规模的进攻。石达开命数十只小船满载各种火器进入江内，钻入湘军船队中间放火延烧。时人有笔记记载当时的战况：

其日,长沙惴惴居贼中,人自以为必败。国藩集谋攻守,皆曰入城坐困,宜亲督战。或议先靖港夺寇屯;或曰靖港败,还城下,死地矣,宜悉兵攻湘潭。不利,保衡州,即(使)省城陷,可再振也。水师十营官皆至,推彭玉麟决所嚮,定湘潭。五营先发,约明日国藩率五营继之。夜半,长沙乡团来请师曰:"靖港寇屯中数百人,不虞(防备)我,可驱而走也。团丁特欲借旗鼓以威贼,已作浮桥济师,机不可失。"闻者皆踊跃。国藩亦忧湘潭久踞,思牵(制)之,改令攻靖港。庚午(四月二日),平旦至,水急风利,炮船径逼寇屯,寇炮发,船退不得上,缆而行。寇出小队斫缆者,水师遂大乱。陆军至者合团丁攻寇。寇出,团丁遽反奔,官军亦退,争浮桥,桥以门扉、床板(搭成),人多桥坏,死者百余人。国藩仗剑督退者,立令旗岸上曰:"过旗者斩。"士皆绕从旗旁过,遂大奔。

眼见自己编练的湘勇如此不中用,曾国藩一时激愤,竟欲投水自尽,被悄悄跟随其后的章寿麟发现救起。章寿麟,字价人,湖南长沙人,时在曾国藩幕府。后曾任安徽补用知府,即补直隶知州。光绪二年秋,章氏还乡,舟次靖港,望铜官山,感怀旧事,作《铜官感旧图》,记叙此事曰:

咸丰四年,贼由武昌上犯岳州,官军御之羊楼司,失利,(太平军)遂乘胜逼长沙。四月,贼据靖港,而别贼陷宁乡、湘潭。湘潭,荆南都会,军实所资。时公(即曾国藩)方被命治军于湘,乃命水陆诸将复湘潭而自率留守军击靖港贼,战于铜官渚,师败,公投水。先是,予与今方伯陈公(即陈士杰)、廉访李公(即李元度)策公败必死。因潜随公出,居公舟尾而公不知。至是,掖公登小舟逸而免。公怒予曰:子何来?予曰:师无恙,湘潭捷矣,来所以报公也。已而湘潭果大捷,靖港贼遁去。公收余众,师复振。

另一当事人李元度(即上文所提及的李廉访,廉访,为清代按察使之别称),所叙经过更为详尽:

靖港者,资水入湘之口,距会城(即省会长沙)六十里,为一都

会地。有铜官山，六朝置铜官于此，因此称铜官渚者也。时贼帆遍布，游弋逼会城。文正（即曾国藩，文正为其谥号，用作尊称）愤甚，亲率留守之水陆营进剿。余亟止之曰：兵之精者，已调剿湘潭，早晚捷音必至。此间但宜坚守勿轻动，文正不许。余与陈公及价人并请从行，亦不许。濒行以遗疏稿暨遗嘱二千余言密授余曰：我死，子以遗疏上巡抚，乞代陈，遗嘱以授弟，挈营中军械辎重，船百余艘，子且善护之。四月朔，舟发。陈公固请从，峻拒之。余与陈公谋，令价人潜从于后舱备缓急，文正不知也。明日战，乡团勇先溃。陆军随之，所结浮梁断，溺毙二百有奇。水师中贼（埋）伏亦溃，贼艘直犯帅舟，矢可及也。文正愤极投水，将没顶矣，材官傔仆力挽。文正大骂，须鬣翕张。众不敢违，将释手矣。价人自后舱突出，力援以上。文正瞠视曰：尔胡在此？价人曰：湘潭大捷，某来走告，盖权辞以慰公也。乃挟登渔艇。南风作，逆流不得上。赖刘君国斌力挽以免。明午抵长沙。文正衣湿衣，蓬首跣足，劝之食，不食，乃移居城南妙高峰。再草遗嘱处分后事，将以异日自裁。迟明，捷报至，官军报湘潭燔贼船数千，殄灭无遗种，靖港贼亦遁。文正笑曰：死生盖有命哉！乃重整水陆军，未十年，卒成大勋。

从李元度叙述的情况看，曾国藩之所以投水，是因为太平军直逼其座舟，他担心被俘受辱而试图自尽。但从事先便将遗疏与遗嘱交待给李看，曾国藩则早有不成功便成仁的思想准备。四月十二日，湖南巡抚骆秉章领衔会奏湘潭水陆会战大捷时，强调了靖港失利的气候因素，为他做了开脱。但羞耻心极强、责任心极重的曾国藩不肯，又单独上了一份请罪折，并附有遗折，仍打算以死谢罪，请罪折从主观上找败因。将失利归咎为自己求胜心切，处置乖谬，具体表现为三点：一、纪纲不密，维系不固，以致溃散；二、轻进求胜，对事出意外的退败没有准备；三、明知水勇训练不足，陆勇临阵经验不足，贸然出战，责任在自己心存侥幸。为此，他实行一贯的精兵原则，毅然裁撤了靖港的溃勇，只保留了在湘潭经受住战火考验的水师五营、陆师三营与驻守平江的湘勇，总计四千余人，比出征时精简了一半以上。请罪折最后称："微臣自憾虚有讨贼之志，毫无用兵之才，孤愤有余，智略不足，仰累圣主知人之明，请旨将臣交部从重治罪，以示大公。"并请求朝廷另派大臣统帅湘军，而自己在朝廷派人接手之前，仍当竭尽血诚，一力经理。若船只修复，水勇训练足恃后，"臣必迅速驶赴下游，不敢株守片刻。"

胜败者兵家之常事，况且与湘潭大捷相比，靖港的失利只能算是小败。曾国藩只是一丁忧在籍的侍郎，并非有守土之责的封疆大吏，打了败仗，大不了降级革职，何至于以死谢罪呢？究其原因，不外乎三点：

一是失望。一年多来苦心孤诣，试图练成一支百战艰难、视死如归的劲旅，不想一战即溃，对他是个沉重的精神打击。

二是愧恨。自己不能在籍守制，已是不孝；不懂军事，却"辄以讨贼自任"，接受力所不能及的使命，致使丧师辱国，"上负圣主重任之意，下负两湖士民水火倒悬之望"。

三是愤懑。靖港之战，曾国藩带赴出战的水陆军仅一千八百余人，战败后溃散约一半，且有天气因素，算不上大败亏输。但这一败，省城平时有积怨于他的官绅们却一哄而起，群起而攻之。曾国藩晚年曾忆及当年在湖南之困境。

起义之初，群疑众谤。左季高以吾劝陶少云（即左宗棠之婿）家捐赀缓颁未允，以至仇隙，骆吁门（即骆秉章，字吁门）从而和之。泊舟郭外，骆拜客至临舟，而惜跬步不见过。藩司陶庆培（后任鄂抚殉难）、臬司徐有壬以吾有靖港之挫，遽详骆抚请参奏。黄昌岐及吾部下之人出入城门，恒被谯诃，甚至有挞逐者。

自己尽全力于公事，不惜得罪人，但偶有挫败，却"为通省官绅所鄙夷"，群起攻讦唾骂之，一愤。他之所以不回省城，而是驻于城外的妙高峰，十有八九是激于此愤。老父竹亭公已经65岁，不仅支持他墨绖从戎，而且"日日以家书勉臣尽心王事，无以身家为念。凡贮备干粮，制造军械，臣父亦亲自经理，今臣曾未出境，自取覆败，尤大负臣父荩忠之责"。打了败仗，无颜于父老，二愤。"臣自去岁以来，日夜以讨贼为心。曾书檄文一道，刊刻张贴。今事无一成，贻笑天下；而臣之心，虽死不甘。"三愤。

曾国藩是位儒者，而儒者心中必有道德之自律，所谓"行己有耻"是也。其私淑之宗师顾亭林亦云："人之不廉而至于悖礼犯义，其原皆生于无耻也。故士大夫之无耻，是谓国耻。"上述之失望、愧恨与愤懑，

第七章 大战太平军

交织纠结而成一种强烈的、挥之不去的羞耻感。"公言古人用兵,先明功罪赏罚,今时事艰难,吾以义声倡导乡人,诸君从我于危亡之地,非有所利也,故于法亦有所难施。"曾国藩不忍处置部下,但战败的责任仍得有人来负,故在得知湘潭大捷的消息后,他仍不能释怀,在上折请罪的同时,草拟了两道遗折,打算一同发往北京,以死谢罪。

那么为何他又没死成呢?据左宗棠说,是曾麟书的来信救了他。四月五日,湘军大胜,克复湘潭的消息传到长沙,当日早晨,左宗棠出城去看曾国藩,并送交曾父的家信。其信中说:

其晨,余(左氏自称)缒城出,省公舟中,(公)则气息仅属,所著军襦沾染泥沙,痕迹犹在。责公事尚可为,速死非义。公瞋目不语,但索口书所存炮械、火药、丸弹、军械之数,嘱余代为检点而已。时太公(指曾父)在家,寓书长沙,饬公有云:吾儿此出,以杀贼报国,非直(只)为桑梓也。兵事时有利钝,出湖南境而战死,是皆死所(意谓:死在哪里都是死得其所);若死于湖南,吾不哭尔也。闻者肃然起敬,而亦见公平素自处之诚。后此沿江而下,破贼所据坚城巨垒,克复金陵,大捷不喜,偶挫不忧,皆此志也。

父亲责之以大义,作为孝子的曾国藩不能不听从。而接到湘潭大获全胜的奏报,咸丰则大喜过望。自与太平军作战以来,清军还从没有打过一次歼敌两万的胜仗,整日处在忧危之中的皇帝,想必精神一振。见到曾氏自请处分,把靖港之败看很那么严重,咸丰觉得他未免书呆子气,便在上谕中挖苦道:"此奏太不明白,岂已昏聩耶?汝罪固大,总须听朕处分。岂有自定一拿问之罪,殊觉可笑!想汝是时心操如悬旌,漫无定见也。"捷报由巡抚骆秉章领衔,曾国藩与湖南提督鲍起豹会衔,可皇帝心里清楚,打了胜仗的塔齐布,是曾国藩极力举荐的将领;获胜的水师也是曾国藩一手编练而成,没有曾国藩打底,便不可能有这场大捷。骆秉章、鲍起豹,不过是因人成事而已。尤其是鲍起豹,本为一省最高军事长官,却总蹲在省城,从未见到其出城作战,咸丰早就对他起了疑心。经过一番查问了解后,皇帝此番赏罚分明,对曾国藩"加恩免其治罪,即行革职,仍赶紧督勇剿贼,戴罪自效"。这个处分很轻,湘军仍由曾国藩负责,只要以后打几次胜仗,很容易官复原职。而鲍起豹

"自贼蹿湖南以来，并未带兵出省，叠次奏报军务，仅止列衔会奏。提督有统辖全省官兵之责，似此株守无能，实属大负委任。鲍起豹著即革职，所有湖南提督印务，即著塔齐布暂行署理"。鲍氏是实实在在的革职，被他一直视为眼中钉的部下所取代。

靖港之战使湘军元气大伤，尤其是水师几乎溃不成军。要想继续与太平军作战，必须重整旗鼓。

水师是湘军的命脉，在长江流域作战，攻克南京，扑灭太平军，没有强大的水师根本是做梦。所以，曾国藩首先要重振水师。外江水师已被派往援救武汉，留在鄱阳湖内的一百二十多只快船处境十分困难，曾国藩先要救活湖内水师。他专程跑到南昌，求助于江西巡抚陈启迈，请求为湖内水师增造长龙大船三十号，就地招募水勇、供给饷械。然后又为重整江上水师努力奔走，他上奏咸丰，请他下旨地方，让湖南省为他添造战船，招募水勇。自己派员到湖北新堤、湖南岳州大力修造战船。到咸丰五年四月（1855年5月），湖南的新船百余号首先造好，运至金口；九汀江面上损坏的战船亦告修复。6月，杨载福在岳州也造成大批战船，开赴金口。其规模较原来的大船队伍还要整齐，力量也大得多。

这期间，江内水师也增加了战船，解决了供应和军饷。开赴湖口，攻击湖卡。7月，湖内水师统领萧捷三在湖口战死，曾国藩调彭玉麟从湖北赶往江西。彭玉麟此时正在湖南省亲，闻命启程，扮作商人穿越太平军控制的地区，步行数百里赶到江西南康府接任水师统领任。自此以后，湘军水师正式分为内湖水师和外江水师，分别由彭玉麟和杨载福统带，成了湘军水师的定制。

太平军为适应湘军的水战，便在九江设立船厂，制造战船。至咸丰六年三月（1856年5月），制造战船数百条。曾国藩生怕太平军水师强大，命令杨载福伺机歼灭之。太平军水师难抵湘军外江水师的力量，避而不战。杨选三百死士冲入太平军水师营中，把他们的船只全部烧毁，长江水域又全部为湘军水师控制，曾国藩的努力终于没有徒劳。

曾国藩恢复陆师的努力就不像整顿水师那么容易了。

湘军的陆师主要是塔齐布、罗泽南、李元度几部。塔部力量最强，增达万余人，罗泽南部约是塔部的一半。李元度的力量最弱，只有四营两千余人马。李是曾国藩的幕僚，一身文人习气，治军不严，训练无方，战斗力很差。所以，湘军陆师劲旅，主要是塔齐布、罗泽南两部。

湖口战后，咸丰帝仍逼令曾国藩围攻九江，曾国藩便集中塔、罗两部日夜进攻。岂料林启荣对九江的守卫十分坚固，无论曾国藩如何攻打，九江仍坚如磐石，岿然不动。湘军士卒损伤惨重，一无进展。当此困难之时，罗泽南向曾国藩提出了放弃九江、争夺武汉的战略计划。他认为长江沿岸数城，武汉为首，九江只是腰部，只有占据武汉，控制其首，才是夺取长江流域的正确方案。坚持围攻九江，即使攻取，武汉在太平军之手，敌人顺流而下，终难坚守。

曾国藩认为罗泽南的提议是十分正确的，去年湘军攻下武汉，咸丰帝勒令他离武汉而攻下游九江等城，他给咸丰的奏折中也是这个意见。可惜咸丰帝不听他的主意，造成武汉丢失，进攻九江无功的被动局面。然而，实际上，他的湘军只有塔、罗两军，两军合起来尚攻不下九江，若罗泽南再离他而去了武汉，湘军的力量就更孤单了，所以曾国藩没有放罗泽南去武汉。但是，曾国藩反复考虑，罗泽南的战略计划的确重要，罗泽南又反复申请、说明，终于使曾国藩同意他率兵去武汉的请求。正在这时，塔齐布因久攻九江不下，劳累、忧愤于七月十八日（8月30日）呕血而死。曾国藩太伤心了！这是一个知恩图报、忠心追随他的一个一心一意为湘军建设建功立业的大将，是湘军大将中唯一的满员，正可以作为满汉联合，以消除朝野猜忌的典型代表。如今，竟牺牲在战场上，等于湘军损折了一个通梁大柱，等于曾国藩折断了一条大腿。曾国藩怎能不伤心胆裂！他几天寝食俱废，在塔齐布的灵前饮泣不止。他为塔齐布写一挽联："大勇却慈祥，论古略同曹武惠；至诚相许与，有章曾荐郭汾阳。"本来曾国藩建设湘军，自比郭子仪，匡复清朝，现在他把塔齐布比作郭子仪了。他向咸丰奏明塔齐布的功勋，咸丰亲旨悼念，照将军例赐恤，予谥忠武。

塔齐布死后，曾国藩把他的军队拨出一千五百人交罗泽南率领去了武汉。其余部队遵照塔齐布的遗嘱，交由周凤山指挥。此后，周凤山的部队成了湘军主力，仍继续围攻九江城。

罗泽南则于咸丰五年九月（1855年10月）从江西南昌府义宁州出发，连下通城、崇阳、蒲圻、咸宁，11月初攻抵武昌城下。罗泽南的援救武昌，使清政府在武昌的攻战形势发生了变化。太平军再次攻克武昌后，胡林翼被任命为湖北巡抚，这个职位曾授予曾国藩而又被咸丰收回，这次又授给胡林翼，胡也是汉人，说明咸丰帝在危急之时不得不放权了。

胡林翼见湘军主力罗泽南到来,自然如得救星。他主动与罗配合,从不以属下相待,军政事务皆与罗诚心相商。即使对罗的部将李续宾、李续宜兄弟也同样相敬如宾。罗军到达后,胡林翼把湖北绿营淘汰,以罗军为骨架,大量向湖南募军,按曾国藩湘军的军事制度进行编练,成为长江上游的一支极为强大的部队。

经过此番调整,湘军的实力更加雄厚了。水师力量的加强是明显的,陆师力量留在江西由曾国藩直接指挥的部队比原来减弱了一些,但罗泽南部开赴湖北,胡林翼以这支湘军为主体不断扩充,使这支部队的力量不亚于曾国藩亲自指挥的陆师。胡林翼原为曾国藩的部下,他的军队主力是曾国藩的部队,他与曾国藩关系密切,在"中兴名将"中地位与曾国藩相埒,被人称之为"曾胡"。他们的部队一在长江上游,一在长江中游,相互照应,互为犄角,成为太平军的两个死对头。在以后鄂、皖、赣、湘数省的作战中,曾、胡两军相应契合,是太平军的主要敌人和失败的主要原因。

自罗泽南率军赴鄂、塔齐布战死之后,曾国藩久攻九江不下,是他成军作战以后最困难的日子。王闿运的《湘军志》记载这一段情景时说:"其在江西时实悲苦,令人泣下。"曾国藩给咸丰帝上奏中有语:"闻春风之怒号,则寸心欲碎,见贼船之上驶,则绕屋彷徨","余昔久困彭蠡之内,盖几几不能自克"。但是,由于他的坚忍奋斗,居然扭转了困局。

让他身陷困局的一个方面是太平军在江西发动了猛烈攻势。

石达开留韦俊在武昌据守,与胡林翼、罗泽南周旋;林启荣在九江城扯住了周凤山的兵力;他自己则率兵联络江西的天地会,开展了凌厉的攻势。石达开于咸丰五年十一月(1855年12月)由湖北进攻江西,连克瑞州、临江、袁州,围攻吉安。曾国藩见状只得放弃围攻九江,急调周凤山回援江西。周部撤围九江,于咸丰五年十二月(1856年1月)攻占樟树镇、新淦。但是,到底是救吉安,还是守武昌,曾国藩举棋不定,石达开见来援湘军驻兵樟树镇而尚在犹豫,乃下令全力进攻吉安,于咸丰六年正月二十五日(1856年3月1日)将吉安攻陷。曾国藩此时驻于赣北南康府,闻吉安被攻破,令周凤山坚守樟树镇,认为此处西近瑞(州)、临(江),东接抚(州)、建(昌),为赣江沿岸重镇,省

城南昌的咽喉。石达开兵破吉安，必然北犯省城，占领樟树镇，则可以逸待劳，堵击太平军。曾国藩为守樟树镇，还急令内湖水师彭玉麟率船队师出青岚湖，由武阳水过三江口，驶入赣江，南下樟树镇，与陆师配合，防守樟树镇。

不久，石达开果然率兵由吉安北上进攻樟树镇。周凤山指挥湘军据城大战，不敌而弃城逃走，二月十八日（3月24日）樟树镇为太平军占领。曾国藩闻讯，由南康动身去南昌城收拾溃兵。

石达开指挥太平军在江西奋勇作战，控制了整个江西的绝大部分地区，江西共计十三府，被攻占八府五十四州县。曾国藩困守在南昌、南康两个狭小的地区，被太平军紧紧封锁，不仅文报不通，连家信都难以通达。秘密化装潜递者也多被抓拿，一时被捕杀者达一百多人，湘军被太平军围困得"士饥将困，窘若拘囚"。

正在曾国藩岌岌可危之时，杨秀清忽调石达开去天京参加进攻江南大营的战斗，才使曾国藩在军事上稍稍松了一口气。便挣扎着恢复江西的军事实力，他把樟树镇等战役溃败的军队重新编排，凑成两支军队：一支约三千五百余人，由黄虎臣率领；一支仅千余人的队伍，由毕金科率领；又让江西粮道之子邓辅纶新募两千人马，与李元度部合为一军。总计军队约有万余人，但战斗力却较差，尤其缺乏将才。便想把增援武汉的罗泽南调回，趁石达开离开江西的时机，夺回失地，挽回江西的危局。罗泽南接到曾国藩的告急信感到很为难，当时他正担任争夺武汉的军事主力，若撤离武汉，将前功尽弃。他决定加紧攻城，攻下武汉后立即回援江西。

结果，因求功心切，猛打猛冲，被太平军枪击头部，于三月初八日（4月12日）死在军营。死前，给曾国藩留遗信一纸，哀凄悲凉，追述办湘军南北转战之苦。进言让曾国藩重任彭玉麟、杨载福、王鑫等人，尤其要起用左宗棠。并进一步说明胡林翼的大度，一定要同他合为一军，方能定两湖大局。遗嘱自己死后，其部湘军由李继宾统带，等等。

曾国藩的求援信落到胡林翼手中，恰在此时，曾国华也带着曾麟书的请求让胡援助曾国藩。于是，胡林翼便分兵五千让曾国华统带，急驰江西。此时，骆秉章也派出刘长佑、萧启江五千人马由萍乡、万载入江西，增援曾国藩。曾国荃、王鑫又各率数千人马驰援。这样一来，江西的湘军和绿营军一下子增到数万人。这些军队在江西四处进攻，先后占领瑞州、袁州、临江、安福等地，湘军在江西的形势好转了。

　　曾国藩在江西的困馁不止是军事，更大的苦处是清廷一直对他不放心，怕他的力量太大，尾大不掉。湖北巡抚之职宁给胡林翼，也不肯给他曾国藩，使他率兵三四载一直处于孤悬客处之地位，用兵、用人、用饷无处不难。因此，他常自比于东汉时的杨震，落得个可悲下场。

　　正因为清政府不肯向他放权，使他在江西最大的痛苦，是处处受到地方官的排挤和刁难。咸丰五年八月（1855年9月），曾国藩丁忧服阕，补授了兵部右侍郎，仍没有钦差之衔，地方官仍轻视他，他在江西用兵，军饷要江西地方出，地方官总认为他并非国家正规军，为湘军输饷认为是额外负担，不肯出饷。曾国藩军队缺饷，只能自己筹措，也受到地方官的抵制。他无能为力，只好向朋友求助，幸赖刘于淳、甘晋等人主持捐资，支持部分款项，惨淡度日。在籍刑部侍郎黄赞汤曾捐助曾国藩八十余万两，使曾国藩感激万端，终生念念不忘。

　　然而令曾国藩气愤的是，江西巡抚陈启迈是他的同乡，又与曾国藩同做翰林官。湘军在江西作战，为陈守土，他应该同舟共济。但是，他却处处作对，不仅不合作，不输饷，连用地方一人也不许。例如：当时江西万载举人彭寿颐，在地方自办团练，对抗太平军。曾国藩欲调此人入湘军，陈启迈不仅没接受曾国藩的请求，还借口彭寿颐曾不受地方官约束，至衙门闹事，把他捕拿，投入监狱。

　　曾国藩甚为恼怒，将陈启迈的行事为人写成奏折，狠狠地向咸丰告了一状。咸丰对江西巡抚本来就不满意，因为江西一省疆土，被太平军几乎占光。如今曾国藩告他，便准其所奏，罢了陈启迈的官。

　　陈启迈虽去官，继任的文俊对曾国藩的排挤更甚。不仅不给供饷，还使他的一支湘军全军覆没，害死了他的一员猛将毕金科。

　　樟树镇败后，湘军一支由塔齐布的旧部毕金科率带。毕骁勇异常，率部与太平军作战，凶悍无比。但毕军饷奇缺，军队常饿着肚子打仗。咸丰五年（1855年）底，地方官得到江西巡抚文俊的授意，竟以军饷作诱饵，逼迫毕金科进攻景德镇。景德镇是赣、皖、浙三省的交通枢纽，太平军有重兵把守，堡垒坚固。毕金科只有千余湘军，又饥又疲，但是为了得到饷糈，不得不冒险进攻。结果，反复苦斗，直至全军覆没，毕金科也丧命于景德镇城下。曾国藩对此事耿耿于怀，直到四年以后，曾国藩率部攻陷景德镇，在毕金科战死之处立碑纪念，亲为撰写碑

文，痛悼当年牺牲的这员大将，同时揭露江西官员的排挤、嫉恨，碑文十分凄婉、动人。其中有"内畏媚嫉，外逼强寇，进退靡依，忍尤丛诟"之句，说出了曾国藩在江西几年的困难处境。值此困难处境，曾国藩曾想要撒手不干了，他想：这到底是为什么？自己以一个回籍的文官，冲破重重阻碍创办湘军，在两湖、江西苦苦地战斗着，打赢了仗是别人的功劳，打败了仗"几乎通国不能相容"。自己为国苦战，要权无权，要粮无粮，处处受到排挤、打击，被逼自杀就好几次了。思前想后"遂致浩然不欲复问世事"。由于好友刘蓉等人的百般劝说，他才勉强坚持着。

第八章

二次出山

曾国藩办湘军最大的难题莫过于军饷了,数万人马,天天都要吃饭,常言道"兵马未动,粮草先行",可是湘军却得不到国家的正当供饷,况且曾国藩规定的军饷标准还很高。

初办湘军之时,招募军队无饷可供。曾专派郭嵩焘回籍筹借军饷,又赖衡州知府借给他十万两准备修城墙的钱,后来打了湘潭第一次胜仗,十万借款才由湖南藩库报销。

当时,武汉形势吃紧,朝廷连番下旨让他自湖南出援武汉,他迟迟未动。其中原因主要是皇帝命他率兵千里迢迢援救湖北,而且一路征战,竟未提军饷自何而出。没有军饷如何出征?他让人各处求助,恳求商绅捐资,犹如泥牛入海,毫无消息。

恰在此时,有个在籍户部候补员外郎杨江要求捐助。曾国藩闻讯自然高兴,但杨江提出个条件,让曾国藩代他上奏皇帝,准许为其祖父在原籍衡阳建乡贤祠。曾国藩是了解其中原委的:杨江的祖父杨键是湖北巡抚,道光二十五年(1845 年)病死。死后其家属便活动地方官入奏道光,请求建乡贤祠。而有人反映,杨键官声很坏,有严重的贪污、受贿行为。道光帝闻奏,不仅未允其入祠,且把上奏请入祠的地方官臭骂了一顿。这件事闹得轰动京城,曾国藩时任职詹事府,熟知此事,曾为杨家而不耻。如今,为了军饷问题,要亲自出面为一个贪官申请入乡贤祠,一是不合儒家道德规范,二是要冒风险,弄不好自己要背上恶名。可是,为了军饷所逼,曾国藩竟同意为杨键写了奏折。

奏折封送之后,杨江当即捐助两万白银,还说等皇帝批复后再捐五万两。杨江带头捐款,其他官绅也不能旁观,一下子捐了十万余两。这点钱虽不多,但总算解了燃眉之急。

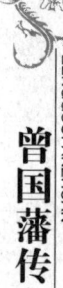

谁知湘军初战不利,在"东征"的途中吃了败仗,退回长沙。吃败仗是个打击,长沙官绅齐骂曾国藩无用,使他抬不起头,而雪上加霜的是,咸丰帝看了曾国藩请杨键入乡贤祠的奏折,下旨申斥他,还降了他两级官衔。

咸丰四年八月(1854年10月),湘军侥幸攻克武昌,占领武汉三镇。曾国藩以为该是喘口气的时候了,他上奏咸丰,要求巩固湖北,徐图东进。其中理由之一,是好好解决一下湘军的供给,待到兵精粮足之时,再东下长沙,好好与太平军打几仗。但是,咸丰不管这一套,逼令他立即东进。当时新占武汉,正是得胜之师,在武汉总算凑备了"东征"的军饷,接着取得田家镇大捷。咸丰再令他继续东进,攻九江,取南京。

田家镇一战,虽然取得不小的胜利,但湘军损失很大。曾国藩要为战死的官兵发恤银、为有功的官兵发赏银,加上战争消耗,从武汉带来的银子花得精光。马上又要"东征",军饷又成了大问题。他向咸丰帝请求发饷,咸丰下旨让陕西巡抚王庆云解银14万两,江西巡抚陈启迈解银8万两。然而,曾国藩等了许久也不见银子汇到,甚至连个回音都没有。

就在这时,郭嵩焘提出江北大营在扬州仙女庙抽厘金助军饷的事,请求曾国藩也仿效办理,在军过之处向商贾抽厘,以助湘军作战。当时曾国藩不知抽厘的办法,郭嵩焘说:"江北大营也缺军饷,有左都御史雷以諴到扬州助军,想出了一个筹饷的办法:仿照汉朝算缗之法,对商贾征厘税,值百抽一,称作'厘金',居然顺利抽得大量银两,解决了江北大营的军饷。"

到底湘军办不办厘金?曾国藩令大家充分发表意见。刘蓉说,听说苏北办的厘金,到处设关,关卡林立;处处抽厘,各为百金抽一,连续勒抽,往往抽之过半,弄得商民怨声载道。湖南、湖北、江西连年征战,百姓已被敲骨吸髓,若再强抽厘金,就没有活路了。

但郭嵩焘认为苏北办理不善,是混进了坏人,他们可以作为借鉴,认真办理。

其他人意见不一致,但用饷急迫,对抽厘之事坚决反对的却不多。曾国藩见众人的意见趋于一致了,便让郭嵩焘去湖南与骆秉章商量,利用"东征局"的名义,先在长江、湘潭、益阳、岳州、常德、衡州6

处试行。若是可行，就认真实行，颗颗铜子都要有交待，莫对不起三湘父老；若不可行，立即停止。

湖南的厘金尚未办妥，江西战场便发生所料不及的大战。九江攻不下来，湖口打了大败仗，江外水师全部瓦解，湘军受到了前所未有的巨大损失。随后，太平军攻占了江西大部分地区，曾国藩遇到了太大的困难！水师要重建，陆师要大幅度调整，还要随时准备与石达开打大仗。曾国藩最发愁的还是军饷，还是银子！他没有办法得到，只得向江西巡抚陈启迈伸手要，尽管前次碰了壁，但曾国藩认为，前次是在湖北，这次是在江西，完全是为江西的失地与太平军作战，谅他陈启迈不会置之不理。可曾国藩想错了，陈启迈不仅分文不给，还大造其谣，他在江西官员中散布：曾国藩的湘军打仗发了财，湘乡、平江、新宁肥的流油，只要家里出个湘勇，全家都不要做事，银子花不完。湘乡的田地没有买的，都买到外省外县去了，皇帝的银子运到了曾国藩家，皇帝都没钱了，我们哪得钱给他。曾国藩听了这些谣言十分气恼。

正在曾国藩又气又急之时，江西万载县举人彭寿颐向他建议："在江西筹银有办法：一是劝捐，目前在籍刑部侍郎黄赞汤黄大人在籍守制，极赞扬湘军的抗敌义举和曾大人您的行为，他若出面劝捐，一定奏效。我也可以去好友之处，以大人之德，向同乡、同窗们募捐。再是可以在江西就地设厘局，抽厘助饷。"

曾国藩赞扬彭寿颐的行为，募捐之事立即去办，抽厘之事容再商量。

经过活动，果然先得了一笔银子。黄赞汤出面大力张罗，在乡绅之中很快募得白银十万两，彭寿颐竟也募来三万两，这真是雪中送炭。

设厘局之事，经过商量也搞了起来。曾国藩让彭寿颐负责，在南康设总局，在各县设了十几个关卡，出手便抽得数千厘金，曾国藩甚是高兴，以为这下子军饷有指望了。

然而好景不长，曾国藩设厘局用了彭寿颐，彭是江西地方人，江西巡抚陈启迈以为这是越权用人；江西地面不归曾国藩管辖，他有何权在这里设厘局抽厘金？于是，陈启迈煽动地方，与曾国藩对抗。不久，湘军的厘局在抽厘时，查到了地方官走私鸦片，厘局扣了地方官的走私船，地方官又向陈启迈告状，双方便闹了起来。可陈启迈不问曲直，批令地方官封了曾国藩的厘局，还把彭寿颐捆绑入狱。事情闹得非要曾国

第八章 二次出山

藩出面不可了，曾国藩率刘蓉等幕僚，到出事地点调查，查出了地方官私卖鸦片的确证。在忍无可忍之下，向咸丰上奏参了自己的同乡同年陈启迈。参奏的内容也是他调查来的，如陈启迈曾为已革职总兵赵如春冒功请赏，曾为奉旨正法的守备吴锡光虚报过战功。这两条是地方官常干的事；地方大吏，明明打了败仗可以说打了胜仗，逃将可以说成功臣。只要不出大娄子，即使皇帝知道了也不会怎么样。曾国藩还告陈启迈并不认真安排战守，丢了江西的八府五十四州县。又告他阻挠破坏湘军作战，捆绑逮捕办团有功举人彭寿颐，纵容地方官私运鸦片。

曾国藩的奏折上达后，其中丢了江西大部分土地给太平军这一部分打动了咸丰帝，他本来就恼恨太平军在江西搅得心神不安，怪罪陈启迈没有守住江西。因而准了曾国藩的弹劾，一下子把陈启迈罢了官。

然而，去了陈启迈，来了文俊，曾国藩在江西的军饷问题仍未解决。为了军饷，使他的一军全军覆没；为了军饷，文俊害死了湘军大将毕金科。以后的日子，仍靠"讨饭"维持。多亏黄赞汤一人先后为湘军筹捐百余万两，刘于淳、甘晋等士绅也极力帮他筹措，才勉强维持住，使湘军没被困垮而已。

正在曾国藩极度困难和苦恼之时，突然接到其父曾麟书于咸丰七年二月四日（1857年2月27日）去世的讣告。闻此噩耗，曾国藩反而感到是摆脱困境的天赐良机，立即向咸丰帝陈报丁忧，并要求开缺守制。他不等谕旨允准，便与弟弟曾国华自江西奔丧返乡。在陈情奏折中，除以孝道为由，坚决要求开缺外，还说此时返乡守制并不影响大局，因为自咸丰六年（1856年）秋，太平军内部发生内讧，使整个战局发生了逆转。在江西方画，湘军逐步夺回了被太平军占领的广大地区。武汉也被胡林翼和李续宾攻克，湖北绿林军和李续宾湘军联合东下，长江上游沿江城镇又被夺了回来，大军来到江西，与曾国藩湘军一部又包围了九江，江西的吉安、瑞州等要地虽还在太平军手中，但也都被湘军包围了。所以，曾国藩说，此时返乡，把军队交待给部下，同自己未离去是一回事。

曾国藩到家多日才收到从江西转来的皇帝的批复：只准他三个月假，不允开缺。三个月假满之前，咸丰下旨命他立即返回江西军营。曾国藩再次上奏，要求给假三年，在这个奏折中，他向咸丰表白了不愿再回军营的理由。他说：自古带兵者从未有他的困难大，领兵打仗却没有军权，自己"虽居兵部堂官之位，而事权反不如提镇"。湘军虽负担了两湖、江西的抗敌重任，但却没被国家和地方承认，领兵人员都没得到武官的实缺，自己要为湘军将领申请个奖赏，必得地方官同意，由地方官上奏。还说：湘军无军饷，行军作战，奖功恤死，都得向地方官讨钱，而地方掌握了政权与财权，视湘军为累赘，打击、排挤、陷害者有之，就是无人给军饷。又说：自己担起了出省作战的命令，并无出省作战的资格，地方官也没接到皇帝给的接待湘军的旨意，军中连个正式印信都没有，湘军在别的省客位虚悬，处处受刁难。他明确表示：在江西带兵，不给个巡抚实职或钦差头衔是无法维持下去的。如果还像前几年那样，就让江西巡抚和提督、将军去带兵作战好了，他不会再回去了，就让他留在家里尽孝道好了。

咸丰看了曾国藩的奏折，见他直接伸手向自己要实权，考虑再三，最后认为太平军的势力一天天衰落下去，不一定非要曾国藩才能打赢太平军；让曾国藩又有军权，又有督抚大权也太危险。遂顺水推舟，批准让他在籍守制三年的请求。这样，曾国藩便离开了湘军，开始了乡居的生活。

曾国藩自咸丰七年二月二十九日奔丧至家，至八年六月初七日再度出山由湘乡动身赴浙江，先后家居一年半时间。

这一年半时间，名曰"乡居"，实则是曾国藩一生思想、为人处世巨大转折的时刻，就像练武功的"坐关"、佛道的"坐禅"一样。曾国藩经乡居之后，为人处世简直判若两人。

首先，如前文所述，他是遭受了极大的折辱，很不情愿地乡居的。所以，回到家里心情十分苦闷，怨天尤人。他不明白，自己出于对清政府的一片忠心，"打掉牙活血吞"，在战场上拼命，但是结果却处处碰壁，连皇帝都不买他的账，甚至根本就不信任他，"卸磨杀驴吃"，现在磨还没推完，就要杀驴。多少人看他的笑话！他越想越气，"心殊忧郁"。忧郁无处发泄，整日生闷气，动辄骂人。他数着江西的一帮文武骂，骂够了就找几个弟弟的茬吆喝。曾国荃等人开始还劝他，后来劝不了只好不理他，再过些日子就返回了战场。弟弟们走了，他又开始骂几个弟媳妇。什么话都骂得出来，语言粗俗，根本不像个道学家了，弟媳们也都躲着他。头一年夏天，儿媳（曾纪泽之妻）难产死了，两个月后，曾国荃的妻子熊氏又临产，怕是被儿媳的魂缠住了也难产，于是闹

着请神汉进府做道场。曾国藩知道了大骂一顿,骂她们装神弄鬼,骂得道场做不了。

曾国藩不被皇帝信任,吃了极大一颗软钉子回到家里。但不少朋友认为他是言不由衷,是背叛前誓,前线正吃紧,跑回家待着,是要挟皇帝。于是,有的批评,有的规劝,还有的干脆大骂。骂得最凶的是左宗棠,骂他是假仁假义假道学,在湖南抚衙里拍着桌子骂,骂他临阵脱逃,自私无能;骂他不该伸手要官,要不来就躲回家。左宗棠一骂,长沙的大小官都附和着骂。骂得蛰居荷叶塘的曾国藩饭难下咽,夜不成寐,从此"得不寐之疾"。当时他深恨左宗棠,认为别人可以骂他,左宗棠不该骂,他们是同门同道,相互也看得起,尤其在与太平军对抗,捍卫儒家道统方面,他应该是知己的。如今我曾国藩被上下整到这步田地,你左宗棠不同情,反而带头怒骂,太不懂事了!所以,他又开始在家里咒骂左宗棠。

盛夏袭击了湘中,火热的南风像从巨大的火炉中喷射而出,午夜之后,仍有令人心焦的蝉鸣,蝈蝈也无休无止地叫着,好像有意和彻夜不眠的曾国藩过不去。他时而躺在床上,时而在室内外踱来踱去,辗转反侧,反复而痛苦地回忆、检查自己的前半生。自入仕途,以孔孟入世救世,对自身的修养严厉酷冷,一丝不苟;对社会抱有"以天下为己任"的坚定胸怀。持身严谨,奋发向上,关心国事,留心民情,因而赢得君王信任和同僚的尊崇,十年京官春风得意。正是抱有这种信念,以一文官而白手建军、治军,五年来一身正气,两袖清风,出生入死。但是,为什么皇上反而不信任自己?为什么上至枢垣,下至府县,都那么嫉恨自己?

为了解决这些问题,他又日夜苦读,重阅《左传》《史记》《汉书》《资治通鉴》,希望能从这些书里找到解决问题的诀窍。然而,这些书他已读得烂熟了,重新翻读,只能找到自己过去的思维印迹,并未发现新东西。

据说在百思不得其解之时,曾国藩曾想要走入空门。然而,深厚的儒家根基使他终于拔不动尘世间的双腿。但因为他遁入佛门,使他认真阅读了以前看过,但并不相信的《道德经》《南华经》等老庄的著述。这些书名为出世之学,但曾国藩重读,却为他的立身处世指点了迷津。你看:同样为人处世,孔孟主张直率、诚实,而申韩(申不害、韩非)

等法家却主张以强碰强，硬对硬，老庄则主张以柔克刚、以弱胜强，"天下之至柔，驰骋天下之至坚"，"江河所以为百谷之王者，以其善下"。下反而是王，弱反而能强，柔则是至刚。把老子的言论对比自己过去的行事，他发觉自己处处直截了当，用的是儒家的至诚和法家的强权，表面上痛快干脆，似乎是强者，结果处处碰壁，实质上是失败，是弱者。到头来弄得上上下下处处是敌人，前前后后处处是障碍。过去也知道"大方无隅""大象无形""大巧若拙"，但一直没有真懂，所以自己的行事恰好是有隅之方，有形之象，似巧实拙，真正的大方、大象、大巧是无形无象、鬼斧神凿的。"大柔非柔，至刚无刚"，太妙了！读到这里，想到这里，曾国藩如同从黑夜里一下子走上了光明世界，豁然开朗。

自此之后，曾国藩行动做事，由前时的方正，变为后来的圆通。他自己承认，"昔年自负本领甚大，可屈可伸，可行可藏，又每见人家不是。自从丁巳、戊午大悔大悟之后，乃知自己全无本领，凡事都见得人家几分是处，故自戊午至今9年，与40岁前迥不相同"。曾国藩这里把家居的两年自称为"大悔大悟"之年，他自认为前后行事"迥不相同"了。

曾国藩大彻大悟后的巨大改变，使他的朋友都有所感觉，胡林翼就说他"无复刚方之气"。出山之前，他对清廷上下的官场习气很是反感，"与官场落落不合，几至到处荆榛"。而再次出山之后"改弦易辙，稍觉相安"。其中原因人多不知，只在他的至亲密友中私下告知他自己学问思想方面的变迁，行为处世方面的变化。曾国藩个人对自己的"大彻大悟"既是痛苦的，又是满得意的。苦在被迫放弃了自己前半生的信仰与行为；得意在毕竟发现了做人处世的"真正"秘诀——"大柔非柔，至刚无刚"。

曾国藩家居的一年多时间里，战争形势发生了巨大变化。他离开江西时，太平军与湘军正在相持苦战，九江、吉安、瑞州等城尚在太平军手中。但是，由于太平军的内讧，石达开先是离开湖北战场，后又于咸丰七年五月（1857年5月）底分裂革命队伍，率太平军精锐出走，湖北、江西的兵力大部分跟随石达开而去。湘军乘机攻陷九江、瑞州、抚州、湖口、临江，湖北方面的武昌等城也再度为湘军攻陷。湘军控制了两湖、江西的绝大部分地区，开始向安徽方面进攻。

由于湘军作战有功，其将领们一个个升官晋爵，今非昔比。到咸丰八年（1858年），胡林翼加太子少保，杨载福官拜提督，李续宾也官至巡抚，赏穿黄马褂。其他将领，也都得到相应的官衔。然而，在籍守制的湘军统帅曾国藩仍然是原来的侍郎官衔。这两年他虽信奉老庄，但相比之下也太悬殊了，心里不免激愤不平。他给曾国荃写信说："愿吾弟兢兢业业，日慎一日，到底不懈，则不特为兄补救前非，亦可为吾父增光泉壤。"还说，湘军官员都"大有长进，几于一日千里，独余素有微抱，此次殊乏长进"。他亲手创建的湘军，在镇压太平天国的战争中立下殊勋，将领们升官扬名、他自己却在关键时离开了战场，自然也就失去了立功扬名，光宗耀祖的大好机会，如果战争马上结束，自己也就"太吃亏"了。

想到这里，曾国藩后悔非要回家守制。他曾想给咸丰帝上书，要求马上返回战场，但碍着面子，毕竟拿不起写折的笔。

但是，湘军在曾国藩家居的一二年内，虽然顺利地取得了不小的胜利，实则是由于太平军上层领导的内讧提供的大好机会。而湘军毕竟是曾国藩亲手创建，湘军将领都是曾国藩亲手培植，曾国藩是湘军统帅。他虽然家居一二年，湘军将领与他仍然联系密切，仍起到遥制作用。在作战中，别的人很难统一指挥，他的作用绝无人可以代替。因此，由曾国藩保奏而升任湖北巡抚的胡林翼，时刻想着让曾国藩出山。

咸丰八年（1858年），石达开率二十万大军出走，由江西的饶州、广信转入浙江，攻占了浙江的常山、江山等地，对衢州发起攻击。胡林翼于咸丰八年三月二十九日（1858年5月12日）上奏，请求起复曾国藩带湘军进援浙江；湖南巡抚骆秉章也于五月二十五日（7月5日）上奏。咸丰帝看到形势又紧张起来，遂于五月二十一日（7月1日）即在骆秉章出奏之前发布了起复曾国藩，令其率兵援浙的命令。

曾国藩六月三日（7月13日）接旨，再不提任何条件，于六月初七日（7月17日）便离开荷叶塘，赶赴战场，再度出山率领湘军作战。

二次出山之后的曾国藩变得更加迅猛，很快，曾国藩又在长沙一带招募了一支一万五千多人的人马。然后，曾国藩赶到武昌，与湖广总督官文、湖北巡抚胡林翼等会商追击石达开事宜。又率部队顺流而下，进入江西境内，图谋从赣南绕道进入浙江，全力追击石达开部。

重新出山之后，一个新的曾国藩出现了。当年那个稍显刚愎而呆板的曾国藩不见了，现在的曾国藩，是阅尽千帆，始终能保持坚韧之心的曾国藩，是一个既有原则性，又具灵活性的政治家。当曾国藩重新落座时，就像一个棋手大睡三天，重新端坐在旧日的棋局前。如果说原来的曾国藩是一只刺猬的话，那么，重新出山的曾国藩就更像是一只狐狸，或者说，他变得同时具有刺猬和狐狸的品质——既坚韧有力，又狡猾无比。曾国藩一改往日稳重迟缓的风格，落子飞快，一方面他仍能顽强地将对手拖入泥淖；另一方面，他又能跳将出来，谋划着在适当的时机，竭尽全力丢出自己的胜负手。值得一提的是，在内心的窗口豁然打开之后，那种相关联的幽默感也在曾国藩身上充分体现了。原先紧张而阴鸷的曾国藩开始气定神闲、举重若轻了，他频繁地跟部下谈笑风生，经常说一些笑话，把部属们逗得前仰后合，而他却一直端坐着，捻着胡须，悠然地看着他们，就像看着一群淘气的孩子。曾国藩很少开那种凝重无比的会议，他经常是利用吃饭时间，把将领召集过来，让厨师烧几个好菜，然后，又上一壶好茶，轻轻松松地就把很多问题解决了。当曾国藩以一种轻松而幽默的方式来对待眼前一切时，他突然发现，战局就如同游戏一样，已变得一目了然。

　　当然，此刻的曾国藩在骨子里仍是一如既往的忧郁。一个新的问题摆在他面前——在离开这支部队十五个月之后，曾国藩突然发现，这支湘军的变化是那么大，几乎已不是当年的那支湘军了。湘军的军纪变得更糟糕，当年自己为这支部队所制订的很多规章和约束，早就被他们置之脑后。每当湘军夺取一个城镇，随之而来的，即使不是滥杀，也总是在掠夺。枯燥的战争夺走了士兵们最后的一点人性，当年那些老实巴交的庄稼人，此刻已变为名副其实的职业刽子手。这样的变化不仅仅是指那些普通的士兵，甚至，那些饱读诗书的湘军将领，也变得焦躁而冷酷。他们不仅仅对士兵疏于教诲，有的还睁一只眼闭一只眼对于士兵的荼毒给予支持。而且，士兵的成分也变得越来越复杂，原先曾国藩倡导到偏僻山区招兵买马的初衷，早已被他们颠覆，为了省心省力，那些将领们只是在城区附近随意招兵买马。这样，湘军的组成人员鱼龙混杂，社会上那些无法自食其力的地痞流氓小混混，全都充斥到湘军当中。这些，都让曾国藩很无奈。曾国藩刚回湘军遇到的一件事就是：曾国荃的一支部队在江西吉安附近打了胜仗之后，随意屠杀和掠夺，当地的百姓叫苦连天。消息传到曾国藩这里，曾国藩大为恼火，一气之下，将这支

第八章　二次出山

两千多人的部队全部解散回老家。曾国藩才不要这样的部队呢,如此失去人性的部队,又有什么益处呢？曾国藩感到困惑的一件事就是,如果很长时间陷入战争泥淖的话,那些麻木不仁的士兵们会不会因此丧失人性？

曾国藩出山之时,清军正取得战场上的节节胜利。在此之前,湘军李续宾部攻克九江,太平军林启容部一万五千人战死。九江的争夺,是长江沿岸的关键,经历这一场胜利后,湘军大受鼓舞,上上下下普遍轻敌。1858年11月,正当曾国藩全力追击石达开部的时候,噩耗传来,刚刚在九江取得大捷的湘军李续宾部六千多人,被太平天国李秀成、陈玉成联手在庐州三河镇全歼,李续宾和他的亲家,也即曾国藩的弟弟曾国华战死。

曾国藩五雷轰顶。李续宾是曾国藩非常欣赏的儒将,一直对自己忠心耿耿；曾国华是曾国藩的三弟,虽然自小起过继给叔父,但一直跟曾国藩、曾国潢、曾国荃、曾国葆在一起长大。在曾家,曾国藩排行老二,上有一姐,下有三妹四弟,因最小的妹妹早夭,实际上曾家兄弟姐妹共有八人。曾国藩兄弟五人感情是很深的,二弟曾国潢字澄侯,在族中兄弟中排行居四,称为老四；三弟曾国华字温甫,小时候过继给了曾麟书的三弟曾骥云,在族中大排行居六,称老六；四弟曾国荃字沅甫,在族中大排行居九,称老九；五弟曾国葆字季洪,后改名曾贞幹,字事恒,称季弟。这几个弟弟分别小曾国藩9岁、11岁、13岁、17岁。"长兄为父",曾国藩在他们面前,的确有这样的感觉。曾国华读书不太用功,科举不顺,但对于兄长,却一直很敬重。当年曾国藩在江西被围困时,正是曾国华奉父亲曾麟书之命,孤身一人到湖北胡林翼处搬了五千救兵,冒着大雨,连续攻下咸宁、蒲圻、崇阳、通城四县,之后又攻克新昌、上高等地,直达瑞州城外,帮助曾国藩缓解了危机。其时正是盛夏,一路行军打仗,曾国华透支了心力和体力,到了瑞州之后,一病不起。稍好之后,曾国华赶到南昌,兄弟相见,悲喜交加。在曾国藩看来,曾国华性情粗躁,缺乏心机,很容易犯错让对手抓住破绽,不太适合打仗,所以曾国藩多次劝阻他回老家。这一回,果真验证了曾国藩的判断。

让曾国藩感到更伤心的是,探子向他报告说：三河战斗结束后,尸横遍野,堆积如山,一开始,连曾国华的尸体都找不到。很多天后,才在如山般的尸体中，找到一具无头尸，只是从衣甲打扮上看，估计是曾国华。谁也不知道那些太平军是如何处置曾国华首级的。曾国藩伤心欲绝，这么多年与太平军的战斗中，曾国藩得到了很多，但他失去的，要比得到的远远多得多。曾国藩整整流了一天一夜的眼泪，悲恸之中，曾国藩提笔写下了一首《哀词》，最后几句是：

骨不可收，魂不可招。峥嵘废垒，雪渍风飘。
生也何雄，死也何苦。我实负弟，茹恨终古！

曾国藩还为曾国华的葬礼题写了一副挽联：

归去来兮，夜月楼台花萼影；
行不得也，楚天风雨鹧鸪声。

鹧鸪声中，曾国藩在大帐中为曾国华招幡还魂。夜幕降临之后，曾国藩圆睁着一双猩红的眼睛，在黑暗中苦苦地酝酿复仇计划。

1861年，曾国藩满50岁，从1854年出山作战开始，屈指一数，与太平军的战争已经到了第七年。这么多年的戎马生涯，曾国藩发现，自己改变得太多了。有时候，曾国藩照镜子，就像看见陌生人一样。这个人已不是一个气宇轩昂的读书人了，他开始变得衰老，变得臃肿，变得皮肤松弛，牙齿松动，行动迟缓。这些，只是外部的变化。在内部，有一些东西已然冷若冰霜，变得更加冷酷和坚韧了。当然，有一种惊人的洞察力出现了——曾国藩往往一瞥之中，就能断定事情的来龙去脉和前因后果。这是一种惊人的能力，也是一种特别的智慧。曾国藩已变成这样一个人——他可以拥有足够的耐心和坚韧，去等待别人的失误，等待别人力衰势竭，而一旦对手稍稍有点走神，或者一时控制不住，露出一些破绽，曾国藩便会像潜伏的眼镜蛇一样，一跃而起，死死地咬住对方的死穴。

现在，曾国藩全身心地投入到这场战争中去了。这个一直不好色、不赌博、不酗酒、不喜欢挥霍、不爱户外运动，只喜欢读书和下棋的传统书生，将自己的全部心力都用于军事的筹划和搏击之中。战争就是智力和暴力的对垒，曾国藩就像一头重新出山的狼一样，一方面变得更加

第八章 二次出山

凶猛,另外一方面变得更加阴险狡猾。他疯狂地撕咬着别人,同时进行的,还有自己与自己的战争。

战争一如既往地惨烈。这样的惨烈,在更多的时候,对人心也是越来越大的考验。曾国藩致书曾国荃说:"既已带兵,自以杀贼为志,何必以多杀人为悔?"在某种程度上,可以说,曾国藩已放弃了原来的带兵理想。现在,他只想赢得这场战争的胜利,不惜代价,也不惜妥协。战局转入中盘之后,像罗泽南和李续宾那样的儒将兼"道德完人"已陆续丧生,营一级的将领中,读书人已越来越少了,曾国藩不得不开始放弃他一开始只起用读书人为将的初衷,开始大规模地启用那些文盲和半文盲的猛将。他太需要胜利了,至于军纪以及战争过程中的屠杀和掠夺,曾国藩已顾不得了。新提拔上来的大部分将领只能勉强认识几个字,但他们打仗勇敢不怕死,能攻城拔寨。曾国藩起用鲍超和朱洪章就是例子——鲍超曾是湖南黑社会组织"哥老会"的头目,他大字不识,只会写自己的名字,但他打起仗来剽悍无比;朱洪章也是如此,几乎没读什么书,行伍出身,是一个杀人不眨眼的家伙。

到了1859年之后,湘军与太平军进入了全面交锋阶段。1859年冬,江南大营的清军对金陵的包围趋紧,进攻猛烈,金陵险象环生。太平天国忠王李秀成像一个救火队员一样,风驰电掣地从浦口赶回金陵。这个烧炭工出身、身经百战的将领向洪秀全建议集中兵力全力歼灭江南大营,以消除金陵的心腹之患。商议的结果,是照搬了当年"围魏救赵"的方式——李秀成先虚张声势全力进攻杭州,浙江巡抚罗遵殿文人出身,不擅布兵,下令兵士死守。各路救援的清军畏葸避战,进展缓慢,到达杭州附近后,见太平军势大,慌称道路不通,远遁躲避。李秀成一举攻下了杭州,浙江巡抚罗遵殿战死。听闻杭州被攻占,咸丰忧愤至极,下诏催促江南大营的和春、张国梁派兵去救。在这种情况下,江南大营慌了神,连忙调集主力赶赴浙江。李秀成知晓江南大营兵马调动的消息后,立即从杭州杀了一个"回马枪",与陈玉成联手,兵分五路,直扑金陵城下。具体安排是:陈玉成自全椒南下渡江,经江宁镇杀向板桥;李秀成从溧阳、句容直杀向淳化镇、紫金山;李世贤自常州、金坊杀向金陵北门;杨辅清自高淳杀往秣陵关、雨花台;刘官芳自溧阳趋往高桥门。

1860年5月5日,李秀成、陈玉成的十万兵马突然出现在清军江南大营前，只有数万人的江南大营溃不成军，太平军一上午就歼灭清军一万余人。江南大营统帅和春、张国梁等败逃江苏丹阳。李秀成紧追不舍，指挥太平军全力攻克丹阳，击毙江南大营帮办张国梁。两江总督何桂清逃往上海；和春继续败逃到苏州城郊之后，又惊又怕，自缢身亡。李秀成一直追到上海城下。6月2日，李秀成又会合李世贤军攻占苏州，清江苏巡抚徐有壬战死。这一次太平军大获全胜，不仅顺利地解除了金陵之围，而且使东南局势发生了根本变化，清军经营了很多年的局面一下子逆转。

太平军攻打江南大营之时，曾国藩的湘军大营正驻扎在安徽宿松县，全力准备安庆战役。所部万余，分布在潜山、太湖、宿松一带；李续宾近一万人，也驻扎在桐城西南，掩护包围安庆的曾国荃部。小小的皖西，一下子聚集了这么多兵马，到处都是黑压压的一片，人喧马嘶，鸡犬不宁。江南大营被攻破的消息传来之时，曾国藩正和部下们在宿松罗家祠堂悼念战死的浙江巡抚罗遵殿。罗遵殿是安徽宿松人，也是胡林翼的好友，前一年，他先从湖北藩司的位置上调任福建巡抚，数月后，又调任浙江巡抚。没想到此番调动，竟遭此噩运。罗遵殿的灵堂一派肃杀气象，高高悬挂的挽联由曾国藩亲笔题写："孤军断外援，差同许远城中事；万马迎忠骨，新自岳王坟畔来。"现在，江南大营二次被破的消息，无疑雪上加霜，在曾国藩看来，这样的错误完全不应该犯下，绿营是朝廷的正规军，无论是装备还是筹饷上，都远远超过湘军，更何况朝廷对于绿营一直很重视，要钱给钱，要人给人。这样的失败，明显是因为指挥失误、官兵怕死造成的。江南大营一破，太平军必定会重新集结人马，将主攻目标对准南京上游。这意味着湘军的压力会继续增大，湘军弟兄们会因此加倍牺牲。

吊唁之后，曾国藩会同胡林翼等湘军高级将领在宿松召开了一次会议。这是一次具有非凡意义的会议。曾国藩和众将领在分析了军事形势之后，坚信战争的最终胜利一定属于湘军。而且，绿营一败，朝廷肯定会重用汉臣，形势将会有根本性的转机。在此之前，湘军在长江中游取得了一系列的胜利后，虽然受到朝廷的重用，但湘军毕竟是"体制外的军队"，始终没有纳入最可依赖的圈子。曾国藩知道朝廷的真实想法，那就是：让湘军在长江中游与太平军鏖战拼消耗，而让绿营在金陵地区集结，这样，硬仗由湘军来打，胜利果实则由绿营来摘取。但朝廷没有

第八章 二次出山

料到的是，身为民兵部队的湘军越打越强，逐渐占了优势；身为正规军的绿营却屡战屡败，不堪一击。江南、江北大营连续被攻破，特别是这一次江南大营惨败，朝廷肯定会调整有关政策——半月以后，湘军大营收到消息，对于江南大营被破事件，咸丰非常愤怒，下旨将逃到上海的何桂清革职逮问；军机大臣彭蕴章革职。听到这样的消息，曾国藩稍感愉快一些，何桂清一直跟曾国藩不和，彭蕴章更是一个嫉贤妒能的小人。这些人不在台上，对曾国藩当然是好事。

1860年6月李秀成攻克苏州，形势对于清廷变得越来越不利，朝廷不得不打曾国藩和湘军这张牌了——一个好消息传来——6月8日，朝廷着曾国藩署理两江总督，令统率所部兵勇，取道皖南，恢复东南。8月上旬，朝廷实授曾国藩为两江总督，并命为钦差大臣督办江南军务，所有大江南北水陆各军均归节制；又将杨岳斌、彭玉麟统率的湘军水师拨归曾国藩节制调遣。

接到上谕的那一刻，曾国藩长吁一口气，终于感到扬眉吐气了。曾国藩得到的，不仅仅只是官位，更重要的，还是承认。从一开始组建湘军起，曾国藩就一直在不信任甚至打压中度过。或许朝廷清楚地知道，曾国藩之所以挺身而出，只是为了维护汉民族数千年的文化道统，对于满族的朝廷，并不是油然于心。曾国藩感到欣慰的是，朝廷此番决定，对湘军各方的情形有利，尤其是那些抗战的兄弟们，会因此有些名分，对于今后的前程，也会有利一些。身处两江总督的位置，曾国藩担心的一点是，太平军在苏南一带势头正旺，力量倍增，此时让他督办江南军务，压力是可想而知的。在家信当中，曾国藩流露出自己的情绪：担当此重任，深感害怕，最担心的是跟前任一样，遭受失败，让自己的家人蒙羞。这样的事，真不知是祸还是福，只有自己辛勤地做事吧，以报效朝廷。

有一个小插曲，足以说明曾国藩的做人准则——曾国藩接到上谕后，幕僚提醒说，在任命过程中，新上任的军机大臣肃顺起到非常大的作用，是因为肃顺的举荐，咸丰才下决心让曾国藩担当两江总督的。建议曾国藩给肃顺写一封感谢信，这样对曾国藩以后的升迁也有好处。曾国藩考虑一番后，没有写这封信，他觉得自己担任两江总督是朝廷的任命，不是哪一个人的原因，如果硬要归功某一个人的话，就把是非搞颠倒了。曾国藩只是给皇上上了一个折子，以谢龙恩。等到咸丰去世，慈禧联合慈安以及咸丰的两个弟弟发动宫廷政变，杀掉肃顺之后，在肃顺家找到一个密封的大箱子，里面装的都是全国各地的命官给肃顺的效忠信，几乎所有人的都有，唯独没有曾国藩的。这一下，也让慈禧对曾国藩有了一个很好的认识，确认曾国藩是忠于朝廷的大臣，也敢用曾国藩了。一次阴差阳错的经历，足以说明曾国藩的处事原则和处事方法。

应该说，曾国藩就任两江总督，不仅仅是曾国藩个人命运的转折点，也是战争的一个转折点，甚至可以说，是中国近代史上的一个关键点。正是满族君主政体和汉族上层分子中的领袖人物融为一体所造就的强大保守联盟，才使得这个腐朽的王朝苟延到 20 世纪。同时传来的好消息是：朝廷同意了曾国藩的请求，在全国推广厘金制度。这一件事，让曾国藩非常高兴。这样，湘军的军事供给就有了很大的保障，最起码，会比以前的状况改善很多。晚清的厘金制度，是 1853 年帮办江北大营的刑部侍郎雷以諴创议的，其办法是，在盐、土药、洋药以及百货中征收百分之一的厘金，用于地方库银，这一部分，主要作为地方政府承担的军饷。1856 年，曾国藩曾与湖南巡抚骆秉章达成协议：湖南的大部分厘金被指定作湘军经费之用。曾国藩重新出山之后，曾经力争为整个江西的厘金另外开辟一个不受省布政使控制的特别官署，这样，便绕开正式的财政机构，将这一部分钱财直接用于湘军的供给上。但这个渠道一直通行不畅。现在，朝廷正式同意了这一项措施，这意味着从此之后，湘军军费有了重要保证。曾国藩如释重负，自己这么多年牵扯精力最多的，就是湘军的供给。

1860 年 7 月 3 日，滂沱大雨中，曾国藩按照朝廷的旨意，从宿松开往皖南。28 日，到达徽州祁门县。祁门是安徽最南部的一个县，跟江西景德镇交界，是南京和南昌之间的必经之地，地理位置非常重要，也是湘军和太平军的重要粮道。曾国藩把自己的大营设在县城敦仁里弄堂的洪家大院里，这座大屋建于清代中期，原为一洪姓大茶商的私宅，坐北朝南，由承恩堂、养心斋、承泽堂、思补斋四部分组成，房房相连，屋屋相通，是驻扎军队的理想之地。曾国藩在洪家大屋巡视了一番后，决定将行辕设置在后花厅之中。然后吩咐笔墨伺候，亲自撰写了一副对联，让人贴在柱子上：

虽贤哲难免过差，原诸君说论忠言，常攻吾短；

第八章 二次出山

凡堂属略同师弟，使僚友行修名立，乃尽我心。

每到一个地方，曾国藩往往都会亲自撰写楹联。在楹联中，往往能看出那一段时间曾国藩在想些什么，努力避免什么。祁门洪家大屋的楹联表明，到祁门时，曾国藩的心情不错。

在祁门的那段时间，曾国藩主要是部署防务，查视营垒，巡视岭防，督战徽城。白天繁忙的军务停歇下来之后，每天晚上，曾国藩就要一个人在堂前凝神屏息端坐一会儿，这样，就可以让白天的喧嚣和烦躁如尘埃般慢慢落下，内心的涟漪也如微风掠过后的湖面一样，重新归于平静。曾国藩喜欢在这样的静谧中，汲取神秘的力量。然后，曾国藩会继续抖擞精神，处理大量的来往公文。有时候，在公文处理的闲暇，曾国藩会认认真真地写一些私人信件，这些信件就像候鸟一样，顺着蛛网般的驿道飞向四面八方，当它们飞回来的时候，又带来了各地的消息。写信，是曾国藩多年养成的习惯了，既是曾国藩的安慰，也是他情绪的通风口。当曾国藩提笔写信的时候，他就不再是一个大臣，不是一个杀人机器，一个暴徒；他只是一个父亲，一个兄长，一个朋友。曾国藩写信对象最多的，就是几个兄弟，还有儿子曾纪泽和曾纪鸿。在曾国藩看来，自己的几个兄弟，国潢生性疏阔，国荃豪爽任侠，至于曾国华和曾贞斡（国葆），曾国藩一直担心他们"气太清"，气太清就容易单薄，所以每次曾国藩都要嘱咐他们多读书，只有深厚的思想和扎实的学问，才能弥补气质的轻薄。当然，曾氏兄弟在通信当中，有很多家长里短的私事。在曾国藩看来，家事与国事同样重要，疏忽不得。咸丰九年底，曾国藩写信给曾国荃，安排他回老家全权主持兄弟之间的分家。曾国荃回了老家荷叶塘一趟，把兄长的意思向大家转达了。这次分家，几个兄弟互相谦让，姿态都非常高。在宿松驻扎的曾国藩收到了妻子从老家来的信，告知他分家的情况：

内有分家分关一纸稿。大分金、玉二号，系先考与叔父离轩所分。小分福、禄、寿、喜四号，系余与澄、沅、季洪兄弟四人分，配合停匀，公私咸得欢心，沅弟之所经营也。

兄弟几个中，曾国藩最偏爱的，就是九弟曾国荃了，花费心血也最多。曾国藩最担心国荃的急躁脾气，几乎每次给曾国荃写信，都要告诫他不要冒进，要稳扎稳打，步步为营。对于大他13岁的家兄，曾国荃当然非常尊敬，曾国荃统领"吉"字营时，曾在军营中手书一联，挂于帐中：

打仗不慌不忙，先求稳当，次求变化；
办事无声无息，既要精到，又要简捷。

曾国藩还写过一首《忆弟诗》送给曾国荃，这诗曾在湘军中广为流传：

无端绕室思茫茫，明月当天万瓦霜。
可恨良宵空兀坐，遥怜诸弟在何方？
纷纷书帙谁能展，艳艳灯花有底忙？
出户独吟聊妄想，孤云断处是家乡。

每一次写信，曾国藩总是不厌其烦，细致无比。读曾国藩的信函，可以感觉到的是，无论什么时候，曾国藩的气脉都非常顺畅，仿佛这些信函不是写自剑拔弩张的军中大帐，而是置身于恬静安宁的乡野古舍。当然，在家书中，曾国藩也流露出他的迷茫和痛苦，告知家人一些棘手的事情，比如他身患癣疮所遭遇的折磨——这种皮肤病自曾国藩30岁时感染后，一直没能见好，曾国藩整天感到瘙痒，尤其是到了夜晚，更是奇痒难耐，无法入睡。曾国藩每到一地，就遍寻名医，但几乎所有中医对这种奇怪的皮肤病都束手无策。在信中，曾国藩经常向他的亲人们叙述自己患病的痛苦和无奈，排遣郁闷，也寻找慰藉。曾国藩就是这样心无旁骛地写着家信。家信对于曾国藩来说，就像是每天必需的修身功课，让曾国藩在肃杀冰冷的战争岁月里，感受到来自老家的温暖，也让他培养安详凝重的静气。

进军皖南，是朝廷的旨意，刚刚就任两江总督的曾国藩自然不好违背。因为江南大营溃败，金陵附近清军势力不再，朝廷想让曾国藩领军东援，继续给金陵施压。曾国藩也知道孤军深入的危险，移师祁门，在很大程度上，曾国藩只想做一个姿势给朝廷看。此次屯兵祁门，也是跟

胡林翼商量过的。之所以把大营选择在祁门，主要出于多重考虑，一是湘军的钱粮供给大都来自江西，驻军祁门，可以保证江西的安全，确保饷源的供给；二是根据事态发展的情况，可以随时从皖南东进浙江，攻克杭州、湖州，在南部，对金陵形成包围；三是可以兼顾安庆那边的战局，如果时机不成熟，就掉头回安庆城下。在曾国藩心目中，真正重要的，不是迅速进驻浙江，杀到金陵城下，而是步步为营，把长江沿岸的各个城市，逐一收复，稳扎稳打，然后由西向东推进，直逼金陵城下。在曾国藩看来，安庆的位置太重要了，它就像是太平天国长江沿岸的一个桥头堡，如果这个桥头堡占领了，大势就会逆转，胜利的天平也就会倾斜。曾国藩率领人马到达祁门之后，太平天国立即有了激烈反应，调集了李世贤部和李秀成部，全力堵截湘军的进攻路线。这样，一直以来富庶宁静的皖南，不可避免地成为双方厮杀的战场。那段时间里，大大小小发生在皖南的战役，竟达百余次之多。由此可见战争的频繁和惨烈。

徽州的战斗差一点让曾国藩身败名裂。这个时候，曾国藩的主力部队一部分在安庆城下，一部分在江西境内，战线拉得过长。一万多人进入徽州后，一下子掉入太平军的包围圈中。当时，在皖南的东北面，由太平军李秀成据守；在南面，则是太平军李世贤部；在西北，太平军英王陈玉成的大军一直在长江沿岸，总兵力在五万左右。置身这样的局面，无疑岌岌可危。湘军在徽州的崇山峻岭中一再受阻，通向浙江的道路无法打开。这当中，最严酷的战争是徽州府的失陷。1860年10月，太平军两路夹击，一路从北到南，从宁国方向杀向祁门；另一路则由南至北，从景德镇方向杀来。从宁国方向杀来的太平军连续攻克旌德、绩溪，兵临徽州府城下。曾国藩下令徽州府的将领李元度坚守不出，李元度违背命令，轻易出城，结果被打得大败。徽州府失守，李元度无脸见曾国藩，南下逃走。曾国藩勃然大怒，要将李元度军法治罪，李鸿章等一帮幕僚苦苦相劝。为此，曾国藩还跟李鸿章翻了脸，致使李鸿章后来出走南昌。

危机之时，一件意想不到的事情发生了——第二次鸦片战争爆发，英法联军侵犯天津、北京，击败僧格林沁的军队。咸丰只好带着皇妃、皇太子及亲信大臣肃顺、载垣、端华等逃往热河承德避暑山庄。十万火急中，咸丰降旨，要曾国藩速派鲍超率精兵数千拱卫京师。接到诏书，曾国藩和胡林翼一下子慌了神，此时此刻的曾国藩正是泥菩萨过江自身难保，正指望鲍超军从江西赶往皖南救援，如果鲍超军此时转赴京城，皖南的战局将彻底崩溃。如果不派部队进京，曾国藩又会背上一个"抗旨"罪名，同样也承担不起。情急之下，曾国藩赶忙召集幕僚商议，李鸿章的一个建议解了燃眉之急，那就是采取"拖"的方式——派人送信给朝廷，堂皇地建议：鲍超人地生疏，断不能去，是否由曾国藩和胡林翼二人中酌派一人进京，这一招，明显的是给朝廷出难题，因为朝廷最忌讳手握重兵的"节度使"进京。这样，朝廷当然不同意，还会下诏来调人。这样，信在路上一来一往，就会占用很长时间——也就达到了争取时间、调集人马的作用。这一招果然有效——不久，京城的事态得到了有效缓解，曾国藩接到朝廷新旨：清廷与八国联军已议和，鲍超军不用北上。

一个危机躲过去了，另一个危险接踵而至。1860年12月，太平天国忠王李秀成部由羊栈岭进山，攻克黟县，距祁门湘军大营仅有六十里。此时此刻，祁门已是一座空城，除了大营内的一些亲兵之外，其他湘军全距祁门很远，曾国藩想调集部队回援已不可能。曾国藩长叹一声，准备原地等死。那天晚上，曾国藩努力克制自己的情绪，将亲兵全打发到内室之外，一个人在灯下安静地写自己的遗嘱，让人连夜送往湖南老家。天亮之时，一个好消息传来，湘军鲍超部和张运兰部昼夜行军，赶到祁门附近，全力抵挡李秀成部的进攻。由于李秀成不知道曾国藩的大本营在祁门，没有全力进军祁门，部队退出了羊栈岭，绕道进了浙江。

虽然皖南的形势得到了缓解，危机并没有解除。不久，太平军又先后兵分两路进军祁门，这一次，是太平天国主将陈玉成亲自率领人马。形势变得异常紧急：在北面，太平军攻到了离祁门二十里的地方；在南面，太平军李世贤部攻克景德镇，皖南镇总兵陈大富战死；在东面，李秀成部也从浙江境内掉转方向，再次向徽州发起攻击。曾国藩又一次陷入了包围之中。1861年4月，曾国藩由祁门赴休宁，调集徽州境内的各军进攻徽州府，以期打开通往浙江之路，徽州府的太平军乘夜出城偷袭，湘军大败溃散，太平军乘胜追击，将曾国藩围困在休宁。高度危机之时，曾国藩只好坐在大帐之中，再次给儿子纪泽、纪鸿写信。从这封信中，我们看不到慌乱，却能感受到事态的危急；还可以管窥曾国藩的真实思想——很明显，这已算是一封遗书了：

　　接到你们二月二十三日来信，知道家中兄弟五房都很平安，心中很安慰。我在初三日到达安徽休宁县，就听到景德镇失守的消息。初四日所写的家书，托你们九叔曾国荃寄回湖南老家，已经讲到此地的局势十分危急，恐怕难以支持下去。但还想到可以强攻徽州，如果得手，还是一条生路。初五日强攻徽州，强中营和湘前营在西门受到一次挫败；十二日再攻，未能引诱敌人出城一战；当夜二更天，敌人偷偷出城打劫营寨村庄，强中营和湘前营大败。……目前的局势更加紧急，四面都被阻塞，外面的接济已断绝。经过这次大败，军心受到很大的震动。我所盼望的是左宗棠的军队可以打败景德镇和乐平的敌人，鲍超的军队能从江西湖口迅速来救援，事情或许可能有转机，不然的话，这里就不堪设想了。

　　我自从投入军事以来，即抱着一种临危受命的志向。丁巳和戊午那两年在家养病，常常怕自己突然在家中去世，违背我的初志，失信于天下人。后来起复再出山打仗，意志尤其坚定。这次即使遇到什么不测之祸，我也毫无牵恋的了。回想我自己，从小贫穷无知，现在能官至一品大员，年龄也已过五十，在外面也稍有点名声，又手握兵权，占据了高位，还有什么可遗憾的呢？只是我对古文和诗歌，都花了不少精力，苦苦地加以探索，但是没有好好地创作，在这方面施展才华，打开一条大路。我对古文的研究尤其有根源和依据，如果现在突然死了，那么我的一些心得，就永远无人领会了。我的书法用功较浅，但近年也深入了一些。这三方面一无所成，心中不免耿耿于怀。

　　至于行军打仗，本来不是我的专长。因为打仗要用奇兵，而我的性格太平易；打仗要欺骗对方，而我的性格太直，这怎么能对付兵势滔天的敌人？以前虽然有些胜利的捷报，那也是侥幸，并不是我应得的战果。你们兄弟长大之后，切切不可涉足于军队之间，这种事难以见功业，而且容易造下大孽，尤其会留给后代人非难的口实。我长久地在行军中生活，每天如同坐在针毡上一样。稍可安慰的是我没有辜负我最初的愿望，没有辜负我的学问，没有一刻忘掉仁政爱民的心愿。近来我的阅历更多，深深体会到带领军队的痛苦。你们都要一心一意地读书，将来不能从军，也不必出去做官。

我教育子弟有"不离八本"和"三致祥"的格言。这"八本"是：读古书要以字句解释为本，作诗文要以讲究声调为本，侍养父母要以得到他们的欢心为本，修养身心要以少恼怒为本，立身处世要以不乱讲话为本，治家要以不迟起床为本，做官要以不要钱为本，行军打仗要以不骚扰百姓为本。"三致祥"是：孝顺能带来吉祥，勤奋能带来吉祥，宽恕能带来吉祥。我的父亲竹亭公教育别人，专门讲一个孝字，所以他在少壮时期敬爱父母，晚年热爱儿女，都出于心中一片至诚，所以我为他写的墓志铭，就只说这一件事。我的祖父星冈公教训别人，则有八个字，还有"三不信"。八个字是："考"（不忘祭祖先）、"宝"（与亲属邻里和睦相处）、"早"（早起）、"扫"（打扫庭院）、"书"（读书）、"蔬"（种蔬菜）、"鱼"（养鱼）、"猪"（养猪）。"三不信"是一不信和尚道士巫师，二不信土地庙神仙鬼怪，三不信医药。处在这个乱世之中，钱越少，就越能免除祸患；家中用度越俭省，就越能养福延年。你们兄弟将来奉养母亲生活，除了一个"劳"字和一个"俭"字外，没有其他安身立命的办法。我在此军事极其危急之时将这两个字叮嘱你们一遍，此外也就没有什么遗训给你们了，你们可以将这点意思禀告给几位叔叔和母亲，不要忘掉。

"遗书"送出之后，曾国藩还与刚刚赶来为自己出谋划策的老友欧阳兆熊开玩笑："死在一起如何？"欧阳兆熊大笑着应允了。也算是曾国藩命不该绝，第二天，由南面包抄而来的太平军李世贤部在江西乐平与左宗棠大战后溃败，无奈只好撤兵浙江。徽州府的太平军听到这个消息后，信心顿失，也将人马北移，撤出了徽州。危机再次解除，曾国藩的心重新落回胸腔。此次绝处逢生，明显地暴露了太平军的命门，那就是，太平军的各路人马全是各自为战，缺乏配合和协作，关键时候，往往难以形成合力。这是典型的游寇习气。对于这样的对手，曾国藩的信心更足了。在此之后，湘军进行了大规模反扑，陆续收回徽州府所在地歙县以及黟县等地。一个大胆的计划在曾国藩胸中变得成熟，那就是利用围攻安庆的机会，大量歼灭太平军的有生力量，先从英王陈玉成下手。曾国藩开始将目光死死地盯在长江沿岸，精心设计一个巨大的陷阱，诱骗对手不顾一切地往里跳。

1861年5月5日，曾国藩留张运兰守祁门，将湘军大本营从祁门转

移到长江边的东流。如果说曾国藩将大本营设在祁门是由于首鼠两端拿不定主意的话,那么,搬迁到安庆城对岸的东流,则表明铁心图谋安庆之役了。到了东流后不久,夏天到来了,白天的长江边上像个火炉一样,热浪灼人;但一到夜晚,习习江风中,又变得异常凉爽。置身长江边上,每到夜色降临,曾国藩就把自己关在大帐里,踱着步,像一头将要出击的孤狼一样,周密地思索战争的步骤。对于安庆战役,曾国藩总体上是这样考虑的:一是一定要攻下安庆,拿下金陵的桥头堡;二是围城打援,先围而不攻,一方面减少损失,另外一方面重点打击太平天国英王陈玉成的援兵。在曾国藩看来,二十来岁的太平天国英王陈玉成虽然打仗勇猛,但在谋略上远远不够。曾国藩想把陈玉成部队先拿下,给在三河之战中毙命的李续宾和曾国华报仇。

实际上从1860年秋天开始,湘军就已经将安庆城团团围住。围城的主力,正是曾国荃的"吉"字营。"吉"字营在安庆城的北、东、西三面挖了很多长壕深沟,又堆筑几个高高的土城,筑成牢固的防御工事,切断了城内太平军与外界的联系。安庆的守军共有两万余人,都是陈玉成的部下。自1853年太平天国翼王石达开西征攻下安庆后,考虑到安庆地理位置的重要,太平军一直派重兵守护。到了1860年,太平军已驻守八年之久。驻守期间,太平军将城墙筑高了五尺,又添筑子城一道,子城南自镇海门西起,先西北后东北绕一大圈后,止于北城墙。除此之外,太平军还另建了一座"耳"城,全力保卫安庆。这样,城内的太平军与城外的湘军形成了对峙局面,双方都构筑了铁桶般的防守阵势。

从1861年5月开始,曾国藩将他的全部精力用在安庆战役上。他的三角眼鹰隼一样死死地盯住安庆,没有什么能让他转移注意力。战争进行到中盘之时,这个一开始不会打仗的人,对于军事的驾驭和调度已明显熟稔了,甚至有了几分诸葛孔明的神韵,对于战局的控制和调度,已变得游刃有余。这时候,湘军已经形成了自己的战略方针,那就是,对待太平天国这样的对手,不能轻易打浪仗,要集中优势兵力,给对手以致命打击。

布置战术之余,曾国藩安详地在大营之中开始了自己的菜农生涯。每天下午,他都要一身短打,扛着锄头进入自己的菜园,锄草、松土、浇肥。在给老家的儿子曾纪泽的信中,曾国藩对这一段时间的生活感到

怡然自得:

　　吾现在营课勇夫种菜,每块土约三丈长,五尺宽,窄者四尺余宽,务使芸草及摘蔬之时,人足行两边沟内,不践菜土之内。沟宽一尺六寸,足容便桶。大小横直,有沟有浍,下雨则水有所归,不使积潦伤菜。四川菜园极大,沟浍终岁引水流,颇得古人井田遗法。吾乡一家园土有限,断无横沟,而直沟则不可少。吾乡老农,虽不甚精,犹颇认真,老圃则全不讲究。

　　当曾国藩如一个经验丰富的老农,津津有味地摸索种菜之经验和方法的时候,那段时间,在安庆附近数十公里的范围内,聚集了成千上万的湘军,他们正按照曾国藩的部署,张开了口袋阵,等着陈玉成带领太平军钻进来。对于曾国藩的围城打援之计,太平天国同样制定了针对性的措施:安排李秀成从长江南面、陈玉成从长江北边同时进军,夹攻武昌。武昌是湘军的大后方,也是湖北巡抚胡林翼的老巢,湖广总督所在地,战略位置极其重要。如果太平军围攻武昌,必定会让曾国藩分兵,这样,安庆之围也就迎刃而解了。

　　陈玉成不愧为太平军的急先锋。很快,陈玉成带领数万大军进驻安庆桐城附近,虚晃一枪后,转道皖西,连下英山、蕲水,攻占黄州,逼近武汉。陈玉成的西进,是曾国藩和胡林翼最为忌惮的,此刻湖北境内兵力空虚,几乎不堪一击。没有想到的是,陈玉成在黄州驻扎时,恰巧英国长江水师提督何伯巡视到了武汉江边,见陈玉成大兵屯集,便让参赞巴夏礼告诫陈玉成,如果陈玉成进攻武汉的活,英国商业利益将会受损,他们不会袖手旁观。这等于警告陈玉成不能进攻武汉。在这种情况下,陈玉成只好放弃对武汉的进攻,转向进攻鄂北的襄樊一带。这样的军事调动根本不足以吸引曾国藩西援。曾国藩和胡林翼得悉后大松了一口气,重新布置人马进攻安庆。一直到几个月后,陈玉成才掉转人马,回到安庆集贤关附近,开始在外围直接进攻围城的曾国荃部。

　　在长江以南,李秀成由浙江进入江西中部之后,迂回辗转,沿赣江北上,攻下吉安、瑞州。湘军九江守将吴坤修急忙派人向曾国藩告急,请求火速派兵救援。这时候曾国藩手中的机动部队只有鲍超一军。在这种情况下,曾国藩让鲍超军驻扎在九江与安庆之间的地方,伺机而动。

关键时刻，李秀成优柔寡断的老毛病又犯了。曾国藩看透了李秀成的心思，料定他肯定会投鼠忌器，不敢进攻九江。素来小心谨慎的曾国藩一反常态，大胆地将鲍超军调至安庆城下增援。安庆的战局发生了根本性变化。陈玉成见鲍超援军将至，料定自己独力难解重围，只好留下刘仓琳等精锐一万二千人分守安庆城外的集贤关、菱湖等营垒，自己带五千人去接应来援被阻的洪仁玕、林绍璋、黄文金、杨辅清等部。陈玉成的离去，更给湘军可乘之机。曾国藩下令各部全力围歼刘仓琳，同时分割陈玉成等人的救援。陈玉成在与洪仁玕等会师后，无法突破湘军多隆阿的挂车河防线。这样，刘仓琳部太平军主力一万二千人全部被歼。这一结果，使得安庆攻防战基本定局。陈玉成率各路援军因为无法突破挂车河，只好绕道湖北境内驰援安庆。太平军大队人马从西部长途跋涉，好不容易到达安庆城下时，早已人困马乏，成了强弩之末。虽然陈玉成带领太平军全力发动进攻，想解安庆之围，但湘军兵强马壮，又早有准备，陈玉成几次进攻均告失利，手下大将程学启部还投降了湘军。这是一次全面交锋的战斗，湘军在太平军的内外夹击下，两边行动，一部分全力攻取安庆，另一部分全力抵御陈玉成在外围的救援。

那段时间，整个战局陷入了胶着状态。旌旗蔽日，尸横遍野。在战争面前，时间仿佛停滞，生命就像泡沫一样脆弱而短暂。在东流大营，前方的消息像走马灯似的传来，曾国藩心急如焚，食不下咽，整夜都无法合眼。曾国藩的皮肤病也因为内心的火急火燎，瘙痒得更厉害了。可以说，曾国藩每时每刻都面临精神崩溃的危险。这一场徒死的对抗完全是力拼消耗，在安庆，守城的太平军渐至弹尽粮绝；在城外，攻城的湘军也开始面临饥饿，他们供给的粮路同样被外围的太平军切断。时间一如既往地漫长阴晦，食物储备变得越来越少了，到军士手中的食物如同垃圾，能调动大家情绪的酒也没有了。白天在阵地周围遮天蔽日的，是如阴霾一样的乌鸦，它们喑哑地鸣叫，如同鬼魂一样在阵地上游荡。更让人觉得讨厌的，是战壕里出现了成群成群的老鼠，像集体发了疯似的，向所剩无几的食物发动攻击；夜晚之时，它们甚至把在沟壕里睡得像死猪一样的湘军军士的耳朵或者鼻子咬掉。湘军军士们不仅仅要跟太平军打仗，还要跟这些"强盗"作战，把它们赶到角落里，目的不仅仅是消灭它们，而且为了将其当作美食享用……阵地上所有能吃的东西都吃掉了，然后，吃捆绑帐篷的牛皮带，吃一切有绿色的植物……

1861年8月底，湘军由城外马山直抵北城门城墙根的地道终于挖通了，湘军用炸药将城墙下的地道塞得满满的。1861年9月5日，曾国荃下令点火，随着炸药"轰"的一声巨响，安庆北城墙被炸出一个豁口，太平军叛将程学启部率先呐喊着攻了进去。安庆的太平天国守军自叶芸来以下一万六千多人已饿得奄奄一息，失去了抵抗力，眼睁睁地看着湘军的大刀向自己头上砍来。此刻的陈玉成站在不远处的山头上，亲眼目睹了安庆城的失陷，长啸哀号，泪如雨下。然后，命令部队掉转方向，撤回庐州。在东流的曾国藩第一时间接到了战报，欣喜若狂。安庆战役是一个转折点，在抢占了这个战略高地之后，曾国藩清晰地知道，胜利已唾手可得了。

1861年9月25日，曾国藩渡江后进入了安庆。昔日的太平天国英王府被修缮了一番，恭候他的到来。进入这座文化古城，曾国藩感慨万千，这座昔日人气十足的市民城市，在经历了这场浩劫之后，一如阴曹地府似的阴森，大街小巷的每一个人都庣形鹤立。在湘军攻下这座城市之时，这里已经开始吃人肉了，人肉价五十文一两，割新死者的肉也要四十文一两。城破之时，太平军的锅里，皆煮人手足，有的碗中还有人的手指。听着这样的消息，曾国藩脸色都变了。

战争就是这样残酷无比。曾国藩的所见所闻，只是很小的一部分。在他视线没有到达的广袤地区，平民百姓更是无比悲惨：千百万人流离失所；一些随身携带财宝的富人同他们为数不多的仆人在大路上被趁火打劫后勒死；一些断垣残壁在冒烟，瓦砾下压着无法确认的一家老小；一些被抓走的弱女子，或受蹂躏，或因为寒冷或遭遗弃而死去，有的无奈之下生下施暴者的孽种；不舍田地和家畜而被杀害的百姓的骸骨在大雨之中泛白，与死去的牲畜的骸骨混杂在一起……对这一切司空见惯之后，人们又开始修葺和重建，麻木又变得热情。人生和世界，就是这样周而复始，生生不息。

第八章 二次出山

第九章
扫平太平军

曾国藩进入安庆不久，突然武昌来报：胡林翼久病，死于武昌。

曾国藩闻讯大哭一场，眼泪还没擦干，京中来消息：咸丰皇帝于咸丰十一年七月十六病死承德，其子载淳继位。

曾国藩闻听此言，更是伤心不已。想想这些年来，虽说迟迟未给自己实权，可自己每奏咸丰必准，最后又再次启用自己，还委以重任。每次战败，地方上有人弹劾，皇上也总庇护自己，不与追究。现在终于拿下安庆，攻取金陵指日可待，可咸丰却看不到了。

他下令三军，为咸丰帝戴孝。

眨眼之间，进了十月。曾国藩仍驻守在安庆，派曾国荃等干将一路北进，扫清通往金陵沿途的逆匪。

这一日，他突然接到一封京中来的密旨，让他秘密回京。

曾国藩感到蹊跷，这刚登基的6岁小皇上，怎么想起召见自己了？即使先帝发丧时，自己上疏请求尽臣子之心，上面也下谕让我安心剿匪，不必挂心京中。

这密令召我进京又为什么呢？曾国藩百思不得其解。

可圣旨已下，也只有前行。他安置好军务，没带侍从，只说去督办粮草，便快马单骑只身赴京。

赶到京郊，曾国藩放慢了速度。远远望见北京城的城门楼子，他心中感慨万千，这离京已然近10年了。记得那会儿，自己常常带纪泽到圆明园一带遛马、散步，为的是让他多活动活动，可现在听这说圆明园已被英法联军一把火烧了……也想不到与咸丰帝10年前的一面，竟成了最后一面。真是"十年生死两茫茫"啊。

曾国藩对着落日余晖映照下的清都，愣了半晌，才又策马前行。

进了京城,他不敢再耽搁,直奔紫禁城。

门官儿见了他手中的文书,把他安排到驿馆,嘱其见了圣上之后,再说是否回家之事。

独自一人身居驿馆,曾国藩深感寂寞。想想此处离家只不过隔几条巷子,却是有家难归,有妻难见,不知此时秉钰可曾安睡了?一晃10年未见,她头发都该白了吧?

纪泽的媳妇虽是自己亲自选的,可还未曾见过,不知与纪泽投不投脾气?

纪泽该23岁了。走时,他还是个孩子。现在长得像不像自己年轻时的模样呢?

都十一月了,北京的树叶儿已然落光,家里人该换上冬装了吧?不知婉儿一人在安庆可好?

他正胡乱思想着,见帘笼一挑,进来一个宫女,手提着一个提盒。她见了曾国藩,深深道了个万福,说:

"太后怕大人一人寂寞,让我送来些酒菜,陪大人聊聊天。"

说着,从提盒中拿出酒菜,摆放好,又脱下猩红的斗篷,回身挂好。曾国藩见这女子,里面只穿了件贴身小袄……他在心里给了自己一嘴巴,暗骂:没用的东西!这女子都能当你姑娘了!刚才她说什么来着?对,是太后派的。太后派她来做什么?听说满人有赏有功战将妻妾的风俗,莫非……可这也太荒唐了,传出去让同僚笑话。

想到这儿,他深作一揖,道:

"烦请姑娘代臣多谢太后。如没什么事,天色已晚,姑娘请便。"

那女子倒有些害羞:

"太后说……说把我赏与大人,以庆贺大臣赫赫战功。"

曾国藩心里叫苦不迭,脸上却很镇静:

"臣谢过太后美意。只是臣已有妻妾,又年过半百,现金陵尚未取下,不敢存非分之想。姑娘请回,明日面圣,我一定亲自谢恩。"

那女子深深道个万福,道:

"大人果然是位君子,名不虚传。"

言罢,摘下斗篷,转身出去了。

曾国藩心里更加纳闷,不知这太后葫芦里卖的什么迷魂药。

其实这都是西太后慈禧一手安排的。

第九章 扫平太平军

· 163 ·

慈禧娘家姓叶赫那拉,她的父亲也曾为官,可后来家道中落,她随母亲带着一双弟妹到了京师。

当时八旗子弟已开始没落,叶赫那拉氏一人带着三个孩子生活十分清苦。大女儿乳名兰儿,这兰儿颇有心计,立事极早,出去挣些钱帮母亲养家。她觉得一旦自己选入秀女,自己家便会翻身,东山再起。

谁知秀女是当了,可连紫禁城都没进,在圆明园望眼欲穿地等了一年,白白耗费了一年青春。

她并不着急,这一年多来她已摸清了宫里的门道。

她用自己的月俸买通了太监,终于在这圆明园中见了皇上一面。她竭尽所能讨好咸丰,咸丰也被她的聪慧迷住了,从一名普通的秀女升她为妃,还带她进了紫禁城。

也许真是大清国气数将尽,且终将毁于一个妇人手中,不久,兰儿又为咸丰产下一名皇子。这是咸丰的唯一一个儿子,自被宫里视为掌上明珠,兰儿也母以子贵,升为懿贵纪,地位仅次于皇后。

到这时,咸丰才发现兰儿这个女人不但聪慧、有心计,而且野心极大。到了咸丰病危之时,他也怕日后兰儿以皇子为傀儡,掌握朝纲,所以并未给她留下什么实权,只封为慈禧太后。上有慈安太后管制,又有以肃顺为首的八大臣辅佐,咸丰自以为万无一失,安然归去。

他哪里想到,兰儿可不是一般人,她岂可受制于八大臣?

咸丰刚归了西,慈禧就暗中串通了在北京的小叔子——恭亲王奕?,先掌握了北京兵权,然后又于十月初班师回了京师。一入北京,就抓了八大臣,问了罪,砍了头,掌握了朝纲。

慈安太后在慈禧的挑唆下,也早已看不惯肃顺的跋扈。又见慈禧事事问过自己,也与自己很贴心,也就不再过问这些事情,一切由慈禧做主。

慈禧杀了肃顺,也怕众大人不服,她十分担心太平军打进北京来,夺了她的宝座。至于洋人,虽然烧了圆明园令她切齿,可她也听了奕?的话,认为洋人不过是想通商、要钱,不是大问题。她还从骨子里轻视洋人,可又喜爱他们产的小玩艺儿。

此次召曾国藩进京,无非想奖赏他一番,好让他为朝廷尽心尽力剿杀土匪。另外,她也要试探他一番,看他可有什么弱点,是不是忠心于朝廷,自己好掌握他,以免他拥兵自重。而且,曾国藩、胡林翼等,都是肃顺一手保举的,她要看看自己杀了肃顺,曾国藩可有什么不服之处,也好早加提防。不过她还是希望把曾国藩拉为亲信的,这样汉臣也会大多依附于她。

她对曾国藩还有极强的好奇心,她早听说江南出才子,她不很清楚江南所指何方,但这曾国藩是汉人,大概也算江南人吧。他一个人立了那么多战功,逼得许多八旗武官无地自容,也该是位英姿飒爽的威武将军吧?带着这复杂的心态,她下了密召,定要亲眼看看曾国藩。

她派去的宫女回来说,曾国藩是位君子,对女色毫不动心。这使得她对曾国藩的好奇心又加了几分。一计不行,那么又该用什么拴住曾国藩的心,让他为自己卖命呢?看来只有明天见了他再说了。

曾国藩在驿馆又等了近一日,第二天傍晚,才由内侍带他进宫。

此次没上三大殿,而去了紫禁城的一处偏殿。

一进屋,曾国藩闻到一股清新的香气,不似一般家中用的薰香,也不完全像百花的香气,可这香气令人顿感心旷神怡。

他低着头,走进一侧的内室,偷眼一瞧,只见旁边桌上放着一个果盘,里面摆了许多这时节北方寻不见的稀罕水果,那香气正是这里发出的。正前面有一道珠帘,珠帘后隐隐见一贵妇。这便是西太后慈禧。

只听慈禧问道:

"下跪可是兵部尚书、两江总督曾国藩?"

曾国藩忙叩首称是。

慈禧笑道:

"你一路辛苦了,起来说话吧。赐座。"

曾国藩只觉得这声音清脆悦耳,煞是好听。他谢了座,坐在一旁,又偷眼往帘内张望。他实在想看清楚什么样的女人能杀了肃顺。

这时又听上边道:

"小皇帝倦了,慈安太后陪他回寝宫了,只有我一人召见,曾大人不会见怪吧?"曾国藩口称不敢。

上面又道:

"本来此次夺回安庆,曾大人立了头功,我应大摆宴席迎大人回朝。可一则怕曾大人一走,匪军知道了乘机捣乱;二则先帝大丧未完,不宜大摆宴席。还望曾大人见谅,待日后破了金陵逆匪老巢,我定亲为大人把盏。"

第九章 扫平太平军

几句话说得曾国藩心里热乎乎的，眼泪差点儿没掉下来，忙起来道：

"这些本是臣子分内之事，何劳太后挂齿？曾某惶恐。"

又是一阵清脆的笑声，声音极微，可曾国藩听来却悦耳、爽心。

寒暄了一会儿，慈禧突然说：

"早闻听曾大人写得一手好字，我平日里也爱弄些笔墨，不知曾大人可否指教一二？"

曾国藩这下可是受宠若惊，连称："不敢，不敢。"

慈禧让左右取来自己写的字，递与他。

曾国藩忙双手接了，打开认真观看。他一看，心中暗自叫好，脱口道：

"太后这字柔中带刚，非一般女子所能及呀。"

"噢，是吗？"慈禧不知何时已让人卷起了珠帘。

曾国藩抬眼一望，忙跪下谢罪。

慈禧摆摆手，示意他进来，道：

"曾大人乃朝廷第一大功臣，隔着这珠帘，有如君臣隔心，不如撤去。"

曾国藩这才敢正眼看慈禧。

但见她身着素装，正值风华正茂之时。粉扑扑一张鹅蛋脸，不施脂粉，却那么细嫩、白净。两弯柳叶眉，一双细长秀美的丹凤眼，小巧的玉鼻，樱唇微启。由于正是先帝丧期，她未戴凤冠，未穿华服，却仍旧是一身华贵。一副凛然不可欺犯的威严中，又露出丝丝亲切，几分妩媚。举手投足恰到好处，多一分未免轻浮，少一分又有些呆板。

他哪里知道，这一身气派，这一举手一投足，慈禧自一进宫就练，练了足有一年，才运用自如。

在黄昏时分，在如此一间香气四溢的屋中，与这样一位年轻俊美、高贵端庄的太后面对面谈话，曾国藩不禁有些飘飘然。心想：难怪先帝集三千宠爱于她一身，连自视高人一等的恭亲王也听任她摆布。为博她一笑，就是战死沙场，我也愿意呀……

"这东南之事还完全仰仗曾大人……"

慈禧这句话，把他从想入非非中唤了回来。

"我们两个女人哪里懂什么朝政，皇帝尚且年幼，除逆匪之事还望大人费心。此次攻安庆有功之臣,我自当下旨赏封。"

曾国藩忙掀袍叩道:

"不敢劳太后记挂,剿匪之事乃臣之职责所在。臣必将肝脑涂地,以报先帝知遇之恩,以保皇帝及二位太后安全。敬请太后放心,臣有一口气在,定不叫逆匪北进一寸!"

慈禧满意地点了点头,她知道自己已掌握了此人,莞尔一笑道:

"有大人守卫东南,我也就安心了。时候不早了,大人早些回去歇息吧。明日一早还要赶路。此次秘密进京之事切不可外泄。"

曾国藩又表了一番忠心,方才离去。

慈禧见他走了,也暗暗松了一口气。看来此人并非肃顺同党。对于曾国藩的形象,慈禧倒真有些失望,她与身边的亲信宫女玩笑道:

"你看这曾大人人品如何?"

宫女讨好地说:

"那双眼睛像瞎子似的,好像根本张不开。对了,像熊瞎子。"

慈禧也忍不住"扑哧"一下笑了,又板起脸教训道:

"大胆奴才,敢对大臣评头论足?还不掌嘴?"

宫女轻轻在脸上拍了一下。

慈禧是个知恩必报的人。当年她家穷苦潦倒时,众人皆避之,唯有一父亲昔日同窗,送来纹银三百两,让其回京做路费。

慈禧掌权后,不但还了他钱两,还将其官职连升三级,以算报恩。这次见曾国藩对朝廷忠心耿耿对自己尊敬有加,心中十分满意,决心重赏。但她已看出,曾国藩是追名之人,所以她心下已做好了打算。

曾国藩自打见了慈禧,心里舒坦得很,一路策马扬鞭。回了安庆不几日,果然下旨赏曾国藩太子少保衔,赏曾国荃布政使衔。

不久,又下一道旨,让曾国藩统领江苏、江西、浙江、安徽四省军务,又诏授其以两江部督协办大学士。

这下,四省清军连并湘军都归曾国藩一人统领,他认为取金陵的时机到了。

当时,除了天京太平军劲旅外,李秀成在上海、江苏一带,李世贤在浙江一带仍存有不少兵力。

曾国藩也想像打安庆一样,让天京变为一座孤城,待耗尽其精神,再一举攻破。他吸取了攻打安庆的教训,决定分兵三路,一路取天京,

第九章 扫平太平军

另两路分别进攻浙江、江苏，以牵制太平军的兵力，防止其回援，或攻打湘军后方。

这三路将领又当派谁呢？

除了国荃和左宗棠，曾国藩还想到一人——李鸿章。

他决定，派左宗棠继续进兵浙江；派李鸿章进兵上海，然后在江苏与逆匪周旋；而把夺取天京这场硬仗，同时也是块肥肉，留给了自家兄弟。

攻破安庆后，湘军群情激昂，三路大军浩浩荡荡奔赴沙场。

左宗棠一举取下杭州，继而于同治二年初，借李世贤驱兵救援天京之机，肃清了浙江逆匪，夺了太平军的粮仓。

李鸿章兵未进沪，先与上海乡绅富贾打成了一片，继而又与驻扎在那里的洋人取得了联系。

他仰仗乡绅的力量，招募了一支淮军。又从洋人处购得一批批先进精良的武器。上海乡绅人心兴奋，自以为来了救兵。将李鸿章和淮军奉若神明。他们早恨透了闹着平均财产的太平军，巴望李鸿章早入沪。

李鸿章果不负众望，连连击退李秀成大军，被上海乡绅称作"常胜军"。

曾国荃从家乡招至军中，兄弟二人各率一支大军，由安庆出发，一个在江北，一个在江南，沿途如秋风扫落叶一般横扫县、府，一举攻下十余座城池。中路是水师做侧应，带运粮草，三路大军直指金陵。

曾国藩见三路大军出师得力，心中十分高兴。他又命人在庐州围攻陈玉成部，欲报三河镇"杀"弟之仇。不几日，果大破庐州，陈玉成也因叛徒出卖被抓。

曾国藩含泪上疏此一战报。想想爱将李续宾惨死三河；兄弟国华虽生犹死，有家难归，全因此人。且部下呈报，此人性情顽烈，拒不受降，也不肯吐露半字。曾国藩更恨之入骨，但他也暗自佩服陈玉成的指挥才能，可惜他明珠投"暗"。

慈禧也对太平军恨得牙根发痒，下旨将陈玉成活活剐死。

曾国藩接旨倒吓了一跳，他看不出那标致的少妇竟有如此心肠，不过倒也解了他心头之恨。

再说洪秀全，自安庆失守也已慌了神，对湘军又恨又怕。更没想到，安庆之役不久，曾国藩又组织军队直扑他的天京。虽然天京城墙敦厚，粮食充足，士兵也个个同仇敌忾，誓与天国共存亡，可陈玉成被杀，李秀成、李世贤远在东边，他心中十分不踏实，急于让二王回师护驾。

同治元年六月，曾国荃大军占领距金陵聚宝门仅数里之遥的雨花台，并安下大营，在营外长挖壕沟战道，以备后用。

李秀成闻讯，即刻率军援金陵。

可此时水道已完全被湘军控制，李秀成的大军粮草接济成了大问题。

曾国藩早已想到了这一点。他让国荃不用怕李秀成的猛烈攻击，他们粮草一断，士气涣散，必不战自败。

果然，李秀成率众猛攻曾国荃大营。三十万太平军前仆后继，为保天京不惜用尸体去填壕沟。曾国荃谨遵曾国藩吩咐，作战不出壕沟，以躲太平军疯狂的炮火攻击。待其杀至近前，国荃身先士卒，突然跳出战壕用长矛刺杀敌人。不想一片流弹正好划过其面颊，顿时血就下来了。国荃用手摸了摸，知是皮外伤，并未放在心上，湘军见主帅都如此英勇，也个个置生死于度外，终于保住了大营。

李秀成苦苦征战了四十六日，仍取不下。他心中挂记着江苏，且粮草已时断时续，士气受阻。无奈，他只好撤兵东去，挥泪告别了天京。

李世贤为保金陵，与曾国藩部交了锋。正在胜负难分之际，碰上李秀成东撤之兵，两军合为一处，攻下了祁门。曾国葆惨死军中，以身殉职。

其部下拼死将其尸首入殓，运回安庆。

曾国藩见小弟弟刚过而立之年便死于军中，痛苦不已。他多希望这次也弄错了，可惜国葆尸首俱在，仔细端详，果然是他。

曾国藩深感自己愧对兄弟、愧对家人，实在不应让兄弟们一个个出来打仗，有自己一个尽忠还不够吗？

他又想到了正在金陵军中苦战的国荃，那里更是早上出来，晚上不知道能不能回去的地方。调开他是不可能了，国荃自己也不会答应。国藩思弟心切，当夜修书一封给国荃，告诉他国葆的死讯，又千叮万嘱他一定注意安全。自己为统领全军，不能在他身边照顾，一切都要靠他自己留心。国荃接到信，对逆匪更是恨之入骨。

同治二年正月。十五还没有过，可湘军营中没有一丝喜庆气氛，一

第九章 扫平太平军

个个精神高度紧张，防止逆匪反扑。

漫长的冬季终于熬了过去。一开春，曾国藩指挥各部分取天京城周围各要隘。

至年底，以曾国荃吉字军为主的各部已扫平了天京附近，把持各个要隘。

天京附近的雨花台、孝陵卫以及钟山均被湘军占领。

金陵城已被湘军围了个水泄不通，连唯一与之连接的上方桥运粮水道也被国荃夺下，从而断了城中粮草。金陵城内近百万之众只有坐吃山空。

曾国藩见逆匪士气全无，屡屡上疏表功。

慈禧见奏折也很高兴，下旨加封国荃为浙江巡抚，左宗棠为浙江总督。

李鸿章一见没自己什么事，也不免心急，加紧攻打江苏李秀成部。

终于力克苏州，又收复无锡，将李秀成撵出了江苏。

李秀成是顾此失彼，他在金陵时心系江苏；回了江苏战场又心悬天京。现在他自知大势已去，只有撤回金陵城与天王一起，誓死保卫天京，做最后一搏。

可如此一来，又多了十几万吃饭的嘴，粮草又从何而来呢？

太平军拼死夺回了太平门、神策门两座城门，将数万老弱及妇女儿童趁夜色悄悄放出城逃生。这一来可省些城中粮草，二来万一城破也可免受蹂躏屠杀之苦。

所有这一切，都被在雨花台大营督战的曾国藩看得一清二楚。他命手下放这些手无寸铁的百姓一条生路。他十分清楚，金陵城内已没有什么粮草了。

这期间，曾国荃数次效仿攻安庆时的法子，挖地道炸城，不想天京城不但厚，而且周围土质坚硬，炸药根本起不了作用。

京中慈禧闻听金陵还未得手，心中有些不悦，她下旨催问曾国藩可是兵马不足？要不要调李鸿章率军前往助剿？

曾国荃一听可急了，他连夜找到曾国藩住处问道：

"大哥，你真要调李鸿章来金陵？"

曾国藩无奈地说：

"上面已经不耐烦了。"

曾国荃见大哥如此软弱，更气了。他早就听人传说，太平军经营金陵十余年，将江南金银宝藏俱藏于其中。光匪首洪秀全吃饭的金饭碗，就有二十四个。后来抓住贪生怕死的逆匪一问，他们不但承认了，而且还供认说，藏宝地点只有几个王知道。又说各王府皆有宝藏。

曾国荃早就惦记上这金陵城中的宝藏了。而如果李鸿章一来，不但战功分他一半，找到宝藏恐怕也要与他平分了。

他不顾大哥在座，说道：

"我不管！辛苦围攻金陵两年的是我的吉字军！他李鸿章凭什么来占便宜！大哥你看看我脸上这疤痕，他李鸿章可为金陵流过一滴血？再说，他来了，咱们兄弟功劳也被他抢去了一半！"

"国荃！不许胡说！"曾国藩正色道。

"大敌未破，就想要战功了！"

他其时心中也感到不平，也不希望兄弟的功绩被人抢去。可作为一军统帅，他怎么能偏袒自己兄弟呢？他也知道金陵是块大肥肉，自己一家兄弟四人为了等待今日抛家舍业，骨肉离散，眼见到手了，怎么忍心让人夺去一块？可圣旨一下，自己拒不执行，又恐上面疑心自己持兵自重，抢占头功。

所以曾国藩想了想，道：

"你看金陵何日可破？后日如何？"

曾国荃立刻领会了大哥的意思，待金陵一破，李鸿章赶到也晚了。他嘴上浮现一丝狞笑，道：

"地道已挖好，即刻便可攻城。到时请大哥到城中收押俘虏。"

曾国荃刚要走，曾国藩又追了一句：

"国荃，破城之后，不可再奸淫妇女。妇女老幼，一律押往京城，充军为奴。以免授人口实。"

曾国荃不好意思地笑了笑，出去了。

同治三年六月十六日午时，曾国荃一声令下，固若金汤的金陵城随着一声通天巨响，城墙塌了二十余丈，砖石横飞，扬起的烟尘遮天蔽日。

曾国荃率吉字军一马当先冲进城去。

吉字军困了金陵二年有余，终于今日城破，胸口的火气终于得以发泄。他们也知道金陵是座金银如山的宝城，都想从中捞一把。

第九章　扫平太平军

可还未冲进城,只见金陵城内十余处火光冲天。

湘军们唯恐自己迟到一步没了财宝,个个奋勇当先。

太平军虽已数十日未进米食,仍忠心耿耿誓死保卫天京。倒是李秀成,夺路而逃。

太平军见城门已破,便转入各街巷与湘军以死相争。但毕竟体内无食,怎敌如狼似虎的湘军?但太平军见守不住了,便点燃了各王府,齐呼:

"宁死,不留片瓦给妖人!"

还有的太平军以身自焚。

湘军一见城内四处起火,也眼红了,见房就烧,见人就砍。虽然曾国荃传下了不许奸淫的命令,可久困的兵士,一旦破城见了妇女,还能顾别的吗?可怜那些未逃出城、又无处藏身的金陵百姓,也成了牺牲品。

金陵的大火烧了三天三夜。

第四天,古都金陵已是一片废墟。

曾国藩在国荃的陪同下进城察看。只见护城河中堆满了尸体,大多是不堪受辱的妇女、宫女。进得城来,尸横遍地,到处是冒着烟的房屋。国荃带着国藩走至原先的王府处,只见一具具烧焦了的尸体——是一群群自焚而亡的太平军的尸体。

曾国荃道:

"连杀了无数人逼问宝藏地点,无人知道,也许是不肯说吧。"

曾国藩问:

"可有降兵降将?"

国荃摇摇头,道:

"无一人生还,也无一人投降。抓到的人也都寻了短见。"

曾国藩心中惊讶不已。想想绿营官兵,还未见逆匪先吓得腿发软。而如此十余万血性男儿,有胆量,有气节,却又都落草为寇,与朝廷作对。若他们投奔了朝廷,何愁大清国不兴?

他无奈地看看天,长叹一声。

国荃心中也暗自佩服这些逆匪宁死不降的血性,下令手下尽快打扫战场,将尸体埋了。

曾国藩突然想起了什么,问:

"可发现匪首？"

国荃道：

"天王府已被毁，只抓到一名黄姓宫女。此人过去曾受洪秀全虐待，怀恨在心，供出了洪秀全的下落。"

"在哪里？"

曾国藩急切地问。

"他已于四月二十七日因畏惧服毒自尽。近两月来，一直是其16岁的儿子洪福瑱坐镇金陵。为了不动摇军心，一直密不发丧，只身边几个人知道。"

曾国藩一听悔恨不已，早知如此，何必空等两月？白白浪费许多粮草。曾国荃又接着说道：

"洪匪尸首已按黄氏所说地点挖出，听候大哥处置。"

曾国藩想了想，他眼前又浮现出了一江的血水，浮现出了国葆的灵柩，浮现出了城门口那亦是如小山一般堆积着的湘军儿郎的尸体……他咬着牙说：

"这洪匪让十余万人为他一人丧命，自己却临阵退缩，实乃可恨至极！砍下其首级，传阅各营，以解心头之恨，尸体烧了吧！"

国荃领命下去了。

湘军见了这害得自己苦战十余年的匪首尸体，个个咬牙切齿。一个个刀砍剑戮，将这具无头之尸弄得血肉模糊。最后才放火烧了。

可怜一代农民起义领袖，叱咤一时的天王洪秀全竟落得如此下场。

曾国藩又下令追捕李秀成和幼王洪福瑱。

不几日，湘军将逃往金陵郊外、藏于百姓家中的李秀成抓获。

至于金陵宝藏，各将官、兵士虽抢掠了不少，可与传闻中的相去甚远。大家虽心中疑惑，但谁也不敢提。这秘密恐怕只有曾国荃最为清楚吧。

不多时，已成阶下囚的李秀成被解往安庆。

曾国藩未敢驻扎金陵，只派两万多湘军把守，自己仍回安庆。因为在金陵的那几晚，他几乎夜夜做噩梦。

李秀成被收押在安庆狱中后，忠王风范不减。和其押在一处的太平军官兵，每日均向其叩首问安。

在他们心中，有忠王在，天国就一日不亡。

第九章 扫平太平军

曾国藩见其举动，认为邪教害人不浅，苦于能杀其人却不能拯救其灵魂。

而李秀成心中却另有想法。早在解天京之围未果时，李秀成已看到天京将倾。他不愿生灵涂炭，所以将大批妇女、幼童放出城去。他也知道，天国复兴无望，眼下如何解救余下的万千兄弟，才是当务之急。与湘军征战多年，他深知曾氏兄弟心狠手辣，自己又杀了其兄弟，恐难逃一死。可他们急于知道天国宝藏地点，自己一日不说，就可保一日性命。

会审李秀成的日子终于到了。

曾国藩正襟危坐，面沉似水。国荃坐在一旁，脸上洋洋得意。

李秀成坦然落座。曾国荃有些按捺不住，连连逼问伪天国可还有藏宝之地。

李秀成只是淡然一笑，说：

"那不过是民间谣传，曾将军怎也会信？"

曾国藩见国荃利欲熏心，有失朝廷脸面，忙接过话头：

"李秀成你已为败兵之将，可愿效忠朝廷？"

李秀成道：

"我一人生死无关紧要，只是那在押的数千天国兄弟，你预备如何？"

曾国藩冷笑一声，"那就看你是否合作了。"

李秀成道：

"你们想知道什么？"

曾国藩见此人甚是狡猾，便让人递与他纸笔，道："如李将军愿意把洪匪造反的前前后后，细枝末节都一字不差地写下来，曾某愿放你们一条生路。"

李秀成道：

"我要你给弟兄们发路费，现在就放人。"

曾国藩笑道：

"可以。"

言毕，果真放在押的太平军将士还乡。其时曾国藩心里明白，这几千人斗志已没，留着也是没用。

李秀成见曾国藩答应了自己的条件，也未食言，要一间屋子，挥笔写起了认罪状。

他心里也吃不准日后自己会如何，但他认为许多天国的机密，现在是说出来的时候了。

他尽力保持客观，从金田发兵写起，一直写到洪秀全服毒，幼天王出逃。但对于天国宝藏，他只字未提。最后，他已是泪如雨下，泣不成声。回忆起当年天国兴盛的景象，再想想如今，他心中感慨万千。本想追随天王干一番事业，却成了阶下之徒。

这一写就是数月，洋洋洒洒数万言。曾国藩见后，惊讶不已。天国之秘至此才大白于天下。

至此，历时十余载的太平天国被儒将曾国藩剿灭了。

曾国藩站在安庆城头，远望京师，只见北方乌云滚滚，似有一场大雨。而此时曾国藩心中也在寻思，这等待他的又将是什么呢？

他隐隐感到有些憋闷。破了逆匪，自己立了头功，可心中却有些忐忑。怕些什么呢？恐怕连曾国藩自己也说不清。

第九章 扫平太平军

第十章
裁撤湘军

天京攻克了，曾国藩还得按部就班，先以曾国荃信上写的攻城、杀"贼"等情节，向皇帝拟《报捷折》。以后的几天，曾国荃随时都送来大叠大叠的信件，曾国藩虽未临战，也知道了破城的详情。他的报捷折、保举折都是综合天京送来的信件写成的。

奏折发出去后，曾国藩等着清廷的批复，他急待知道清政府的态度。

六月二十四日（7月27日），终于等来了上谕。此篇上谕，是皇太后、皇帝看了曾国藩奏报后当日发出的，为湘军攻克天京而称贺，赏加曾国藩太子太保衔，赐封一等侯爵，赏戴双眼花翎。曾国藩接旨后，于当天乘轮赴南京视察。他要了解被攻破的金陵的具体情况，要亲自审问"长毛"的紧要人物李秀成，要劝说曾国荃如何闯过"功高盖主"这一关。

在审讯李秀成的过程中，他知道了攻破天京时太平军的实际人数，并不像曾国荃所说的金陵城内的十万太平军，被湘军全部杀毙了。同时了解到幼主洪天贵福（洪福瑱）在湘军大肆抢掠，秩序混乱之际逃出金陵，亦不像曾国荃所说，已在城破时"举火自焚"。李秀成还供认：天京城内有"圣库"、有金银珠宝的窖藏等，这些情况与自己的奏报大不相符。这些情况，如果被清廷审问知道了，将成为他"欺君罔上"的罪证。于是他宁可违背将李秀成押送京师的旨意，在七月六日（8月7日）将李秀成杀害，并大量涂改了李秀成的自述，以掩盖湘军抢掠财物的罪证，掩盖他们屡屡谎报军情的欺君行为。

曾国藩亲眼看到金陵各城被自己的军队焚烧、破坏的惨状，感慨地说："自五季以来生灵涂炭殆无逾于今日。"他还亲眼见到湘军官兵尚在继续搜寻财物的卑劣行径；见到湘军将领们抢掠私藏的大量财物；见到湘军营内私藏的大批妇女。尤其亲眼见到李臣典奸淫妇女过度而致病的情景，亲至其营内看望他，并眼看着这个无耻之徒死去。

曾国藩看了浩劫之后金陵的惨景，看了湘军官兵势同强盗的情景，心情更加沉重了。他深刻地了解自己的"九弟"，了解他率带的军官和士兵，他们不理解月亏水溢的道理，他们只知争功抢掠。思之再三，他决心先为自己的九弟找一条通向"安全岛"的路子。

在满目凄凉的天京城里，在熊熊大火尚在燃烧之时，曾国藩和他的湘军将领们拜接了清廷新颁的上谕。上谕对曾国藩封赏没有变化，还是在安庆临行前看到的上谕内容，只是增加了一段军兴以来的"勋绩"表彰。而后是对曾国荃的"功绩"的表彰，封其为太子少保、一等伯爵。接着是李臣典、萧孚泗分别封子爵和男爵；朱洪章、刘连捷、张诗日、彭毓橘等加封骑都尉或轻车都尉。不知何故，同是封赏却分两道上谕。在另一道上谕里，对僧格林沁、官文、李鸿章、杨岳斌、彭玉麟、骆秉章、鲍超、都兴阿、左宗棠、沈葆桢及江宁将军富明阿分别给予表彰和封赏，赏赐不比曾国荃等低。如僧格林沁加封贝勒一名，由其子受封（前已封亲王）；官文加封伯爵，本支抬旗；李鸿章加封伯爵等。

曾国荃对自己的封赏并不满意，牢骚话刚一出口，又一道上谕发到，直接点了他的名，指责他"指挥失宜，遂使伪忠酋夹带伪幼主一千余人，从太平门缺口突出"；并指责曾国藩奏报幼天王"积薪自焚"情况失真，责令他惩罚防守缺口不力人员；还说"金陵城陷于贼中十余年，外间传闻金银如海，百货充盈"，勒令曾国藩查清报部，以备拨用。上谕中杀机毕露之处是："曾国藩以儒臣从戎，历年最久，战功最多，自能慎终如始，永保勋名，惟所部诸将，自曾国荃以下，均应由该大臣随时申儆，勿使骤胜而骄，庶可长承恩眷。"

曾国藩担心的事情在这篇上谕中全部出现了：朝廷追要幼天王等逃失人犯、谎报军情、追要天京"如海"的金银、惩处防守不严之人、指责曾国荃"骤胜而骄"。做不到这一切就难以"永保勋名"，也就不能"长承恩眷"。

曾国藩被这一纸上谕惊得热汗直流。看来，再不"自惕自概"，就将被太后"概之"、皇帝"概之"了。

第十章 裁撤湘军

听完上谕,连粗野骄横的曾国荃也连惊带气,病倒在军营里。

曾国藩看望弟弟,老九一把拉住哥哥,委屈、愤恨得欲哭无泪。曾国藩见他并无多大病,乘机狠劝了弟弟一通。曾国荃不知深浅,只怪清政府奖赏不公,以为自己率领湘军围攻金陵几年,遭受了说不尽的苦处,同"长毛"拼过无数次血仗,死了千百兄弟,最后不仅封赐不厚,反而弄了一身不是。最让他不理解的是,金陵城破,只逃走千余名太平军就要严加惩办,杭州城破时,陈炳文率数万太平军逃出城去,左宗棠为何未受指责?

曾国荃一提左宗棠,顿时触动了曾国藩的痛处。他根据曾国荃的报告,上奏说幼天王"积薪自焚",而皇帝的"上谕"中说根据浙江方面奏报,幼天王由天京逃出。浙江方面的奏报,一定是左宗棠了,自己对左氏不薄,何以在此时告自己的黑状!

曾国藩的猜测是对的,没过几天左宗棠也就写信告诉他,说是从难民中得知洪天贵福由李秀成等的保护下逃出城去的。然而,左宗棠为何要上报皇帝呢?这位与自己相交30年的老朋友,在这么大的事情上不仅对自己毫不留情面,反在背后捅了他一刀。

最让曾氏兄弟难办的是,皇帝勒令他们查清金陵城里的金银,逼着他们"报部拨用"。曾国荃实告哥哥:金银确是不少,但城破以来,早被湘军数万官兵抢走,分散在各自的腰包,多数已运回老家了,如何还能"查清",又如何"报部"?

"况且,还要我们把李秀成、洪仁达押送京师。这两个人已被杀死了,如何送得去!"曾国荃越说越气,下得床来,摩拳擦掌。据传闻,就在这次谈话中,曾国荃要让哥哥学赵匡胤,搞陈桥兵变,黄袍加身。他说:"皇帝逼得这么紧,湘军上下怨声载道。我的吉字营5万,彭玉麟、杨载福水师2万,鲍超、张运兰、萧启江共5万。这10余万人马,八旗、绿营都不是我们的敌手!"

曾国藩没等弟弟说完就坚决地制止了曾国荃再讲下去。他知道,曾国荃的话若被人听去告发,就会立即遭来灭族之祸。曾国藩以他对清朝两百多年历史的了解,以他个人数十年的经历,深知清政府虽对洋人的欺凌、对吏治的败坏、对民生的凋敝,都软弱无能,束手无策,但对汉官的防范制裁,却是老谋深算,有的是办法。眼下,虽然湘军兵力在江南数省占着优势,但官文据长江上游,富明阿、冯子才分守扬州、镇江，僧格林沁屯兵鄂皖之间，分明是清政府对湘军早有防范。浙江的左宗棠、江西的沈葆桢，早被清政府拉了过去，成为湘军背后的两支利芒。湘军号称三十万，他能调动的只有十余万人。这十余万人中，曾国荃、彭玉麟、鲍超等部是忠于他的。李鸿章与他的关系不错，但真正到了生死关头，李鸿章不一定会像彭玉麟那样对他死心追随，很可能会站到清政府那边去。

即使黄袍加身了，恐怕就真的会重演赵匡胤与赵光义的故事，曾老九心高气傲、倔强狠毒，要胜过当年的赵光义多少倍。他能把黄袍加在自己身上，也就会随时被夺走。"烛光斧影，千古之谜"，也许老九就是当今的赵光义。

他转念再想，金陵被湘军攻下来了，"长毛"闹得清政府束手无策，也是被湘军打败的。金陵刚破，清政府就要给曾氏颜色看，其实这并不为怪，清廷建制两百多年，有几个像曾氏这般手握重兵的汉人？这样炙手可热，功高盖主怎能令皇帝放心！曾老九要学赵匡胤，正说明清政府防范有因，假若自己同意了老九的计划，就说明太后与皇上料事之准了。可是，曾国藩不会违背"忠君敬上"的儒家信条，如今虽受了点窝囊气，但那毕竟是清廷的警告，若以朝廷的旨意而行，自己则不会失"功臣"之名，侯爵之位。

曾国藩思之再三，认为眼下最要紧的是让朝廷对自己放心，而朝廷对自己最放心不下的是自己手中这十几万军队。当时就有人言："3000里长江上下，无一船不挂曾字旗！"是啊，这是清朝开国从来没有的事。怎能令太后、皇上心安意舒？湘军原来就不是国家的经制之军，不过是"长毛"起事临时招募的应急之师，现在"长毛"已平，理应裁撤了。他回忆这些天见到的湘军从营官到士兵的表现，知道这支军队也真该解散了。

"嗯，裁去他一大半，一是让朝廷对自己放心；二是自己也甩去一个沉重的负担！"

这是曾国藩与他的九弟谈话后做出的第一个决定。

决定后立即向清廷奏请裁军一事，清政府很快批准，但提出不可裁撤太骤，恐遣散之勇聚众闹事，要曾国藩将精壮之兵留下补充绿营。但曾国藩未予理睬，于七月二十日（8月21日）下令裁撤江宁吉字营湘军两万五千人。裁军问题进展并不顺利，其将领皆依军队自重，所以，

第十章 裁撤湘军

曾国藩未采纳清廷"留精壮补绿营"的意见，而采纳了不可"骤裁"的意见，陆续将湘军裁撤。

当时曾国藩的湘军嫡系七万余人，鲍超、周宽世两万余已赴援江西，由沈葆桢指挥了，手中仅余曾国荃统领的五万余人，正是清政府不放心的军队。七月二十日（8月21日）先裁两万五千人，留一万人守江宁，一万五千人为城外游击之师。到同治四年二月（1865年3月），守城部队仅余两千人，城外的游击之师也所余无几。再到清政府命曾国藩北上镇压捻军时，曾国藩手中除了刘松山统领的"老湘营"少量湘军，基本再无军队了。

湘军裁撤，军饷也就不需再留，曾国藩在清政府逼令他交出金陵金银之时，他一面上奏金陵城确无金银可以"报部拨用"；一面上奏停解湘军军饷，用以作为交换条件。

当年七月二十日（8月19日），奏请裁军，七月二十九日（8月30日）即奏请停解湘军军饷，第一笔是停解广东厘金。这是一笔可观的、也是湘军军饷中最可靠的开支来源，自同治元年（1862年）以来，即供金陵围城军一百二十万两。曾氏请求停解，正说明他的诚意。清政府接到他的奏折后，立即批准，谕旨还要曾国藩可留其三成作饷，也被他拒绝留用。

接着，他又奏请停解江西的军饷，即前不久同沈葆桢争夺的那部分厘金。清廷也予以批准，因鲍超、周宽世两军赴援江西，停解南京的江西厘金大部改供鲍超等军了。

随后，曾国藩又奏请停收湖南的"东征厘金"。所谓"东征厘金"，是咸丰十年（1860年）湘军围攻安庆时向湖南加派的军饷。当曾国藩奏请停收、停解时，升为陕甘总督的杨载福奏请将"东征厘"改为"西征厘"。当时爆发西北回民起义，清政府急于镇压，就同意了杨载福的奏请。但曾国藩坚决不同意再收湖南厘金，要求撤销当年由他申请成立的"东征局"。后经反复争吵、权商，将湖南厘金改为"厘票"，撤销"东征局"，由湖南省主持把部分"厘票"接济杨载福。

由于曾国藩主动申请停解军饷供应，多少平息了舆论对湘军和曾氏的攻击，清政府也不再追问南京的金银了。

在奏撤湘军、停解军饷的同时，曾国藩又于同治三年八月二十七日（1864年9月27日）上奏其弟曾国荃开缺回籍。这份奏疏是曾国藩在金陵月余后再回安庆时上奏的。原来此时朝野上下舆论沸腾，皆言曾国荃为"老饕"。御史朱镇、廖世民、蔡寿棋三人上奏折弹劾曾国荃、曾国藩及湘军将领们占军政高位，乘时而起，实非国家之福，而将为国家之患。罗列曾国荃及湘军将领抢掠金陵，湘军士兵虐害地方的种种罪行。要求朝廷对曾氏兄弟及湘军将领进行调查、惩处。

曾国藩阅罢三御史的弹劾奏章，立即派人给曾国荃送信，要他做好准备，辞官开缺回籍。同时上奏朝廷，代曾国荃申请开缺。

曾国藩上奏的第八天，即九月五日（10月5日），清廷便批复了准曾国荃开缺的上谕，可见当时清政府对曾国荃的恶感和不放心。一般地说，曾国荃攻克金陵，战功赫赫，身为巡抚之职，又是曾国藩的亲弟弟，即使有意开缺，总要客气一番的。

同治三年九月八日（1864年10月8日），曾国藩由安庆回金陵，正式将两江总督衙门设于原英王府。满堂宾客，共庆典礼。盛会之上，曾国荃以大功不赏，反被逼令开缺回籍，三杯酒下肚后又哭又闹，搅得盛典难成，曾国藩也狼狈万状，"直无地置面目"。为了安慰弟弟，在他41岁生日那天，曾国藩派赵烈文登门劝慰，并写了十几首诗为之庆寿。诗篇记述了曾氏兄弟创办湘军，为清廷征战十余载，讨平了太平天国农民起义，创立了丰功伟绩，但却遭到嫉谤，所谓"十载艰难下百城，漫天箕口复纵横"。他劝曾国荃暂且回籍修养，不必把开缺一事看得过重。但写诗的曾国藩毕竟也是心有不平，万般委屈虽能安慰弟弟，但诗篇里却饱含了无限怨愤和伤感。当曾国荃读到"河山策命冠时髦，鲁卫同封异数叨。刮骨箭瘢天鉴否？可怜叔子独贤劳"几句时，他想到自己征战多年，身上满带刀箭之伤，兄长知道，自己知道，然而苍天是否知道？而嫉恨者不知自己和湘军兄弟征战之苦，却诋毁咒骂，使自己得到了如此结果，满腹的委屈和痛苦，使他忍不住放声大哭。

十月四日（11月2日），曾国荃愤愤不平而又无可奈何地返回湖南老家。回籍后"杜门谢客，以书帖自娱"。当时太平军虽几乎被镇压，但捻军复起，西北回民起义复起，天下并未太平，清政府在曾国荃回籍数月后，又下旨令其"入京陛见"，第二年又简授为山西巡抚，但他都托病坚辞，不肯从命。后来虽勉强接受了湖北巡抚，不久又借故辞归，再不像围攻金陵时那般替清政府卖命了。

第十一章
打捻无功

太平天国革命被镇压了,而黄淮地区的捻军势力转大,一跃而成为抗清的主力。"朝廷震悼",起用两江总督曾国藩为钦差大臣,节制豫、直、鲁三省军务,北上征捻。

一、奉命"剿捻"

曾国藩一边裁军,另一边也不会忘记办理善后,恢复被太平天国革命冲乱了的苏皖两省封建统治秩序。

他认为,"清查田亩,为善后第一要务",通令各地设立清查田亩局,"分别清查,各还业主",恢复封建土地所有制,那些被太平军赶跑了的地主豪绅遂卷土重来;"编查保甲,最为目前急务",各地设立"编查保甲局",由地主士绅主持其事,恢复保甲制度,加强对人民的统治,镇压人民的反抗斗争;举行乡试,笼络知识分子,刊发"四书五经",修建江宁学宫,将人们的思想行为重新纳入合"礼"——封建纲常伦理的规范。此外,还修神庙、采访忠义、检埋骸骨、洗除"贼"字、禁着"贼"装、挑浚河并、整理桥道、清查公产、修复书院义塾、安辑流亡等,忙得不亦乐乎。凡被太平天国破坏了的,国藩都要复旧、重建,就连秦淮河畔的灯船妓院,也复如往昔。可是,还未等应办之事办就,捻军烈焰大炽,终于又把曾国藩推向攻捻前线。

1863年3月,太平天国沃王大汉盟主张乐行所率的捻军在皖北被僧格林沁所部清军击败,雉河集(涡阳)根据地失守,张乐行罹难。梁王张宗禹、鲁王仟化邦(任柱)率捻军走豫西,发展势力,这样就与西北太平军遥相呼应。还在安庆失守后,英王陈玉成奏请天王封赖文光为遵王、陈得才为扶王、梁成富为启王、蓝成春为祜王,远征西北,

"广招兵马,早复皖省",这便是西北太平军的由来。1864 年春,天京危急,西北太平军自陕南"还师东征",图解京师重围。捻军来会师,合兵数十万,集结鄂豫皖边界地区,遭到湖广总督官文的鄂军、河南巡抚张之万的豫军、安徽巡抚乔松年的皖军以及僧格林沁蒙古马队的堵击拦截,被牵制在鄂东地区不得东下。7 月 19 日,天京陷落,噩耗传来,西北太平军、捻军军心大乱,士气低落,本应撤回西北,以图再举,但仍绝望地突围东进。朝廷命令曾国藩出马了。1864 年 11 月 6 日"上谕"说:"现在江宁已臻底平,军务业经蒇事,即着曾国藩酌带所部前赴皖、鄂交界督兵剿贼,务期迅速前进,勿少延缓!"以李鸿章暂署两江总督,筹办抚缉地方一切事宜,"曾国藩俟李鸿章到后,即行交代起程。"(《曾国藩全集·奏稿》)

曾国藩突然奉到剿捻上谕,一时不知所措,一则本人对捻军并没有多少认识,二则自己准备解兵引退,三则僧格林沁、官文均是满洲贵族权臣,恐难于合作。但朝廷之命,岂敢违抗?曾国藩左思右想,遂于 11 月 20 日上了《遵旨复奏驰赴皖鄂交界督兵剿贼缘由并陈下悃折》(《曾国藩全集·奏稿》),说:

一、"湘勇多剿发匪(太平军),少遇捻匪,不若添调淮勇,熟于颍(州)、寿(州)之程途,兼悉捻匪之伎俩,湘淮各军三路并进,更资得力。"暗示朝廷,与其让自己督师,还不如用李鸿章率淮军剿捻。

二、1854 年曾国藩亲自督战,屡次败挫,以后十年,从未亲临前敌,自知亲临指挥打仗并非所长,不得不自藏其短,使诸将充分施展才能,"此次臣若自赴楚界,未必有益",委婉地表达了自己不愿受命之意。

三、"与僧格林沁、官文同驻蕲、黄,四百里之内,以钦差三人萃于一隅,恐启贼匪轻视将帅之心。"其意是说,与满人合作,事权不一,呼应不灵,成事不足,反会败事。

曾国藩答应派刘连捷湘军直入黄州,听候官文调遣,至于本人"交卸督篆,起程日期",则"续行具奏",等待朝廷发落。

折上之后,曾国藩心中忐忑不安。他在家书中说:"不堪再任军务,趁此解去兵权,虽经手之事太多,二年之内尚不能清结回籍,然苟能不办军务,就此体面下场,斯为万幸。"(《曾国藩全集·家书》)他以淮代湘的良苦用心朝廷能否体谅?他想解去兵权朝廷能不能同意?他不免

第十一章 打捻无功

诚惶诚恐。

但不久，战争形势发生了变化。11月7日，扶王陈得才率太平军与僧格林沁在安徽霍山黑石渡展开决战，太平军大败，祐王蓝成春殉难，天将马融和、范立川率数万（一说七万）之众投降，主帅扶王陈得才见大势已去，服药自尽。西北太平军从此不复存在。捻军也作战不利。"发逆剿洗净尽，皖省一律肃清，是楚皖近日军情，较之半月以前大不相同"，僧格林沁在战场上取得暂时优势。清廷即令曾国藩"即可无庸前赴安庆，亦无须交卸督篆，仍驻扎金陵，妥筹调度"。（《曾国藩全集·奏稿》）曾国藩接奉"上谕"，总算松了一口气。

历史喜欢捉弄人，曾国藩越想解兵权，不欲征捻，而捻军偏偏强大起来，一跃成为太平天国革命失败后全国民众抗清的主力。

鄂东之战后，捻军虽然受挫，但仍有数万之众，实力犹存，西北太平军"残匪仅数千"，在遵王赖文光的率领下，"投入捻中"（王定安《求阙斋弟子记》）打起捻军的旗号。两军合并后，即在豫南地区进行整顿。捻军最凶恶的敌人是僧格林沁的内蒙古骑兵，以步对骑，难以制胜，因此决定"易步为骑"（捻军本来就多骑），以骑对骑。在作战方法上，将捻军的流动作战的战略战术大加发展。这种战略战术具有高度的灵活性、机动性。倏而分数十股，使官军彼此不能分顾；倏而合数万众，使官军仓猝不及支持；倏而遁窜数百里外，使官军跟寻无踪；倏而盘旋百十里中，使官军怀疑莫测。运用这种作战方法，既能保存自己，又可寻机歼敌。整编后的捻军，面貌一新，开始了新的战斗历程。

1864年底，捻军用流动战术连败僧格林沁，打得这位王爷"名望顿尽"。僧格林沁恼羞成怒，继续穷追捻军，捻军就继续用流动战术来对付他。

在捻军的"流动战术"中，有一种"打圈"战术，最为有名，民谣唱道：

捻子打圆圈，
官兵瞎胡撵；
官兵想歇腿，
捻子围跟前；
捻子举起刀，

官兵把爷喊，
　　千饶命，万饶命，
　　饶俺回去杀州官。

这首民谣，以朴实生动的语言描述了"打圈"战术的妙用。

"打圈"战术是捻军流动作战、"以走制敌"的战略思想的高度运用和体现，是捻军在实战过程中，根据自己多骑的特点，以及利于战马驰骋的黄淮平原有利地势而创造的一种新的战术。它采用疾驰狂奔、数日不歇的大规模流动方式，以如蚁旋磨、忽左忽右的"打圆圈"的方法，使追击捻军的官军自然疲劳。然后，以步骑联合的包抄战术，一步夹一骑为团阵滚进，马怒人欢，使追敌陷围不得出，从而达到全歼追敌的目的。捻军运用这一招，为僧格林沁设计了一个"圈套"。

自1864年11月至1865年5月，捻军牵着僧格林沁这头"牛"，经邓州—南召—鲁山—尉氏—临颍—郾城—西平—遂平—汝宁—正阳—信阳—扶沟—睢城—曹州—城武—金乡—济宁—汶上—东平—宁阳—兖州—曲阜—邹县—滕县—峄县—郯城—赣榆—海州—沭阳—邳县—峄县—滕县—邹县—济宁—郓城—濮阳—范阳等地，往返打圈。僧格林沁数十日不离鞍马，两手疲顿不堪，不能提举缰索，只好用布带束腕系在肩上，以驭战马。捻军"知僧军疲，益狂奔"。僧格林沁"三旬之间，回旋奔逐不下三四千里"，实在追不动时，"解鞍小憩道左，饮火酒两巨觥，辄上马逐贼"。见此情景，朝廷担心起来，连连发出警告，要"僧亲王择平原地休养士马，且戒勿轻临前敌"（王定安《求阙斋弟子记》）。但僧格林沁再也听不进去了。1865年5月18日，他终于被捻军"牵"入山东曹州高楼寨（一说葭密寨），包围聚歼，僧军几乎全军覆没，刚愎自用的僧格林沁亲王被捻童张皮绠杀死。

僧格林沁，博尔济吉特氏，1825年袭封蒙古科尔沁札萨克多罗郡王。因击败北伐太平军有功，晋封为博多勒噶台亲王。第二次鸦片战争中，抗击过英法联军。《北京条约》签订后，奉命统辖山东、河南军务，并直隶、山西四省督抚提镇各统兵大员均归节制。他所统率的蒙古马队，是清廷的王牌师，也是朝廷用以对抗湘军、压抑曾国藩的有力后盾，但万万没有料到，清廷所倚赖的"长城"崩塌了，"两宫震悼"，辍朝三日，慈禧太后情出无奈，只好考虑让声威素著、老于戎事的曾国藩督师剿捻了。1865年（同治四年）5月23日，"上谕"命钦差大臣协办大学士两江总督一等毅勇侯曾国藩，着即前赴山东一带督兵剿捻。两江总督着李鸿章暂行署理，江苏巡抚着刘郇膏暂行护理。同时命直隶总督刘长佑扼守大名，三口通商大臣崇厚统洋枪队驻防景州，堵捻北趋。5月25日，再命曾国藩赶紧赴援，保卫京畿。

曾国藩奉到上谕，又一次陷入窘境：湘军精锐裁汰殆尽，兵力单薄，如何剿捻？且捻军利于马队，以步对骑，如何能制胜？但圣旨难违，他只好故伎重演，采取"拖"的办法，6月2日上了一个《遵旨赴山东剿贼并万难迅速缘由折》（《曾国藩全集·奏稿》），说"朝廷责臣讨贼，至切且速，即山东官民，亦望臣星速北上。臣踌躇再四，有万难迅速者数端"：

一是兵力不足。金陵仅湘军三千人，作为护卫亲兵。淮军虽称劲旅，但仅刘铭传、周盛波两军归曾国藩调遣，人数尚少，不敷分拨。不得已，拟"另募徐州勇丁"，非三四个月难以成军。

二是战马缺少。捻军战马极多，此次僧格林沁蒙古马队溃散，又为所得，马逾万匹，驰骋平原，其锋甚锐。如剿捻而没有马队相佐助，"将不战自靡"，因此打算在徐州添练马队，派人前赴古北口一带采买战马千余匹，一来一往，最快也要三个月，加上训练，也要两个月时间。

三是扼捻北上，"惟黄河天险最为可恃。防河之策，自为目前第一要义"，而江南船只，于黄河水性不合，要防河，就需要采办木料，招募水勇，兴办黄河水师，工程浩大，没有四五个月的工夫难以就绪。

四是曾国藩所部每日行军，支帐埋锅造饭，不向州县索米供应，日行仅四十里或更少。李鸿章的淮军也是如此。步步稳妥，则行军迟钝。僧格林沁剿捻，一年以来，周历湖北、安徽、河南、江苏、山东五省，若他人接办捻军，断不能兼顾五省。不仅不能兼顾湖北，就是苏、皖、豫、鲁四省也不能处处兼顾，只能择要设守，其余责成四省巡抚，各分汛地。曾国藩此言显而易见：朝廷既没给剿捻实权，他即便北上，也只能局限在一定地区进攻捻军，"不能遍顾各省"，不担负攻捻的全部责任。

最后，曾国藩说："方今贤帅（僧格林沁）新陨，剧寇方张，山东之望援，急于星火，而臣策战事，乃在半年以后。北路之最重莫如畿辅，而臣策直隶乃须另筹防兵。此皆骇人听闻之言，殆不免于物议纷腾，交章责备。"要是师出无功，也请朝廷不要见怪。

同日，曾国藩又追加了一个《请另简知兵大员督办北路军务片》，说自己精力疲惫，不能够再担负重任，近来衰态更增，说话二十句左右，舌尖就麻木蹇涩，不能再说，只有恳求皇上恩准，挑选知兵大员督办军务，曾国藩愿以闲散人员在营效力，鞠躬尽瘁。有意不再执掌兵符。

曾国藩折片刚发出去，就奉到 5 月 28 日"上谕"，命钦差大臣协办大学士两江总督一等毅勇侯曾国藩赴山东一带督师剿捻，所有直隶、山东、河南三省旗、绿各营及地方文武员弁，均着归曾国藩节制调遣。如该地方文武有不遵调度者，即由该大臣指名严参。同日又命曾国藩统带亲军小队，轻骑就道，兼程北上。

朝廷要曾国藩督师剿捻，当然也就不能不给予实权，否则，不仅曾国藩不干，而且事权不一，呼应不灵，于大局不利。可是，曾国藩接到节制三省的"上谕"，依然忧心忡忡，担心什么？他在家书中说："若贼不渡黄（河），剿办尚不甚难，一渡黄，则手脚忙乱，万目悬望，万口讥议，余实应接不暇，难乎其免于大戾矣。"（《曾国藩全集·家书》）他怕剿捻无功，招致身败名裂之祸。曾国藩再三思维，6 月 6 日，上了一个《谨陈筹办情形并请收回成命折》，说自己精力衰颓，公事废弛，心神不定，无故惊怖云云，"不敢拜此宠命"，要求皇上收回节制三省的任命。但朝廷不准，"上谕"说："曾国藩恳辞节制三省之命，具见谦抑为怀，不自满假。惟东、豫之军，自僧格林沁战殁后，军无统辖，号令不一，最为兵家大忌。该大臣更事既多，成效夙著，若非节制直、东、豫三省，恐呼应未能灵通，勿再固辞。"（《曾国藩全集·奏稿》）曾国藩无可奈何，只好硬着头皮北上征捻。

6 月 18 日，曾国藩由金陵启行，取道运河，北上督师。6 月 30 日抵清江浦，再辞节制三省之命，朝廷仍不允。7 月 14 日由清江浦溯淮西上，21 日抵达攻捻前线——安徽临淮。

此次挂帅征捻，可供曾国藩指挥的军队有这样几种：

第一种是湘军，这是曾国藩自己的武装。曾国藩在金陵搜罗了九千多人攻捻，但多不愿北征，最后带了三千人作为护卫亲兵。黄翼升的淮扬水师（湘军水师的一部分）进入淮河，后又调鲍超等军，加起来也

有两万人。

第二种是淮军，这是攻捻的主力。曾国藩裁湘留淮，意在借助淮军"以济湘勇之穷"，所以攻捻不得不依恃淮军，这就是刘铭传、周盛波、张树声、潘鼎新等部两万五千人，后又陆续增调张树珊、李昭庆等军，总数达到六万人。淮出于湘。但淮军的领袖是李鸿章，而不是曾国藩，虽然李鸿章把指挥权交给了曾国藩，但曾国藩却不能像指挥湘军那样灵活，毕竟隔了一层关系。而且淮军的私兵性质较湘军有过之而无不及。表面上看来"湘淮一家"，实际上李鸿章并不是十分情愿地把淮军交给曾国藩指挥，时常加以遥控。更何况，慈禧太后为了压制曾国藩，采取扶植李鸿章、左宗棠的政策来分化、瓦解湘系集团的势力，李鸿章也不想在曾国藩脚下盘旋，而思自立门户。当曾国藩第一次奉到攻捻命令时，朝廷即命李鸿章署理江督，时距攻克金陵不到四个月，曾国藩幕僚赵烈文为此发出了"殊咄咄可怪"的惊呼。曾国藩本人也"意殊寥落"，虽很快收回成命，但扬李抑曾是显而易见的。有朝廷扶植，李鸿章再不肯事事听命于曾国藩。所以，当曾国藩准备北上，要求李鸿章把"淮军特出之将"刘铭传所部铭军交他指挥时，鸿章则以"省三（刘铭传，字省三）虽奉严旨敦迫，必须留置左右，以备先驱"为辞加以拒绝（《李文忠公全集·朋僚函稿》），后经曾国藩反复磋商和朝廷"严迫"，才把刘铭传推上攻捻第一线。所以，曾国藩所统率的淮军，不可能如指使臂——征调自如了。

第三种是各省的地方军，如皖军、豫军、东军。这些军队，多由地方地主武装团练基础上产生，巡抚负有指挥之权。各省各自为政，各存畛域之见，一般不愿出境作战。对这些地方军队，曾国藩要想让他们俯首帖耳听从指挥，并不是一件容易的事情。

第四种是洋枪队。直隶总督刘长佑和三口通商大臣崇厚负责防守黄河北岸，崇厚所率领的一千二百名洋枪队，就是英国人贝格和日斯训练出来的。这支军队远处黄河北岸，曾国藩也不便指挥调遣。

上述几种军队，充满着矛盾，有地方军与正规军的矛盾，地方军与地方军的矛盾，黄河北岸军和南岸军的矛盾，湘系与淮系的矛盾……错综复杂。当曾国藩接到督师剿捻的命令，还没有踏上征途时，就发生了直隶提督刘铭传与浙江处州镇总兵陈国瑞相互残杀之案。

陈国瑞，湖北人，太平军叛徒，僧格林沁的部将，是一个典型的无赖，最喜争功械斗，在皖北时，就与郭宝昌、英翰的皖军厮杀过。6月7日，刘铭传军抵山东济宁，6月12日首战捻军于长沟，取得胜利。陈国瑞率军后至，既恶淮军先入长沟，又见淮军将士所携洋枪精利，就想争功夺洋枪，亲率亲兵500人突入长沟，见淮军勇丁即杀。刘铭传闻变，率部与战，全歼陈国瑞亲兵，把陈国瑞软禁起来。"强寇在门，内乱又作"，这使曾国藩感到"殊深焦灼"。所有这些，预示曾国藩的攻捻生涯很难一帆风顺。

二、攻捻方略

任柱、赖文光部捻军在山东受挫后，即回驰皖北，与张宗禹部汇合，围攻雉河集，以期夺回皖北根据地。曾国藩亟调刘铭传等驰援。7月24日，刘铭传、周盛波等援军齐至。刘铭传由石弓山、龙山，周盛波沿涡河两岸推进，"纵横扫荡，所向无前"，战至次日，捻军渐渐不敌，弃雉河集而去，两路入河南，张宗禹部经柘城、商丘、太康进入豫西南，在南阳、卢氏及湖北襄阳等地往返游击；任柱、赖文光由太和、沈邱、陈州西趋，走西华、临颍、郾城，复折往东南，趋西平、上蔡等地。

7月21日，曾国藩抵达临淮后，即着手部署他的攻捻方略。

曾国藩长期与太平军作战，对捻军知之不多，"此次北征，初不知捻匪伎俩何如"，正道出他对"捻患"认识的浅薄。但捻军与太平军有过一段相当密切的关系，在镇压太平军过程中，对一度与之胶合一起的捻军当然不可能充耳不闻。事实上，作为经世实学家，他对捻军也表现出一定程度的关注。1859年11月20日他在上奏中称："自古办窃号之贼与办流贼不同，办流贼法当预防，以待其至，坚守以挫其锐；办窃号之贼，法当剪除枝叶，并捣老巢。今之洪秀全踞金陵，陈玉成踞安庆，窃号之贼也……龚（德树）、张（乐行）捻股之分合无定，流贼之象也。"（《曾国藩全集·奏稿》）这里，他已经看出捻军势成"流贼"之象，并据此提出了"预防"之方。

正如曾国藩所料，捻军采用的是一种"流动"作战的战略战术。僧格林沁对这种战法认识不足，"贼流与之俱流"，一味穷追不舍，甚或"一日夜三百余里"。曾国藩断言，"此于兵法，必蹶上将军"（《清

史稿·曾国藩传》)。不可一世的科尔沁亲王果然被捻军消灭了。

既然追飞逐走难以奏功,那么"预防"便顺理成章地成了曾国藩清除"捻患"的主导思想。于是,他开出了第一副处治之方——重点设防。

1865年6月2日,即他接到北上命令后的第七天,上了一纸奏章,说捻军已成流寇,飘忽靡常,应"各练有定之兵,乃可制无定之贼",提出以徐州为老营,在山东兖州、沂州、曹州、济宁,河南归德、陈州,江苏淮安、徐州、海州,安徽庐州、凤阳、颍州、泗州所谓"历年捻匪出没最熟之区"的十三府州之地置防对策。但不久捻军并力围攻皖北雉河集,他不得不前往安徽临淮督师,这样坐镇徐州及专力于十三府州之地的计划略加修改。6月14日他在上奏中称,现既由临淮进兵,将来安徽即以临淮为老营,江苏以徐州为老营,山东以济宁为老营,河南以周家口为老营,四路各驻大兵(其余十一府州驻扎少量军队),多储粮草子药,为四省之重镇。一省有急,三省往援。这个"四镇"之局,便是曾国藩着力推行的"以逸待劳","以有定之兵,防无定之贼,变尾追为迎击,制贼不流"(黄佩兰《涡阳县志·兵事》)的重点设防方略。曾国藩抵达临淮后,即檄调淮系刘铭传、潘鼎新、张树声、周盛波各军,湘系刘松山、张诗日各部,分驻四镇,到9月底,四路定局。

捻军两路入豫,任、赖一路进入陈州,活动在国藩划定的战略区内,国藩派刘铭传等部堵击。9月23日,曾国藩自临淮移营徐州,就近指挥。而张宗禹一路已入豫西,朝廷命曾国藩派兵追击。曾国藩料定"万难追及",仍坚持他的重点设防方略。他在给朝廷的奏折中说,捻军已成流寇行径,若捻流而官兵跟着追赶,则节节尾追,步步落后,终年奔波,有损无益。因此,坚持初议,于捻军必经之途驻扎重兵,如刘铭传驻周家口,捻军回窜扶沟、鄢陵,即自周家口迎头痛击;张树声等驻徐州,捻军回窜永城、萧县、砀山,即自徐州迎击;捻军趋蒙城、宿州,则刘松山等自临淮迎头拦击;捻军至曹州、单县,则潘鼎新自济宁截击,变尾追之局为拦头之师,以有定之兵制无定之捻,军务可望渐有起色。曾国藩还说:"皇上如以臣议为可采,则于臣驻兵四处之外,请旨敕下湖北、河南督抚,于豫之巩、洛、宛、邓,楚之随、枣、黄、麻,各驻劲兵一支,与诸将坚约,重在拦头迎剿,不重在贼退尾追,似亦制胜之策。"(《曾国藩全集·奏稿》)不仅坚持,还要朝廷推广他的重点设防、以"点"带"面"的攻捻方略。

国藩的重点设防,能否收到清除"捻患"的奇效,不仅朝廷表示怀疑,刘铭传也颇不以为然。10月1日,他在给李鸿章的信中说:"屡阅爵相(曾国藩)奏疏,坚持驻兵徐州、临淮,铭传窃以为非。若以前定十二(十三)府之议,则爵相可驻徐州,若论眼前地势贼情,爵相拟带六世叔同树、盛两军驻扎归德,湘勇拟驻亳州,琴轩拟驻曹州,三处相离不足五百里,声势相连,贼断不敢越境东犯,即东犯亦易合击。传军可为专剿之师,以马队追踪击贼,步队遥为控制,不使攻破圩寨,日久或可饥散。现贼马较前更多,我军必得强健马队三千,方可立平此寇",要李鸿章"务祈转请爵相,万勿以运道之艰,初议难改,划疆自守,不求有功",并说"铭传深受吾师(李鸿章)及爵相之知,故不避苛责,渎烦上听,非为自谋建树耳。"(江世荣《捻军史料丛刊》)刘铭传此函是有深意的:一是认为曾国藩的重点设防方略太过刻板;二是刘铭传宁可为"专剿之师",不愿株守周家口坐等捻军自投罗网;三是攻捻必须有一支强健的马队。尽管刘铭传并不赞同曾国藩的攻捻方略,但"向不梗令",还是勉力与捻军作战,10月1日,败捻军于沈邱,旋再败之于阜阳,9日又败之于河南睢州。任柱、赖文光见势不妙,遂又由考城驰入山东,往返于曹县、定陶、郓城、菏泽等地。曾国藩唯恐捻军进入山东半岛"完善之区",急命驻守济宁的潘鼎新淮军扼守运河,副都统色尔固善的马队、张树珊的淮军跟踪追击,刘铭传仍驻周家口,周盛波进驻归德,以防捻军南下。从江南调来总兵杨鼎勋、郭松林等部进驻宿迁、徐州,以备后援。朝廷对曾国藩的布防感到满意,但对进入豫西的张宗禹部却忧心如焚,认为该路捻军"不西趋秦境,必北扰晋疆",陕西与河南毗连,路路可通,山西虽有黄河之隔,但霜降水落,抢渡不难,"该省素称完富,且为畿辅屏蔽,稍有疏失,关系匪轻"。曾国藩在徐州调度,正当吃紧,对豫西鞭长莫及。有鉴于此,10月25日,朝廷准备命李鸿章督带杨鼎勋等军驰赴豫西进攻张宗禹捻军,兼顾山、陕门户,命漕运总督吴棠署理两江总督、李宗羲署理漕运总督、丁日昌署理江苏巡抚。曾国藩奉"上谕","愧悚难名",李鸿章督师攻捻倒没什么,关键是,李督师豫西,必然从东路将淮军调走,他的攻捻方略土崩瓦解不说,他凭什么攻捻!于是11月7日上《奉旨复陈近日军情及江督漕督苏抚事宜折》,建议朝廷暂勿令李鸿章赴豫。朝廷

允其所请,"旨罢前议"。

当曾国藩与朝廷讨价还价之时,任柱、赖文光捻军乘虚蹈隙,突由山东折入江苏丰县、沛县、砀山一带,11月3日破辛家集,徐州戒严。11月21日,捻军被张树声、潘鼎新击败于丰县,23日即由丰县经山东鱼台、金乡、单县西进河南,26日又败于河南睢州,29日在扶沟为刘铭传所败,走许州,与张宗禹捻军会合,流动于襄县、叶县、舞阳一带。一连打了几次胜仗,曾国藩大喜,以为他的重点设防之策收到了奇效。他在给朝廷的奏报中说,捻军徐州小挫,丰县、睢州、扶沟大败,皆由拦头要截。周世澄在《淮军平捻记》中对此更是大加张扬,说自设四镇而汛防有定,"贼之流走者处处投触罗网,遂不能逞其故智";从前各军剿捻皆以追奔为能事,自四镇之设,变尾追之局为拦头之师,以有定之兵制无定之捻,办捻之局自此"始渐有纲纪"。但是,这种"重迎剿,不重尾追"的办法,仍不能致善以"乘虚蹈隙"的捻军于死地。照曾国藩的话说,"该逆狡诈多端,飘忽异常,从不肯与堂堂之阵约期鏖战,必伺官军势孤力竭之时出不意以困我……该逆死党极多,行走甚速,乘虚蹈隙,是其惯技"(《全集·奏稿》),很难对付。曾国藩已经意识到了这一点,时人亦然。御使刘毓楠在《奏陈河南军情贼势请饬邻省督抚合兵会剿折》就评论说,捻军飘忽无常,转瞬驰骋数百里,与太平军占据城池、盘踞固守情形迥不相同,曾国藩设兵四镇,欲待其至迎击围剿,唯其往往避兵而行,未必肯向重兵屯扎处所自投罗网。河南的尹耕云致书曾国藩,也有所论列,说临淮离周家口数百里,周家口离徐州数百里,徐州离济宁也有数百里,骑兵之力不出百里,步兵之力不出十里,过此则如人无人之境。如捻军避兵而行,抵隙乘虚,无论驻扎之老营株守无益,即游弋之劲骑也将奔命不遑。这些议论,揆诸捻军战争的特点,毫无疑问言中了重点设防的漏洞。曾国藩也觉察到了这一漏洞。因此,这年12月,便腾出刘铭传一军作为游击之师,另札李昭庆所办游击之师驰赴前线,两处游兵(后又增加鲍超、刘松山、刘秉璋三军为"游击")略仿僧格林沁之法,与捻军纵横追逐,以补重兵株守之漏。尽管如此,所办游击之师,难与僧格林沁蒙古劲骑同日而语。四镇、游兵,与实现清除"捻患"的目的相去甚远。

如果说重点设防旨在"遏流",为相对意义的"战",那么曾国藩在实施重点设防的同时开出的查圩之方则意在"清源",为相对意义的

"守"。照曾国藩的话说，即"于四处设立重兵，以遏其流；又拟查办民圩，以清其源"，"设立重兵，以为战，又令乡村设立圩寨，以为守……各县皆有圩寨，则无掳人掳粮之患。"（王定安《求阙斋弟子记》）战与守，遏流与清源，相辅相成，成为曾国藩清除"捻患"的法宝。

圩，又称寨、围、坞、堡，总称"圩寨"。据历史资料记载："自道光之季，吏习于恬熙，皖豫间盗大起，豪猾大姓辄筑寨自固，谓之圩，圩大者千余家。"（孙衣言《逊学斋续文钞》第4卷）可知圩寨至迟出现于道光之际。

圩寨是社会动荡的产物。捻军起义后，黄淮地区就开始了大规模的村庄圩寨化的过程。所谓村庄圩寨化，简单地说，就是小村并大村，实行坚壁清野，村外环筑围墙，围环以壕，吊桥通内外，犹如碉堡，这是圩寨的一般形式。捻军起义期间，黄淮地区出现四种类型的圩寨：第一种是所谓的"贼圩"，也就是捻军的圩寨，官书上常以"圩寨林立，不可数计"形容捻军圩寨之多。在相当长的一段时间里，具体地说从1857年到1863年这段时间，捻军就是利用圩寨来保存自己，对抗清军的，这种战争形态，在捻军军事史上被称为"圩寨战术"。第二种是地方割据势力苗沛霖集团的圩寨，史称"苗圩"。圩寨是苗沛霖割据的基础，1860年建立"天顺"王国时，由他控制的圩寨就有数千，地跨安徽、河南两省。第三种是所谓的"民圩"，也就是地主士绅为进行乡村防御、对抗捻军而修筑的圩寨，这种圩寨，黄淮地区到处都有。第四种是首鼠两端的圩寨。这类圩寨，有的既不抗清，也不抗捻，清军来了，插上清军的旗号，捻军来了，马上换上捻字旗号；有的既抗清又抗捻，谁也别想染指。这类圩寨，完全是为了自保，所以是处于"中间"状态的圩寨。各类圩寨，结构尽管不尽相同，但都非常注意对圩寨的经营，"加砖增堞，坚如城郭"（黄佩兰《涡阳县志·兵事》）。所以，圩寨完全可以称为"城郭村落"。1863年，张乐行前期捻军覆没、苗沛霖被铲除后，捻圩、苗圩被夷为平地，朝廷又谕令曾国藩督饬地方文武夷毁其他圩寨，因有悖于坚壁清野之议，没有实行，这就为曾国藩推行查圩政策创造了条件。

还在北上征捻途中，曾国藩发布《剿捻告示》，说，本大臣奉命督师，赴徐州一带攻捻，议战，则责成官军，议守，仍需整理圩寨。为此晓谕安徽、河南、江苏各圩练董知悉，随时前来徐州，本大臣亲问各路情形，面谕修圩、挖壕、防守各事宜，云云。这个《剿捻告示》就是曾国藩推行"查圩"政策的先声。

曾国藩抵达临淮后，立即实施"查圩"。

查圩要点，曾国藩在 7 月 21 日发布的布告（《曾国藩全集·诗文》）中列举了四条：

1. 坚壁清野。捻军骚扰多年，凡苏、皖、鲁、豫四省捻军必经州县，人人皆知修筑圩寨，自相保卫，但恐岁久人贪，渐渐松懈，现要大加整顿，墙子要高，壕沟要深，这是坚壁。同时，人丁及牲畜、米粮、柴草，一一搬入圩内，"贼来全无可掳，此清野也"。如捻军围攻圩寨，曾国藩立即派兵救援，近或三日五日，远的十日半月一定赶到，决不食言。如不能坚守半月，是该圩之过，如半月救兵不到，就是曾国藩的过错。各圩要操练壮丁，自保身家，决不调圩练助剿，也不派圩董支应杂差。

2. 分别良莠。曾国藩认为，"分别良莠为正本清源之道，关系甚重"，因此，命令地方绅耆在捻军活动地区进行户口清查，凡"有捻之州县，一体清查"，其中安徽蒙城、亳州、宿州及河南永城是捻军的老巢，限三个月清查完毕。负责查圩的官员督同圩长，挨户清查，造具清册，"倡首为乱及甘心从逆者，为莠民册，全未从匪者，为良民册。偶从与胁从者，为自新良民，亦编入良民册内。入莠民册者，在外则到处追剿，在籍则擒拿正法。入良民册者，五家具保结于圩长，有事则五家连坐；圩长具保结于州县，有事则圩长连坐"。希图以这种办法切断捻军与人民的联系。

3. 发给执照。各圩管事之人，有的称"圩主"，有的称"寨主"，"主"字不可妄称，现一律改称"圩长"。每圩设圩长一人，副圩长二三人，最多不能超过四人。圩长由各圩大众共同推选，上报州县，州县核查确实上报曾国藩处。正圩长由曾国藩发给执照，盖关防章；副圩长由州县发给证明，用印信章，"收执为凭"。圩内有阳顺官兵，阴从捻军者，圩长捆缚送官正法。"匪"圩而诬叛"良"圩，吓逼邻圩者，各圩共同禀究。送"匪"最多者，奏明请奖；匿"匪"不报者，将圩长革去究惩。平日不废农务，临警守圩有功者，奏明优奖。圩长苛敛财物，不服人心者，准圩众公禀查明革换。

4. 询访英贤。曾国藩在所颁布的布告中说："淮徐一路，自古多奇杰之士，山左、中州，亦为伟人所萃。方今兵革不息，岂无奇才崛起？无人礼之，则弃于草泽饥寒贱隶之中，有人求之，则足为国家干城腹心之用。本部堂久历行间，求贤若渴，如有救时之策，出众之技，均准来营自行早明，察酌录用；即不收用者，亦必优给途费。如有以邻境之匪名单来告者赏银三十两；如有以巨捻藏匿之踪迹来告者，赏银四十两；如有荐举贤才者，除赏银外，酌予保奖。""藉一方之人才，平一方之寇乱"，这是曾国藩网罗"英贤"的目的所在，也是其人才思想的具体表现。

　　在曾国藩看来，清查圩寨捻首，杀一捻即"除一害"，清一圩即少一患，这是治捻的根本，临阵擒斩百人不如清圩时斩数人来得得当。因此，在捻军活动地区，特别是在捻军起义的发祥地皖北一带，力行搜查之法。查圩一方开出不久，他便派知府桂中行、朱名璨赴蒙城，同知李炳涛、知县薛元炳赴亳州，知州张云吉、游击吴靖基赴宿州，直隶州尹沛霖、游击翁开甲赴阜阳，会同地方绅士，监督"查圩"政策的施行。这一政策的推行，确给捻军造成很大危害，不少留在皖北坚持抗清的捻军将士或捻军的同情者、支持者惨遭杀害，在《曾国藩全集·批牍》中就有"委查亳州圩务李丞炳涛禀查获迭叛捻首刘二能等五名汛明正法由""委办宿州查圩事务张牧云吉禀拿获捻目高继周等讯明正法由""委办蒙城圩务桂令中行禀查获莠民李全信等九名讯明正法由"等之类的批牍，在《查办蒙亳宿阜民圩擒斩著名积捻折》中，开列了120名被"正法"的著名"积捻"，这在一定程度上割断了捻军与人民的联系。更为严重的是，它使捻军生活来源接济发生困难，"匪徒野无所掳，寇氛缘此渐息"（王枚《睢州志》第2卷《寨工》）。

　　然而，查圩与重点设防一样难达"药"到"患"除之效。以查圩根本之点坚壁清野为例，曾追随僧格林沁及山东巡抚阎敬铭、丁宝桢并为之出谋划策的潘骏文就发了一通议论，说："欲使贼无所得食，寝以饥疲，则不外坚壁清野之策……见诸施行而未遽收戡定之效者，则非斯策之不效，而所以用斯策之未尽善也。何也？圩寨之御贼可暂而不可久。使兵不时至，则罄其所有悉投凶焰，况乎饵贼以求安，不能尽咎小民之接济矣。"（潘骏文《潘方伯遗稿》第5卷）一方面仍有人民的支持，一方面"饵贼求安"的畏祸心理也使得一些"民圩"给捻军以接济，这种情况在当时非常普遍。这就使捻军在接济困难的情况下不至于

枵腹荷戈。此外,"清野"受着季节时令的约制,"严冬之野可清,而夏秋之野不可清",捻军照旧可以生存。曾国藩"急切无制贼之良法,中怀时复闷闷"(李榕《十三峰书屋文集》第4卷)。

重点设防不灵,查圩之法虽有"消患于未形"的功能,但既难于立见成效,又难以如愿施行。这使曾国藩感到"难操胜算",要取得攻捻战争的胜利,看来还得另寻"制寇之方"。

当曾国藩办游击之师变更战略部署时,捻军跳出他的战略设防区,分路攻入湖北。1866年(同治五年)1月18日,湘军成大吉部在鄂东麻城宋埠闹饷哗变,"勾通捻匪"任柱、赖文光入鄂,里应外合,大败成大吉,烧了他的军营,成大吉"仅以身免",逃往滠口,23日捻军攻陷黄陂。与此同时,张宗禹部由邓州、新野进入湖北襄阳(不久折入河南)。2月18日,任、赖捻军在黄冈大败清军,阵斩总兵梁洪胜等多人。鄂势甚危,武汉震动,朝廷大怒,将湖北巡抚郑敦谨革职,调曾国荃为湖北巡抚。国荃居乡一年多,"终不能退藏避事",此次出山,也只好"置祸福毁誉于度外,坦然做去"。曾国藩也挺高兴,他在给国荃信中说:"余办捻事,正苦鄂中血脉不能贯通,今得弟抚鄂,则三江两湖均可合为一家,联为一气。论公论私,均属大有裨益。"(《曾国藩全集·家书》)

捻军在湖北连打两次胜仗,湖广总督官文急忙请兵救援。曾国藩命总兵喻俊明等率水师驰赴武汉,檄调刘铭传自周家口驰赴光山、固始,径援湖北。刘铭传提兵转战而前,3月14日,亲督道员刘盛藻,提督唐殿魁,总兵刘维桢、黄桂兰,洋将毕乃尔(Penell)攻克黄陂城,任柱、赖文光败走麻城,转趋豫境。

捻军全军入豫,曾国藩准备实施刘铭传创议的"防河"方略了。

还在上年,刘铭传在豫攻捻时,就鉴于河南地势平坦,无险可扼,是以捻军纵横往来、毫无忌惮等情,向曾国藩提出了扼守沙河、贾鲁河的攻捻方略,而曾国藩则以"兵力未齐"为辞,没有答应。但攻捻战争的实践证明了曾国藩的重点设防漏洞百出,并不能制捻军于死地,而刘铭传、李昭庆等游击之师,其马队实力远不及僧格林沁的蒙古骑兵,加之1866年3月后捻军由鄂境全军折回,迫使曾国藩不能不重新考虑刘铭传的"防河"创议。

所谓"防河",即东以运河为防线,西以沙河、贾鲁河为防线,沿河岸构筑长墙、壁垒,派兵驻守,阻截捻军进入山东半岛、江苏和豫西、湖北,并在这个范围内将捻军圈而聚歼。

1866年3月17日,任、赖捻军由麻城折回河南,经光山、陈州、项城、沈邱、中牟、兰封、考城进入山东,张宗禹捻军自河南遂平、舞阳、禹州、新郑、兰封进入山东定陶,4月20日败潘鼎新、李昭庆所部淮军于郓城,进至寿张、范县,4月29日与任、赖捻军在开州汇合,势将渡运。曾国藩见此情景,将"防河"提上了日程。4月4日,曾国藩自徐州抵山东济宁州驻营,5月16日给朝廷上了一个奏折,说"臣以东北则畿辅为天下之根本,东南则江苏为臣军之根本,屡经奏明注重东路。既以东路为重,不得不借运河衣带之水以为流寇阻截之界。惟河浅且窄,汛长千有余里,防不胜防。臣拟会阎敬铭等大加修浚,增堤置栅。"(《曾国藩全集·奏稿》)提出在运河设防的建议。20日,曾国藩即偕同山东巡抚阎敬铭巡查运河,并责成阎敬铭克期布置河防。22日,曾国藩、阎敬铭与直隶总督刘长佑在申家口会晤,商定分段扼守运河:潘鼎新等防守济宁到苏鲁之交的韩庄段,杨鼎勋守韩庄以南,东军守济宁到黄河段。在黄河防线上,范县豆腐店以西至东明、长垣由直隶军防守,豆腐店以东的张秋、东阿一带由东军防守。布置初定,6月1日,曾国藩回驻济宁老营。

7月,捻军在山东受阻,由鲁西而豫、而皖,徘徊于怀远、凤台、睢州一带,"捻匪各股回窜豫、皖两省,中原平旷之地,四通八达,若不择地设防,此剿彼窜,终不能大加惩创"。于是,曾国藩接受刘铭传沙河置防建议,于沙河、贾鲁河布置河防,分段设守。沙河地段:从周家口到槐店由刘铭传部防守;从槐店到正阳关由安徽巡抚乔松年派皖军设守;正阳关以下即系淮河,由曾国藩派水师与皖军会防。贾鲁河地段:从周家口到朱仙镇由潘鼎新、张树珊部防守;自朱仙镇以北70里至黄河南岸,没有河流,由河南巡抚李鹤年派兵挖壕防守。各分汛地,层层布置。这样,就形成了一个跨皖、豫、鲁三省的三角形防线,曾国藩的治捻方略由此由"点"演变而为"线"。他在给朝廷的奏折中声称,"防河之举,办成则有大利","不能办成,或有损于大局,臣愿独当其咎"(《曾国藩全集·奏稿》),似乎稳操胜券。

事实上,河防方略的施行,确给捻军带来切肤之痛。捻军是"以走致敌""以走自活",根据多骑的特点及有利地势大规模地流动,以保

存实力,抗击清军。这种"以走致敌"战略战术尽管使曾国藩"心惊胆寒",但在没有根据地为依托的情况下,存在着一个致命的弱点,即张宗禹所说"不怕打而怕围"。如果说曾国藩的"点"无大损于善乘虚蹈隙的捻军,那么如环之"线"则可以将其圈在一个相对狭小的区域内,使之处处触网,失其所长,"来无去路,马难驰骋"。这对捻军来说,无疑是一个致命的威胁。不打破这种格局,捻军确有被曾国藩聚歼的可能。

三、"我是打捻无功之人"

　　1866年7月至9月,捻军数次力图冲破曾国藩的河防,均未能成功。曾国藩看来也有破釜沉舟之心,8月25日他赶到临淮驻营,9月6日自临淮登舟西上,经蒙城、涡阳、亳州,17日拖着病体到了河南周家口,坐镇指挥。可是,曾国藩驻营周家口没几天,9月24日,张宗禹部与任柱、牛洛红、赖文光部于河南中牟会师,在开封附近的芦花冈击溃豫军,乘夜突破沙河——贾鲁河防线,进入山东水套地区。功败垂成,曾国藩"闻信之余,实深焦愤"。经此打击,国藩身体有些不支,"心气甚亏,偶一用心,辄复出汗不止,夜眠则盗汗浃体;旧患耳鸣已久,日则渐至重听",心力交瘁,感到剿捻实在剿不下去,"不得不广求资助,冀以免于大戾"。求谁"资助"?不外乎门生李鸿章、老弟曾国荃了。10月1日,曾国藩奏请朝廷令李鸿章携带两江总督关防驻扎徐州,与山东巡抚会办东路剿捻军务;湖北巡抚曾国荃移驻襄阳,与河南巡抚会办西路剿捻军务,自己居中,与豫抚、皖抚商办攻捻,联络一气,呼吸相通。

　　沙河——贾鲁河防线被撕裂,曾国藩于心不甘,他在给朝廷的奏折中,承认"防守沙河、贾鲁河,至系策之至拙者,非不知之。无奈马队远不如贼……不得已,乃出于防河之下策",但他又说,"若贼再回窜,仍当扼防沙、贾两河"(《曾国藩全集·奏稿》),仍然抱守防河之策。

　　冲破沙、贾防线后,捻军进逼运河防线,"百计图渡",企图突破运河防线,到海岱富庶之地饱食休息。10月8日捻军由城武猛攻运河堤墙,未果,又在城武、郓城、菏泽、曹县、东明等处连连受挫,不得不折回豫境。23日,在许州分为东西两部,相为犄角。11月,张宗禹率西捻军冲破清军的阻截，穿越秦岭进入陕西；任柱、赖文光率东捻军谋于曹县抢渡运河，失败，复折而西向，再次突破沙河——贾鲁河防线，进入湖北。这样曾国藩的河防政策宣告失败。

河防政策失败，曾国藩的声名受到重创。自上年奉命剿捻以来，至今已有一年零五个月，不仅"毫无成效"，而且使捻军"势益蔓延"，朝廷再也无法忍受，下诏严加斥责："大局糜烂至此，不知该督何颜以对朝廷！"御史朱镇、卢士杰、朱学笃、穆缉香阿、凌阿等纷纷上疏，弹劾曾国藩"办理不善""督师无功""骄妄"，要朝廷"量加谴责"。谤议盈路，舆论大哗，曾国藩又惭又惧，又羞又恼，只好考虑自行退出"剿捻"舞台。11月26日，曾国藩上奏朝廷，以剿捻无效，病难速痊，请开协办大学士两江总督缺，并请另简钦差大臣，接办军务，注销一等侯爵袭职，自以道员身份，留营效力。攻捻大局糜烂如此，不屑说，朝廷也要换马。同日，"上谕"命李鸿章代替曾国藩署钦差大臣，湘、淮各军均归节制。当然，朝廷也不会让曾国藩下不了台，12月7日，命曾国藩回两江总督任。既不堪为星使，又岂可为江督？如此灰溜溜地退出，实在太难堪，上疏朝廷，请求不回江督本任，朝廷反复开导他"回两江本任，办理饷需军火，源源筹解，俾李鸿章得离江境，统兵追剿。则筹饷与剿匪之功均为国家倚重，正不必以开缺赴营，始足为朝廷宣力也"，希望他仍"遵前旨，将军务交与李鸿章接办"，但他一再请求开缺。他在给儿子曾纪泽的信中说："余决计此后不复做官，亦不作回籍安逸之想，但在营中照料杂事，维系军心。不居大位享大名，或可免于大祸大谤。若小小凶咎，则亦听之而已。"（《曾国藩全集·家书》）

12月29日李鸿章在徐州接任钦差大臣，不久，1867年（同治六年）2月15日授为湖广总督，督办剿捻，长兄李瀚章调为江苏巡抚，署理湖广总督。朝廷不准曾国藩在营"照料杂事"，仍着回两江总督任，筹办剿捻军饷。曾国藩只好从命，3月21日自徐州南下，回驻金陵，沿途呢呢喃喃："我是打捻无功之人。"（刘声木《苌楚斋随笔·四笔》第4卷）

捻军继打败了僧格林沁之后又重挫曾国藩，这不能不承认捻军战法的高明，不能不承认捻军斗志顽强，也不能不承认民众抗清的威力。

曾国藩是绞杀太平军的元凶，声威远播，朝野上下无与匹比，但捻军却把他打得名声扫地。曾国藩攻捻失败，当然有他失败的原因，他一

第十一章 打捻无功

直没有一支堪与捻军抗衡的骑兵，这是事实，他用对付太平天国那种结硬寨打呆仗的办法搬来对付捻军，当然不行。但曾国藩的攻捻方略，不论是1866年5月以前的"点"（重点设防）、"面"（查圩）交叉，还是以后的以"线"（防河）为主，都寓有"以有定防无定"、寓战于防的战略指导思想，都在一定程度上给捻军带来了危害，特别是河防方略，更切中捻军要害，可是曾国藩还是没有取得攻捻战争的胜利，这里面也与统治集团的内部矛盾有莫大的关系。

先看曾国藩与李鸿章之间的矛盾。曾国藩挂帅征捻，李鸿章署两江总督负责前敌军饷。但李鸿章"言饷缺不得增兵，事事干涉"（刘声木《异辞录》第1卷），有意拆曾国藩的台，难怪曾国藩埋怨说，李鸿章没有竭力筹饷，1865年仅发到8月，1866年仅发5个月的饷，"士卒已微有怨言"。这还不算，李鸿章对他苦心经营的淮军始终不舍得放手，时时施加遥控，处处给曾国藩出难题。当曾国藩派李鸿章之弟李昭庆的"幼军"为"游击之师"，李鸿章深恐其弟重蹈僧格林沁的覆辙，极力反对，要求曾国藩将"幼军"改作"防济之师"，曾国藩寸步不让，板起面孔教训他："君家昆仲开府，中外环目相视，必须有一人常在前敌，担惊受苦，乃足以稍服远近之心。"（王定安《求阙斋弟子记》）李鸿章心中不满，又无处发泄，当然就用压饷来报复他。当曾国藩力行"防河"之策时，李鸿章又是极力反对，"力争不可"，还说什么"古有万里长城，今有万里长墙，不意秦始皇于千余年后遇公等为知音"云云（刘声木《异辞录》第1卷），极尽讽刺挖苦之能事。"防河"之策出自淮系刘铭传，曾国藩生怕刘铭传被李鸿章摇动，赶紧写信给刘铭传，说无论何等风波、何等浮议，自己一力承担，不与建议者相干。曾国藩又以刘铭传首划此策，即令其与潘鼎新、张树珊部淮军会防，"力任其难"，扼守朱仙镇以下400余里。李鸿章则以刘铭传驰驱转战，尤形劳悫，加以阻挠，要求曾国藩予以"休息"，唆使刘铭传"告假回籍"，这使曾国藩大为恼火，致书李鸿章云："目下淮勇各军既归敝处统辖，阁下当一切付之不管，则号令一而驱使较灵。以后鄙人于淮军，除遣撤营头，必先商左右外，其余或进或止，或分或合，或保或参，或添募或休息、假归，皆敝处径自主持。"（王定安《求阙斋弟子记》）骂归骂，李鸿章对淮军决不撒手。曾国藩当初敢于抱定"与贼（捻军）相终始"之志，主要在于有淮军作锋镝，但对淮军指挥调度不灵，迫使他中途退出"剿捻"的舞台,对曾国藩来说,最使他伤心者莫过于此了,悔不该过早裁遣湘军,弄得他无兵可用,事到如今,三叹"聚九州之铁,不能铸此大错"。

李鸿章是曾国藩的得意门生,裁湘留淮无非用来镇压捻军。但朝廷扬李抑曾,李鸿章有意自立门户,急着取代曾国藩。1865年11月4日,他就致书曾国藩,"商代"督师剿捻,要曾国藩回驻金陵。1866年4月30日,曾国藩答复李鸿章说,再等几个月,如攻捻没有起色,"当奏请其北征剿捻"。曾国藩没有食言,只不过让他负责"东路剿捻"军务,自己倒没退下来。曾国藩攻捻失败下台,李鸿章"亟于任事",竟派人向曾国藩硬要钦差大臣关防,气得曾国藩"怒病交加",连朝廷也引为"私忧",再三抚慰,才把曾国藩送回两江总督原任。师生之间,明争暗斗,虽然没有闹到决裂的地步,但紧紧捆住了曾国藩的手脚,使他放不开手去自由地指挥攻捻战争。这是曾国藩打捻失败的重要原因。淮系集团得势,湘系集团失势,这也是一个关键。

曾李关系如此,曾国藩与地方的关系更是难以协调,他的攻捻方略就始终没能够得到地方将吏的支持,"主防主剿,意见难于遵同",受到层层阻挠。如对其四镇之设,"山东、河南民士习见僧王(僧格林沁)战事者,皆怪曾国藩以督师大臣安居徐州,谤议盈路"(王闿运《湘军志》),不与合作。对其防河之策,诸将则纷纷推诿,均愿游击,不愿防河。因防河者兴工之时,荷锸负土十分辛苦,不比游击者半行半住,稍觉安逸;防河者工竣之后,又要保守汛地,厥责甚重,不像游击者易于报功,难于见过,"故勇丁愿行路不愿挑土,将领愿做活事不愿做笨事"(《曾国藩全集·批牍》)。这一点,河南方面表现得十分突出,"河南文官之议,均谓贼衰,宜于速剿,不必为防河之谋……几乎众口一词",连巡抚李鹤年也"惑于众论"(王定安《求阙斋弟子记》),与曾国藩立异。当曾国藩令其督饬地方文武挑沟挖壕,派兵设防时,他却行动迟缓,消极对抗,"自朱仙镇以北至黄河南岸七十里,豫军未能认真兴办",也"不肯以全力扼守"(《曾国藩全集·书信》),从而给捻军留下了突破口,捻军数次从河南冲破沙河——贾鲁河防线,原因正在于此。地方官吏的不支持、不合作,实为曾国藩攻捻失败的要因。

在攻捻期间,曾国藩也遇到许多干扰,处理"湖田案"就让他费了不少神,束缚了他的手脚,这也是他攻捻失败不可忽视的原因。这里

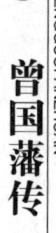

先梳理一下"湖田案"的来龙去脉。

湖田案,也称"湖团案",是苏北铜山、沛县土著与山东曹州流民因湖田纠纷而起的冲突事件。湖田滨于微山、昭阳两湖西岸,南迄铜山,北跨鱼台,绵延200余里,宽数十里,大部分在铜山、沛县境内。

1851年(咸丰元年),对铜、沛农民来说是一场劫难,就在这一年,黄河在丰工下游决口,铜、沛等地正当其冲,于是两湖漫溢,合微山、昭阳之湖地,铜山、沛县、鱼台之民田,汇为巨浸,一片汪洋。铜、沛农民不得不踏上黄泥路,流离迁徙,渡江南下,以为从此"故乡永成泽国,不复顾恋矣"。

4年后,也就是1855年(咸丰五年),黄河再度决口,这是黄河变迁史上的一件大事,从此,黄河有了自己的入海口。黄河改道北移,对铜、沛农民来说未尝不是一件值得庆幸的事。但对曹州府属的农民来说,却是一场灾难。黄河在兰仪决口,曹州府首当其冲,田庐漂没,居民奔散,郓城、嘉祥、钜野等县的难民,蜂拥到了徐州府属。其时,昔年铜、沛巨浸,已经半涸为淤地,于是他们相率寄居于此,垦荒为田,结棚为居,持器械以自卫,立团长以自雄。徐州道员王梦龄认为他们形迹可疑,下了逐客之令。继而来者日多,也无可如何。1857年(咸丰七年),河道总督庚长派人丈量湖荒地,计有2000余顷,分上、中、下三等,设立湖田局,按质论价,招垦湖田,又在土著和客民交错的地方,筑起长堤,名为"大边","以清东民与土民之界限"。当时地方多故,捻军遍地开花。为了剿灭"发捻",清廷号召团练乡勇保卫桑梓,垦种湖田的农民,得创立各团:唐团、北王团、北赵团、南王团、南赵团、于团、睢团、侯团(后改成刁团),均以首创之人姓氏为名,如唐团的首创者为唐守忠,故名。"湖团"之名由此而来。

湖淤地肥沃,频年岁丰,渐渐富饶起来。山东客民原以为可以安居乐业了,但不幸的事情发生了。原先逃难在外的铜、沛流民,纷纷还乡,当看到昔日巨浸变为良田,成了山东客民之产,心怀不平,遂起争讼,土著说客民霸占有主之田,客民则说所种之田全是湖荒地,相持累岁,屡酿巨案。1859年(咸丰九年),侯团抢劫铜山郑家集,经徐州道派兵拿办,并将该团民驱逐出境,另行遴董招垦,辗转更置,成立刁团。1862年(同治元年),又有山东客民在唐团边外占种沛地,设立新团,屡与沛民械斗。土客冲突日渐扩大化、复杂化,直到这个时候,官府仍未拿出得力可行的解决办法，终于导致1864年（同治三年）的流血事件。这年7月，新团以二人被杀，遂攻破刘庄寨，连毙数十命，民情汹汹。漕运总督吴棠饬派徐州镇道带兵剿办，平毁新团，擒斩达千人之多，退出团地，以解"沛民之愤"。但事情并没因此而得到解决。

土客构讼，已成不解之仇。沛人贡生张其浦、张士举，文生王献华等与刘庄事主刘际昌先后赴京，以新团一案，唐守忠主盟指使，情同叛逆，请将各旧团一概剿办各情，在都察院呈控。京城哗然。钦奉谕旨，交吴棠密速查办。旋经吴棠以唐守忠来团最早，声名显著，核查所控各词，毫无实据，且与原呈不符，不过欲将新旧各团一概驱逐而夺其成熟之田等语，奏复在案。而沛人纷纷构讼，仍复不休。田产纠纷，逐渐演化为政治性事件。清廷焦灼不安，只得让曾国藩亲自出马了。

1865年9月，曾国藩到徐州指挥攻捻，受命处理湖田争讼一案。铜沛绅民即赴曾国藩行辕控告湖团，呈词数十纸。曾国藩"以案情重大，实肇兵端，未敢遽为剖断"。实际上曾国藩对此并没有定见。这从他所上的奏折中可以看出："（湖团）初至有领地之价，后来有输地之租，而讼者不问案牍之原委，必欲尽逐此数万人而后快。此又新团既剿以后，沛民健讼不顾其安之情形也。"对铜沛绅民构讼，颇不以为然。可是在另一折中，又说："湖田一事，与剿捻大有关系。臣拟将通捻之团酌量惩办，其余数万人全数资遣回籍。现经两次派员前往山东郓城、钜野等处，察看该团民原籍尚足安插否？如可，则遣之东归，在沛县可免占产之讼，在徐州亦无招捻之窝，臣再将资遣事宜，专疏奏办，而臣之赴豫，则须稍迟；如其不可安插，臣亦不勉强驱遣，在徐、沛不无后患。而臣之赴豫可以稍速。"（《曾国藩全集·奏稿》）即有将数万山东客民资遣回籍之意。两份奏折对照，可以看出曾国藩并未寻到解决湖田一案的适当办法。如果全数资遣，可能会激而生变，于攻捻大局不利，实际上已牵制曾国藩不能迅速赴豫督剿，何堪再由事态扩大！如果对铜沛之民的控告置若罔闻，又可能使土客冲突继续升级，同样有关剿捻大局。这使曾国藩举棋不定，左右为难。

但曾国藩毕竟老于世故，颇富政治经验，他从"通捻"这一点上受到了启发，终于找到解决问题的突破口。曾国藩在给朝廷的奏折中称，1865年11月1日，任柱、赖文光捻军由山东攻入江苏丰县、沛县，进逼徐州，远近探报，均称湖团"勾贼"，"南王团有人函约贼来，百

口一词，虽反复研究，未得主名"，"刁团平日窝匪，与南王团相等"。除王、刁两团外，其余六团"或凭圩御贼，或圩破被害，遭贼焚掠杀戮，其情状历历在目，其为并未通贼亦属确有可据"（《曾国藩全集·奏稿》）。湖团有没有"通贼"，曾国藩并没有十分把握，但他把焦点集中于"通贼"嫌疑最大的王、刁两团而不及其余，也许是他的高明之处。

那么，湖团有无"通捻"事情？据《铜沛湖田纪事始末》《济宁直隶州续志》《豫军纪略》等资料记载，确定无疑，而且还不止于王、刁两团。铜沛是捻军出入熟路，就是土著也不能说与捻军毫无瓜葛。但曾国藩为不致事态扩大，权衡利弊，决定采取"折中"办法来解决湖田一案，做到既能服铜沛之人心，又不尽逐湖田客民。于是，将对付捻军的"分别良莠"之策搬了出来。"不分土民、客民，但分孰良孰莠"，凡有田契而田被湖团所占要求清还者，是土著中的良民；无田契产业，只知敛钱构讼，激起众怒挑起祸端者，是土著中的莠民。平日安心耕作，如唐团抗拒捻军，受害极惨者，是客民中的良民；平日凌辱土著，如王团之"勾贼"、刁团之"容贼"，是客民中的莠民。良莠既分，曾国藩立即通行晓谕，勒限1866年3月1日（同治五年正月十五日）前将王、刁两团逐回山东本籍，派刘松山一军前往弹压。

王、刁两团被逐后，如何处理善后事宜，也是烦难之事，一旦处置失宜，同样会留下后患，这一点，曾国藩是颇为谨慎的。经再三思考，1866年3月24日上疏奏陈酌定善后事宜三条：酌给钱文以恤已逐之团，设立官长以安留住之团、拨还田亩以平土民之心。在这个《善后事宜三条》中，曾国藩既为"骂贼"而死的客民（唐守忠父子）树碑立传，又对激众构讼的土著文生（王献华等）褫革衣衿；既认定王、刁两团"通贼"，却拿一个在逃者尽法处治。驱逐王、刁两团，不外乎"拨还田亩以平土民之心"。应该说，曾国藩尽量做到"不偏不倚"。他在左右为难中寻找这种"折中"的办法，在当时不失为上策，正因为如此，他的办法得到清政府的首肯和支持，上谕"均照所请办理"。轰动全国，长达近10年之久的湖田纠纷案，总算是画上了句号。

曾国藩查办湖田案，从接案到结案，费时半年多，劳师费神，一定程度上束缚住了曾国藩的手脚，使之难以全力以赴指挥攻捻战争。曾国藩攻捻失败，与此不无关系。

第十二章

再任两江总督

同治六年三月五日,曾国藩因"剿捻"无功,在一片弹劾声中回任两江总督。

曾国藩回任两江的主要任务本来是为李鸿章"剿捻"筹措军饷,但他回任后在请求截留关税二成的奏折中竟把支持上海铁厂的运作放在第一位。曾国藩在奏折中说:"臣回任后,通计饷需款目一年入数较之出数甚巨。且有万不容缓之事须另行筹款者,约计数端。如制造轮船,实为救时要策。上海开设铁厂,在沪及外洋购买机器两副,大致已属全备,而造船一事则以无款可筹,尚未兴办。臣前在安庆曾试造一小轮船,不甚得法。李鸿章苦心经营,独得要领。现在江宁、上海各局制造洋炮、洋枪、洋火等项,均用内地匠人,能学外洋机巧。以必应速办之事,又有可乘之时,有可用之人,而坐困于无可拨之银,殊觉机会可惜。"从曾国藩的奏折看,上海铁厂制造轮船已是万事俱备了,那么如何解决它的坐困局面呢?曾国藩于奏折的最后提出方案说:"制造轮船等事,福建尚奏拨巨款新立铁厂,江南已有铁厂,岂可置之不办?再三思虑,实有万难周转之势。查江海关洋税一项,自扣款清结以后,提解四成,另款存储部库,本系奏定专拨之款,未敢动用丝毫。惟现当饷需万紧,合无仰恳天恩,俯准将洋税解部之四成酌留二成,以济要需。如蒙俞允,臣拟以一成为专造轮船之用,以一成酌济淮军及添兵等事。其余二成,仍随时按结报解。俟轮船办有头绪,各军饷项稍裕,即当奏明,仍按四成全数解部,以符初议。"

我们知道,截留解部关税,是需要胆略和勇气的,尤其是以其中的一成支持铁厂制造轮船,数量竟与接济淮军及添兵费用相等,更需要胆略和勇气。那么,上海铁厂究竟在何时何种情况下组建,与曾国藩又有哪些关系呢？这就有必要追溯清末洋务运动的历史了。

一、官办洋务的提出

  这里的所谓"洋务"指的是学习外洋先进方法开办军事工业，特别是制造船炮之类的军事重工业。鸦片战争期间西方侵略者依仗他们的坚船利炮取得了胜利，得到了他们想要得到的一切。满清的统治者在一阵惊慌之后似乎又回归到了宁静，以为可以按照老习惯过他们过去的生活。但树欲静而风不止，14年后英、法侵略者再次依仗他们的坚船利炮发动第二次鸦片战争，将咸丰帝赶到了热河承德。但这毕竟在14年之后，情况稍有不同了，麻木的满清统治集团居然也有人痛定思痛，这就是在第二次鸦片战争期间全面负责议和事宜的恭亲王奕?。奕?是道光皇帝的第六子，首任总理各国事务衙门大臣。他在与英法列强的接触中深感自己国家的积弱，为了不受制于人，提出要购买外国船炮，意在以自己的坚船利炮来对付洋人的坚船利炮。并上折建议朝廷下令让曾国藩等人去办。由于曾国藩当时正在皖南与太平军激战，几致性命不保，无由顾及。咸丰帝也刚从北京逃到热河，惊魂未定，因而反响不大。咸丰十一年五月，奕?等人旧事重提。这回因为暂时没有了洋人的威胁，而清政府又始终以太平天国为主要敌人，所以奕?等人的奏折事由径作"为剿贼亟宜乘时，请购买外洋船炮，以利军行而维大局，恭折仰祈圣鉴事"。奏折写道：

  "臣等查粤逆起事以来，蔓延七八省，滋扰十数年。推原其始，道光年间沿海不靖，其时遣散之潮勇，从逆之汉奸，窥见国家兵力不足，遂勾结煽惑，乘间抵隙，一发而不可骤制。迨用兵既久，财用渐匮，外国从而生心，得步进步，要求无已。是粤匪之患萌于外国，而今日外国之张又乘乎匪患。其事若不相属，而其害则实相同。臣等自去秋办理以来，为目前保全大局，极意羁縻。虽英、法渐见信服，有昵而就我之意，而为国家谋久安之计，则防患正不可不深。伏思外忧内患，至今已极，譬如木腐虫生，善治者必先培养根本，根本固而蟊贼自消。臣等办理外国各事不过治其枝叶，而蟊贼未能尽去，非拔本塞源之方也。是以上年曾奏请饬下曾国藩等购买外国船炮，并请派大员训练京兵，无非为自强之计，不使受制于人。然购买船炮之议，曾国藩等现在是否办理，无从询知，而当此时事孔亟之时，何可再事因循！"

接着，奕?等提供了一些市场信息："据称，伊国（按指法国）火轮船一只，大者数十万两，可载数百人；小者每只数万两，可载百数十人。若用小火轮船十余号，益以精利枪炮，其费不过数十万两。如欲购买，其价值先领一半，俟购齐验收后再行全给。"于是清政府于咸丰十一年五月三十日分寄钦差大臣大学士湖广总督官文、头品顶戴湖北巡抚胡林翼、钦差大臣两江总督曾国藩、头品顶戴江苏巡抚薛焕、两广总督劳崇光、广东巡抚耆龄。上谕称："前因恭亲王奕?等奏，法夷枪炮，现肯售卖，并肯派匠役教习制造。当谕令曾国藩、薛焕酌量办理。本日复据奕?等奏请购买外洋船炮一折。东南贼氛蔓延，果能购买外洋船炮，剿贼必能得力。惟各路军饷不足，必须预筹银款以资购办。著劳崇光、耆龄、薛焕，并传谕毓清，即按照所奏，预为筹计。其应酌配兵丁并统带大员，及陆路进攻各事宜，并着官文、曾国藩、胡林翼先行妥为筹议。"清政府官办洋务本是从购买枪支开始的，然后由购买枪支发展到购买船炮。但无论是购买枪支还是购买船炮，都是为了镇压太平军。奕?的奏折虽然也提到"外忧内患"，但最终目的还是要达到"蠢贼自消"。尽管如此，但毕竟提出了购买外国船炮用先进武器武装自己的紧迫问题。

上谕寄出，曾国藩积极响应，但在指导思想上作了重大修改。他在《复陈购买外洋船炮折》中开头便说："臣查发逆盘踞金陵，蔓延苏、浙、皖、鄂等省，所占傍江各城为我所必争者有三：曰金陵，曰安庆，曰芜湖；不傍江各城为我所必争者有三：曰苏州，曰庐州，曰宁国。不傍江之处，所用师船不过舢板、长龙之类。其或支流小港，岸峻桥多，即舢板小划尚无所施其技，断不容火轮船。傍江三城小火轮船尽可施展，然亦只能制水面之贼，不能制岸上之贼。目下贼氛虽炽，然江面实鲜炮船，不能与我水师争衡。臣去冬复奏一疏有云：金陵发逆之横行，在陆而不在水；皖、吴官军之单薄，亦在陆而不在水，系属实在情形。"

按照曾国藩的观点，镇压太平天国根本无须购买外洋船炮，因为目下所争，在陆而不在水。那么曾国藩是否反对购买外洋船炮呢？不是，他是积极主张的。他在奏折中接着说："至恭亲王奕?等奏请购买外洋

船炮,则为今日救时之第一要务。轮船之速,洋炮之远,在英、法则夸其所独有,在中华则震于所罕见。若能陆续购买,据为己物,在中华则见惯而不惊,在英法则亦渐失其所恃。购成之后,访募覃思之士,智巧之匠,始而演习,继而试造,不过一二年,火轮船必为中外官民通行之物,可以剿发逆,可以勤远略。"曾国藩思想的可贵之处就在于"不过一二年,火轮船必为中外官民通行之物"的前瞻性,虽然也离不开"可以剿发逆"的眼前目标。

曾国藩对购买洋船炮不仅深表赞同,而且以积极行动响应。他听说上海有两艘破旧洋船,欲当即开来安庆一带,提前训练各色官弁员工,待洋船一到,即可投入使用。他在复陈购买外洋船炮奏折的另片中奏道:"臣拟先调现泊上海之海上'土只坡'轮船一只,由长江上驶安庆一带,就近察勘使用,督令楚师将弁,预为练习,俟明年洋船购到,庶易收驾轻就熟之功。"遗憾的是他手中拮据,无法开支。于是接着提出要求说:"惟臣处缺饷日甚,该轮船驶赴上游,弁勇工匠口粮,仍照向章在于上海支领。其损坏轮船一只,如何修理,亦全速修完好,驶赴安庆一带,相应请旨饬下江苏抚臣薛焕,迅派干员,刻日押令上驶,以资演习。"只是当时曾国藩还只是名义上的两江总督,连总督关防还在驻上海的江苏巡抚薛焕手上,此议或者朝廷并未饬下薛焕,或者是薛焕并未执行,总之并无下文,而清政府官办洋务之议,也就到此打住了。

二、曾国藩的洋务思想及其早期运作

曾国藩对所谓"洋务"的认识以及兴办洋务的热情是随着时间的推移和形势的发展而不断提高的。虽然早在衡阳组建水师之初就将从广东购得的"夷炮"120尊编入建制,但曾国藩对夷人夷物却从无好感,特别是洋枪洋炮,一再鄙薄,以为不及自己的土枪土炮。他在咸丰八年(1858年)十月二十一日给袁芳英的信中说:"洋枪不甚得用,近始知之,祈阁下少买,或10支、20支足矣。如已买难退,则只得听之。"同治元年(1862年)九月二十九日给曾国荃的信中说:"洋枪机栝,弟营既善收拾,又勤于擦洗,余当令筱泉于粤厘项下购买。然我军仍当以抬鸟、刀矛、劈山炮为根本。譬之子弟,于经书八股之外兼工诗赋杂艺则佳,若借杂艺以抛弃经书八股,则浮矣,至嘱。"

曾国荃的部队本来习惯了洋枪，而且已经善于擦洗、收拾，但经曾国藩八股杂艺的比附游说之后居然又"深以为然"。为此曾国藩特别高兴，于十月初八日去信大讲劈山炮的优越与使用秘诀说："吾以劈山炮为陆军第一利器，若食群子50颗以外，实可无坚不摧。去年吾寄弟信，言劈山炮食满群子之后须要稻草球子封之，并须用挪杖多杵几下，将草球紧紧贴子，子紧紧贴药，药紧紧贴膛，及群子之所及，又远又宽矣。"

曾国藩还曾与人辩论过洋炮与劈山炮的优劣，他认为洋炮只能击远，而不能"食群子"，也就是说洋炮只有射程远的优点，而杀伤力不及用散子的劈山炮。他说："水陆战事，击远者固属要贵，多食群子者尤为可贵；二者不可得兼，则舍击远而取食群子者。"当然，他也想到要利用洋炮的优点，但仍是八股杂艺的原则，"意欲择散口洋装，异以陆战，以辅劈山炮之不逮"。但曾国藩毕竟挡不住新事物的潮流，因为洋枪比土枪优越，将士纷纷弃旧图新，特别在他的胞弟曾国荃的营中与在上海李鸿章的淮军中，已成风气。对曾国荃的要求曾国藩无法遏止，只好适当满足，他于同治二年（1863年）三月初六日致信李鸿章说："洋枪风气，开自尊处与舍弟营。今各营纷纷请领，不可遏止。意于沪中购买五百支，以应众将之求。"四月初六日又去信说："洋枪求者极多，风气既开，万难禁遏。敬求惠协二千杆。"

曾国藩虽然鄙薄洋枪洋炮，但对洋船却历来向往，这在上述响应恭亲王奕?的倡议中可见一斑，只是条件不允许，未能实现。咸丰十一年八月初一日，曾国荃攻克安庆。初七日，曾国藩由东流移驻安庆。十月十八日奉上谕："钦差大臣两江总督曾国藩，着统辖江苏、安徽、江西三省并浙江全省军务。所有四省巡抚、提镇以下官员，悉归节制。"从此，曾国藩不仅有了安庆这个据长江要冲的根据之地，而且直接掌握了长江下游各省，自然也就有了购买乃至试制轮船的条件。同治元年（1862年）正月二十一日，曾国藩用五万五千金购买外洋火轮一只。他当天的日记写道："早饭后清理文件，旋至眉生处与筱泉围棋。尚未终局，接周弢甫信，买洋船一只，湾泊城下，欲余登船阅看定夺，其价已议定五万五千金，委员朱筱山别驾押坐来皖。因与朱同登舟一看，无一物不工致。其用火激水转轮之处，仓卒不能得其要领。少荃、申夫、眉生等亦均往阅看。"

曾国藩在安庆买船可能不止这一只。黎庶昌的《年谱》于此事写

道:"二十一日,新购外洋火轮船第一号到安庆。"既然是第一号,自然还有第二号、第三号。曾国藩于四月初九日给奕?、桂良的信中说明他几次买船的情况说:"国藩以苏皖中梗,交涉事件甚多,欲得洋船一只,以为运送子药、飞递文报之用,札派周主事腾虎往沪购买。初购宝顺一只,价已议定,至立契日,嫌小退还。旋购吧吡船一只,因被售者所欺,诡易其名曰'博云',实不可用。又订定威林密船一只,较吧吡船略好,现尚未乘驾来皖,不知果合用否。"可知时至四月,曾国藩还派周腾虎在上海继续买船。

曾国藩不仅买船,而且极有兴趣自己造船,甚至买船就是为了造船,这个思想在《复陈购买外洋船炮折》中已经有了反映。现在既有轮船,有了范本,于是在安庆开设军械所,于制造枪炮之余试造轮船。他的军械所尽用华人,不用洋工。先从仿造轮船蒸汽机开始,居然取得了成功。曾国藩于同治元年七月初四日在日记中写道:"中饭后,华衡芳、徐寿所作火轮船之机来此演试,其法以火蒸水,气贯入筒。筒中三窍,闭前二窍,则气入前窍,其机自退,而轮行上弦;闭后二窍,则气入后窍,其机自进,而轮行下弦。火愈大则气愈盛,机之进退如飞,轮行亦如飞。"演试约一个小时,虽然只是蒸汽机单件,但曾国藩似乎看到了整个轮船的自制成功。他高兴地写道:"窃喜洋人之智巧,我中国人亦能为之,彼不能傲我以其所不知矣。"

曾国藩随着对洋人、洋物接触的增多(如吴竹庄从上海乘轮船至安庆"去来各仅二日",曾国藩深叹"洋船之神速"。李鸿章率淮军驻上海,"来信言夷务颇详"等),逐渐形成了自己对洋人、洋物的深层次观点,他在同治元年五月初七日的日记中写道:"眉生言及夷务,余以欲制夷人,不宜在关税之多寡,礼节之恭倨上着眼。即内地民人处处媚夷、艳夷而鄙华,借夷而压华,虽极可恨可恶,而远识者尚不宜在此等着眼。吾辈着眼之地,前乎此者,洋人十年八月入京,不伤毁我宗庙社稷;目下在上海、宁波等处助我攻剿发匪,二者皆有德于我。我中国不宜忘其大者而怨其小者。欲求自强之道,总以修政事,求贤才为急务,以学做炸炮,学造轮舟等具为下手工夫。但使彼之所长我皆有之,顺则报德有其具,逆则报怨亦有其具。若在我者挟持无具,则曲固罪也,直亦罪也,怨之罪也,德之亦罪也。内地之民,人人媚夷吾固无能制之,人人仇夷吾亦不能用之也。"这是曾国藩"论强弱而不论是非"观点的典型表述。这一观点在政治上导致他对外的屈膝投降，而在科学技术上又促使他对"洋务"不断增强认识，提高了他办洋务的热情。这实际上是一个由排洋、仇洋到德洋、亲洋，同时又在船炮制作上努力学洋的过程。

三、购买机器与装备铁厂

曾国藩的安庆军械所通过一段试验，虽然也造出了小火轮，但"不甚得法"，远不如洋船。除了人的技术差距外，关键是缺少设备。经人提醒，他想到了向外洋购买设备。曾国藩后来于同治七年（1868年）在奏折中回顾这段历史说："同治元、二年间驻扎安庆，设局试造洋器，全用华人，未雇洋匠。虽造成一小轮船，而行驶迟钝，不甚得法。二年冬间，派令候补同知容闳出洋购买机器，渐有扩充之意。"然则容闳又是何许人？何以能出洋购买机器？又何以能为曾国藩所用呢？

容闳，又名光照，广东人，道光八年（1828年）十一月十七日生于澳门附近的南屏镇。1835年，因熟人介绍，入英国教士古特拉富夫人在澳门办的"西塾"读书。后又因古夫人的介绍入玛礼孙学校读小学，再后又因玛礼孙学校主持人勃朗博士的关系和两位苏格兰人的资助，意外地获得去美留学的机会。容闳到美国，先入孟松学校补习，后考入美国名校耶鲁大学。留美八年，咸丰四年（1854年）学成回国，成为中国第一位毕业于美国名牌大学的学生。

容闳怀着"以西方之学术灌输于中国，使中国日趋于文明富强之境"这样一个教育救国的宏愿回到祖国，正遇上太平天国革命运动高涨，清政府借机扩大打击面，对无辜群众施行残酷镇压。眼前事实，使容闳对太平天国深表同情，而对清政府十分反感。后来他在一节回忆文字中写道："当予在粤时，粤中适有一暴动，秩序因之大乱。此际太平天国之军队方横行内地，所向披靡，而粤乱亦适起于是时。顾粤人之暴动，初与太平军无涉，彼两广总督叶名琛者，于此暴动发生之始，出最残暴之手段以镇压之，意在摧残方苗之花，使无萌芽之患也。统计是夏所杀，凡七万五千余人。以予所知，其中强半皆无辜冤死。予寓去刑场才半英里，一日忽发奇想，思赴刑场一觇其异。至则但见场中流血成渠，道旁无首之尸纵横遍地。时方盛夏，寒暑表在九十度以上，致刑场

四周二千码以内空气恶劣如毒雾。……予自刑场归寓后神志懊丧,胸中烦闷万状,食不下咽,寝不安枕。日间所见种种惨状,时时缠绕于予脑中,愤懑之极,乃深恶满人之无状而许太平天国之举动正当。予既表同情于太平军,乃几欲起而为之响应。"因只"几欲起而为之",到底未能响应,直至咸丰十年(1860年)十一月,才偕两位美国教士去苏州、金陵等地访问太平军,颇多赞美之词,并为之献计献策。因见"太平军领袖人物其行为品格与所筹划实未敢信其必成",故未接受封爵,丢下一句"无论何时,太平军领袖诸君苟决计实行予第一次谈判时提出之计划,则予必效奔走",又回到了上海。因容闳的所谓计划也只限于教育救国,而太平天国当时战争激烈,无法顾及,因而搁置未论。事后容闳在上海茶业公司帮工,直至自己经营茶叶。

同治二年(1863年),容闳在九江开办茶叶公司,生意颇为红火。正在这时,曾国藩的安庆军械所遇到了困难。幕僚张斯桂、李善兰等人向曾国藩建议从国外进口洋机器,兴办一所西式机器厂,既可以制造洋枪洋炮,也可以制造洋船。曾国藩极表赞同,但往外洋采办机器,事情重大,既要熟悉外国情况,又要忠诚可靠。曾国藩遍观周围,实在难得其人,于是张、李推荐了他们曾有一面之交的广东留美学生容闳。曾国藩交代他们立即写信,召他来安庆。

容闳在九江接到张斯桂的来信,十分紧张,他后来在《西学东渐记》的回忆中写道:"余得此书,意殊惊诧。盖此人于我初无若交谊,仅人海中泛相植耳。地则劳燕,风则牛马,相隔数年,忽通尺素,而书中所言尤属可疑。彼自言承总督之命,邀余至安庆一行;总督闻余名,亟思一见,故特作此书云。当时总督为曾公国藩,私念此大人物者初无所需于予,急欲一见胡为?予前赴南京识太平军渠帅,后在太平县向革命军购茶,岂彼已有所闻欤?忆一年前湘军驻徽州,为太平军所败,谣言总督已阵亡,时予身近战地,彼遂疑予为奸细,欲置予于法,故以甘言相诱耶?踌躇再三,拟姑复一函,婉辞谢却。但云辱荷总督宠召,无任荣幸,深谢总督礼贤下士之盛意,独惜此时新茶上市,各处订货者多,以商业关系,一时骤难舍去,方命罪甚,他日总当晋谒云云。"直至张斯桂并李善兰第二函,说清原委,容闳才"疑团尽释",欣然应召前往。但去的目的并非办厂,而在于"不意得此机缘,有文正其人为余助力,予之教育计划不患无实行之时"。直至人到安庆,经李善兰等人把问题说透，容闳才改弦更张，把思路转到办西式机械厂来。

曾国藩素以稳重见称，此次派人去国外购买机器，携带重金，如若择人不慎，携款外逃，无异泥沉大海，而对容闳又全无了解，因而只好借助他的相人术了。容闳在《西学东渐记》中回忆与曾国藩第一次见面的情景说："早起，予往谒总督曾公，刺入不及一分钟，阍者立即引予入见。寒暄数语后总督命予坐其前，舍笑不语者约数分钟。予察其笑容，知其心甚忻慰。总督又以锐利之眼光将予自顶及踵仔细估量，似欲察予外貌有异常人否。最后乃双眸炯炯，直射予面，若特别注意于予之二目者。予自信此虽不至忸怩，然亦颇觉坐立不安。"通过这样一番"审查"，曾国藩认定其诚实可靠，于是给银六万八千两，托其往泰西购买制造机器的机器。曾国藩于同治二年十月二十三日在日记中写道："李壬叔、容纯甫等坐颇久，容名光照，又名闳，广东人，熟于外洋事，曾在花旗国寓居八年。余请之至外洋购买制器之器，将以二十六日成行也。"为了表示容闳是国家官员，代表政府办事，特授予五品军功（曾国藩附片作花翎运同衔，而容闳别处作四品衔候选道），得戴蓝翎。

容闳以同治二年十一月由上海赴美国，因机械要临时定作，故至同治四年春天始成。当机器运至上海时正逢曾国藩"剿捻"失败，弹劾交至，遵旨退驻徐州，准备交割。于是容闳赴徐州复命。曾国藩此时见到容闳，无异于在诸多失败中看到了自己某次胜利的火焰，因而十分高兴，当即奏请朝廷给予奖励，他于同治五年十二月二十一日在以《容宏赴西洋采办铁厂机器有功请予奖励》的附片中说："花翎运同衔容闳，熟悉泰西各国语言文字，往来花旗最久，颇有胆识。臣于同治二年十月拨给银两，饬令前往西洋采办铁厂机器。四年十月回营，所购机器一百数十件，均交上海制造局收存备用。"事后容闳被保奏五品实官，"以候补同知资格在江苏省行政署为译员，月薪二百五十两"。采购机器一项算是顺利完成了。

然则上海铁厂与上海制造局又是怎么回事呢？上海铁厂乃上海制造局前身，铁厂为李鸿章、丁日昌等人所建。曾国藩在《奏陈新造轮船及上海机器局筹办情形折》中交代其过程说："湖广督臣李鸿章自初任苏抚，即留心外洋军械。维时丁日昌在上海道任内，彼此讲求御侮之策，制器之方。四年五月，在沪购买机器一座，派委知府冯焌光、沈保靖等开设铁厂，适容闳所购之器亦于是时运到，归并一局。"

第十二章 再任两江总督

李鸿章是同治元年三月由曾国藩派遣进驻上海的。到达上海后不久即署江苏巡抚，于是与上海道丁日昌等"讲求御侮之策，制器之方"，在虹桥购得洋人铁厂一座，委员制造。开始专造枪炮。曾国藩在上述奏折中报告铁厂筹建初期的生产情况时说："开局之初，军事孔亟，李鸿章饬令先造枪、炮两项，以应急需。惟制造枪炮必须有制造枪炮之器乃能举办，查原购铁厂，修船之器居多，造炮之器甚少。各委员详考图说，以点、线、面、体之法求方圆、平直之用，就厂中洋器以母生子，触类旁通，造成大小机器三十余座。即以此机器以铸炮炉，高三丈，围愈一丈，以风轮煽炽火力，去渣存液，一气铸成。先铸实心，再用机器车刮旋挖，使炮之外光如镜，内滑如脂。制造开花、田鸡等炮，配备炮车、炸弹、药引、木心等物，皆与外洋所造者足相匹敌。至洋枪一项，需用机器尤多，如辗卷枪筒，车刮外光，钻空内膛，旋造斜棱等事，各有精器，巧式百出。枪成之器之情形也。"至于工厂的地址迁移，规模扩大情况，曾国藩在同一奏折中说："该局向在上海虹口暂租洋厂，中外错处，诸多不便。且机器日增，厂地狭窄，不能安置。六年夏间，乃于上海城南兴建新厂，购地七十余亩，修造公所，其已成者，曰气炉厂，曰机器厂，曰熟铁厂，曰洋枪楼，曰木工厂，曰铸铁厂，曰火箭厂，曰库房、栈房、煤房、文案房、工务厅暨中外工匠住居之室。房屋颇多，规矩亦肃。其未成者，尚须速开船坞以整破舟，酌建瓦棚以储木料。"由此可知，上海制造局虽然在同治四、五年间能制造枪炮，而且其质量居然"能与外洋所造者足相匹敌"，但工厂的发展主要还是在曾国藩回任的同治六年夏季之后。也就在这时，工厂由专造枪炮向试造轮船发展。曾国藩在同一奏折中说明其原委说："始以攻剿方殷，专造枪炮；亦因经费不足，难兴船工。至六年四月，臣奏请拨留洋税二成，以一成为专造轮船之用。仰蒙圣慈允准，于是拨款渐裕，购料渐多，苏松太道应宝时及冯焌光、沈保靖等朝夕讨论，期于必成。"至此，上海制造局从厂房设备至生产能力，已经具备一定规模了。

四、上海之行的意义和影响

因为有了安庆试制轮船的经验教训，他对上海铁厂此次试制既抱有极大的希望，同时也怀着极大的担心，因为此项工程是他奏拨专款特意支持的。为了了解情况，他必须亲自去上海看看。

上海虽是两江辖地，但总督离署外巡，照例要事先奏报，于是在同治七年四月初七日的诸多奏折中附了一份《拟赴上海查阅铁厂制造轮船片》。附片虽以查阅铁厂制造轮船为题，但文中直接提到铁厂造轮船的文字很少，而大谈洋面不靖，用船孔急，以为铺垫。奏折开头就说："江南外海水师，向设战船一百七十一号。道光二十四年前任两江督臣璧昌奏称一概腐烂，漂荡无存。彼时虽奏请减船加工，另行修造，而其费出于摊捐，故其船成者极少。咸丰三年兵燹以后，毁弃殆尽。近年洋面不靖，屡有劫案，亟应归复水师，出洋捕剿。惟外洋开仗，较之长江开仗其难数倍，臣往年所用之长龙、舢板，均不便于出洋。"现有船只不能出洋，而洋面不靖，必须出洋捕剿，自然只有另想办法了。于是曾国藩接着说："现于上海铁厂制造轮船，又于芜湖等处试造广东艇船。俟船成之后，仍须酌改营制，略仿西洋之法，一船设一专官，乃可角逐海上，日起有功。"最后才说："臣拟于近日亲至上海一行，会同抚臣丁日昌，周历履勘，博询洋面战争之道，细查铁厂制造之工，再行酌议外海水师章程，会核具奏。"

曾国藩的奏折虽然如此小心翼翼，但出巡却大张旗鼓。他于四月二十四日从南京出发，经扬州，过丹阳，走常州，一路登山揽胜，闰四月初三日船泊省城苏州，江苏巡抚丁日昌从。初十日到达上海，驻住铁厂，也不见"博询洋面战事"，而是一股脑儿扎进铁厂，仔细观览考察。他在闰四月十二日的日记中写道："旋出门至机器局，观一切制造机器。屋宇虽不大，而机器颇备。旋观新造之轮船，长十六丈，宽三丈许。最要者惟船底之龙骨。中间龙骨夹层，两边各龙骨三根，中骨直而径达两头，两边骨曲而次第缩短。骨之下板一层，骨之上板一层，是为夹板，板厚三寸。龙骨之外唯船肋最为要紧，约每肋宽厚三寸有奇，皆用极坚之木。计此船七月可下水。"尽管曾国藩对轮船的构造不甚了了，但他确实在认真观察并企图全面看懂它。特别是"此船七月可下水"，使他深受鼓舞，因为既有船下水，不仅他多年经营的心血没有白费，而且上年奏请拨留洋税一成专造轮船一事也有了交代，自然是欣喜无限，甚至以此联想到自己的家运和前景，以致兴奋不已，夜既深而不能入睡。当天日记写道："近年从无似此夜深始睡者，幸尚能成寐。吾每虑吾兄弟功名太盛，发泄殆尽，观近年添丁之渐多，子弟之向学，或者祖

第十二章 再任两江总督

· 215 ·

泽尚厚，方兴未艾，且喜且惴惴也。"

这次考察虽然有当时的上海道、兴办铁厂的具体施行者丁日昌在场，但与曾国藩最初商讨上海"夷务"的李鸿章却无缘到达，他此时正被拴在紧张的"剿捻"前线，清政府责令他在一个月内将捻军消灭，"限一个月不灭，则重治其罪"，以致曾国藩为之感慨说："克期剿贼，是明末之弊政，既为大局虑，尤为少泉危，忧系无已。"然而却有另外一位同样与铁厂有关的人士在场，这就是当年赴外洋采办机器的容闳。他后来在《西学东渐记》中回忆道："文正来沪视察此局时似有非常兴趣。予知其于机器多创见，因导其历观由美购回各物，并试验自行运动之机，明示以应用之方法，文正见之大乐。予遂乘此机会复劝其于厂旁立一兵工学校，招中国学生肄业其中，授以机器工程上之理论与实验，以期中国将来不必需要用外国机械及外国工程师。文正极赞许，不久遂得实行。今日制造局之兵工学校已造就无数机械工程师矣。"曾国藩在《秦陈新造轮船及上海机器局筹办情形折》中也说："另立学馆以习翻译。盖翻译一事，系制造之根本。洋人制器出于算学，其中奥妙皆有图说可寻。特以彼此文义扞格不通，故虽日习其器，究不明夫用器与制器之所以然。本年局中委员于翻译甚为究心，先后订请英国伟烈亚力、美国傅兰雅、玛高温三名，专择有裨制造之书，详细翻出，现已译成《气机发轫》《气机问答》《运规约指》《泰西采煤图说》四种。拟俟学馆建成，即选聪颖子弟随同学习，妥立课程。先从图说入手，切实研究，庶几以理融贯，不必假手洋人。亦可引伸，另勒成书。"由此可知，翻译一事即前此有之，而学馆之立却是曾国藩上海之行时受容闳启发，而曾国藩"亦可引伸，另勒成书"的思想为中西文化的交流打开了新的思路。

曾国藩这次考察还有一个意外的收获，参观了法国驻上海领事白来尼的居室，初次看到了洋人上层的生活。他在当天的日记中写道："午初出门，至洋泾回拜法国领事白来尼。倾诚款待，虽其母其妻之卧室亦预为腾出，引余与中丞军门阅看，所居楼阁四层，一一登览。玉宇琼楼，镂金错彩，我中国帝王之居殆不及也。"此次上海考察所见所闻，对曾国藩是一个巨大的鼓舞，仿佛从中看到了中国自强的希望。他在船成后的奏折中极力夸赞此次轮船试制的成就说："从前上海洋厂自制轮船，其气炉、机器均系购自外洋，带至内地装配船壳，从未有自构式样造成重大机器、汽炉全具者。此次创办之始，考究图说，自出机杼。本年闰四月间臣赴上海察看，已有端绪。七月初旬，第一号工竣，臣命名曰恬吉轮船，意取四海波恬，厂务安吉也。其汽炉、船壳两项，均系厂中自造。机器则购买旧者，修整参用。船长十八丈五尺，阔二丈七尺二寸。先在吴淞口外试行，由铜沙直出大洋，至舟山而旋。复于八月十三日驶至金陵，臣亲自登舟，试行至采石矶，每一时上水行七十余里，下水行一百二十余里，尚属坚致灵便，可以涉历重洋。原议拟造四号，今第一号系属明轮，此后即续造暗轮。将来渐推渐精，即二十余丈之大舰，可伸可缩之烟囱，可高可低之轮轴，或亦可苦思而得之。上年试办以来，臣深恐日久无成，未敢率尔具奏。仰赖朝廷不惜巨款，不责速效，得以从容集事，中国自强之道或基于此。"

奏折报至京城，朝廷上下也深受鼓舞，军机处九月二十四日发出廷寄说："同治七年九月十七日奉上谕：曾国藩奏，新造轮船工竣，并陈上海机器局筹办情形及请奖上海通商委员各折片。中国试造轮船，事属创始。曾国藩独能不动声色，从容集事，将第一号轮船造成。据称坚致灵便，可涉重洋，此后渐推渐精，即可续造暗轮大舰，并陈制器设厂及添建译馆各情形。足见能任事者，举重若轻，深堪嘉尚。马新贻计抵新任，即可会同丁日昌按照曾国藩、李鸿章筹办规模，悉心讲求，以求周妥。设局以来，各该委员等均属著有微劳，所有尤为出力各员，准由曾国藩会同李鸿章、马新贻、丁日昌酌量奏保。其上海通商委员，办理洋务亦臻妥协，并着曾国藩等择优请奖，以示鼓励。"

五、曾国藩与中国现代工业

曾国藩经营现代军事工业，不是在组建湘军之初开始，而是直到战争的晚期才开始，这是因为曾国藩所处是冷热兵器交替的时代，由冷兵器到热兵器，由简单的热兵器到现代工业生产的热兵器，有一个酝酿的过程，其中包括人的认识的思想酝酿和生产条件的酝酿，而这个酝酿都集中发生在曾国藩身上。其思想认识表现在前面已经提到的由排斥洋兵器到被迫接受洋兵器，到主动购买洋兵器，到进口制造兵器设备。在进口设备的过程中又由进口轻兵器设备到重兵器设备。因为曾国藩是集个体认识与群体权力于一身的朝廷大员，所以他的思想认识很容易转化为

生产条件,当他在安庆意识到进口设备的重要时,容闳出使美国也就紧跟其后了。曾国藩兴办现代军事工业,就其简单过程而言,肇始于安庆,发展于上海,影响于福州。也就是说他亲自在安庆办,支持李鸿章在上海办,影响左宗棠在福州办。他自己也说:"铁厂之开,创于少荃;轮船之造,始于季高;沪局造船,则由国藩推而行之。"因为曾、李、左三人关系密切,在举办"洋务"的活动时间上又比较接近,所以史家往往将三人并称,胡绳在《从鸦片战争到五四运动》一书中说:"六十年代主持和提倡办洋务的,在朝廷里是总理各国事务衙门的大臣奕?和文祥等人,在地方上是握有实权的大官僚曾国藩、左宗棠、李鸿章等人。在这些人中间,李鸿章经办洋务最多,时间也最长,因此他成为办洋务的最重要的代表人物。"虽然曾、左、李三人并提,但毕竟事有先后。据实而言,三人兴办洋务的先后次序应该是曾国藩始发,李鸿章继起,左宗棠仿效。

这个顺序对照曾国藩自己的说法似有矛盾,似乎曾、左、李搞洋务是三家并列,并无先后,李、左的一些思想和举措,甚至还在曾国藩之前。如左宗棠在福建奏办轮船就早于曾国藩要求截留关税制造轮船的奏折。左宗棠因骆秉章、胡林翼、曾国藩等人的鼎力推荐,于咸丰十年以四品京堂随曾国藩襄办军务。因援浙有功,十一年十二月授浙江巡抚,同治二年三月授闽浙总督,五年五月十三日,以《拟购机器雇洋匠试造枪船先陈大概情形》为题,奏报朝廷,要求在福建海口罗星塔一带兴建船厂。左宗棠因其性格与才气所关,行文鲜明酣畅,一览无余,迥不似曾国藩的左右推敲,瞻前顾后。奏折开篇论述中国海陆防的形势特点:

窃维东南大利,在水而不在陆。自广东、福建而浙江、江南、山东、直隶、盛京以及东北,大海环其三面。江河以外,万水朝宗。无事之时,以之筹转漕,则千里犹在户庭;以之筹懋迁,则百货集诸厘肆。匪独鱼、盐、蒲、蛤足以业贫民,舵舳水手足以安游众也。有事之时,以之筹调发,则百粤之旅可集三韩;以之筹转输,则七省之储可通一水,匪特巡洋缉盗有必设之防,用兵出奇有必争之道也。况我国家建都于燕,津沽实为要镇。自海上用兵以来,泰西各国火轮兵船直达天津,藩篱竟成虚设,星驰飙举,无足当之。自洋船准载北货行销各口,北地货价腾贵。江浙大商以海船为业者,往北置货,价本愈增,彼得回南,费重行迟，不能减价以敌洋商。日久消耗愈甚，不惟亏折货本，寖至歇其旧业。滨海之区，四民中商居什之六七，坐此阛阓萧条，税厘减色，富贵变为窭人，游手驱为人役。并恐海船搁朽，目前江浙海运即有无船之虑，而漕亦难措手。是非设局急造轮船为功。

奏折立论高远，从中国三面环海的特点，从东南与东北的依存关系，从海上交通对国计民生和御敌缉盗的重要作用和目今船搁朽腐，商业萧条，税厘减色的现状，提出设局造船的紧迫，接着提出开设船厂的规划，如设备进口，人才引进，经费预算，可行性论证等等。并批判各种顽固保守思想：

至非常之举，谤议易兴，始则忧其无成，继则议其多费，或更讥其失体，皆意中必有之事。然臣愚窃有说焉。防海必用海船，海船不敌轮船之灵捷。西洋各国与俄罗斯、咪利坚，数十年来讲求轮船之制，互相师法，制作日精。东洋日本始购轮船，拆视仿造未成，近乃遣人赴英吉利学其文字，究其象数，为仿制轮船张本，不数年后，东洋轮船亦必有成。独中国因频年军务繁兴，未暇议及。虽前此有代造之举。近复奉谕购雇轮船，然皆未为了局。彼此同一大海为利，彼有所挟，我独无之。譬犹渡河，人操舟而我结筏。譬犹使马，人骑骏而我骑驴，可乎？均是人也，聪明睿知，相近者性，而所习不能无殊。中国之睿知运于虚，外国之聪明寄于实。中国以义理为本，艺事为末；外国以艺事为重，义理为轻。彼此可是其是，两不相喻，姑置弗论可耳；谓执艺事者舍其精，讲义理必遗其粗，不可也。谓我之长不如外国，藉外国导其先，可也；谓我之长不如外国，让外国擅其长，不可也。

这里的批判，自然也包括对曾国藩的八股杂艺之说，而"前此有代造之举，近复谕购雇轮船"等，自然是指曾国藩在安庆试制轮船及购买洋船各节了。最后大胆估算设厂造船的得失说：

如虑糜费之多，则自道光十九年以来所糜之费已难数计。昔因无轮船，致所费不可得而节矣；今仿造轮船，正所以预节异时之费，而尚容靳乎？天下事，始有所损者终必有所益。轮船成则漕政兴，军政举，商

第十二章 再任两江总督

民之困纾,海关之税旺,一时之费,数世之利也。纵令所制不及各国之工,究之慰情胜无,仓卒较有所恃;而由钝而巧,由粗而精,尚可期诸异日,孰如羡鱼而无网也!计闽浙粤三省通力合作,五年之久,费数百万,尚非力所难能,疆臣谊在体国奉公,何敢惜小费而忘至计?

左宗棠的奏报很快得到了批复,并主动提出解决经费的具体办法。批复说:

左宗棠奏,现拟试造轮船,并陈剿捻利用在战各折片,览奏均悉。中国自强之道,全在振奋精神,破除耳目近习,讲求利用实际。该督现拟于闽省择地设厂,购买机器,募雇洋匠,试造火轮船只,实系当今应办急务。所需经费,即着在闽海关税内酌量提用。至海关结款虽完,而库储支绌,仍须将此项扣款按年解赴部库,闽省不得辄行留用。如有不敷,准由该督提取本省厘税应用。左宗棠务当拣派委员,认真讲求,并尽悉洋人制造驾驭之法,方不致虚糜帑项。所陈各条,均着照议办理,一切未尽事宜,仍着详悉议奏。

批复可谓是全面肯定了左宗棠的奏报。

由于曾国藩、左宗棠等人的施政措施及奏折情况是互相通气的,所以左宗棠的奏折尚未批示之前曾国藩已经得信。也正因为是受左宗棠的启示,所以曾国藩抢在左宗棠前具奏(也可能彼此所记时间有误),曾国藩在同治六年四月初七日的附片中明确地说:"至制造轮船等事,福建尚奏拨巨款新立铁厂,江南已有铁厂,岂可置之不办!"按此口气,曾国藩的奏报应该在左宗棠的奏报并批复之后。如此一来,是否可以说左宗棠造船在前而曾国藩在后呢?不是,因为曾国藩同治元年与二年间驻扎安庆时就设局制造洋器,而且居然造成了一只小轮船,虽然"行驶迟钝,不甚得法"。至于"购买制造机器之机器"一节,曾国藩早在同治二年十一月派容闳由上海赴美国,并于同治四年采办最关紧要者百数十件运回上海,投入使用了。所以曾国藩才敢于说:"江南已有铁厂,岂可置之不用!"

至于李鸿章,其经办洋务最多,时间最长,是因为他的年龄优势所致。李鸿章比曾国藩小11岁,晚去世18年,曾国藩在世时即已先后任两江、湖广等地总督，他不仅仕途受曾国藩的荐举，而且学问亦出曾国藩之门。早在曾国藩官京师时李鸿章以"年家子"从曾氏学。咸丰七年，李鸿章以按察使留曾国藩营襄赞营务。咸丰十一年，曾国藩密陈李鸿章才可大用。会上海求救甚急，曾国藩再三劝曾国荃率队前往，曾国荃坚不肯去，于是命李鸿章回淮募师，组建淮军。同治元年正月，李鸿章率所募淮勇来安庆。"公为定营伍之法。器械之用，薪银之数，悉仿湘军章程，亦用楚军营规以训练之。拨湘勇数营以助之。两省将卒，若出一家然，公所教也。"在曾国藩的指导下，李鸿章的淮勇粗已成军，于同年三月陆续以轮船从安庆运送上海。曾国藩二月二十八日记："二更后，江苏有绅士钱鼎铭、潘馥复来请援，带火轮船，将潜载少荃之兵直赴上海。随后更有轮船六号续至，每次七船，计可载三千人，将分作三次迎接少荃之兵。"三月十三日日记："酉刻出城，至洋船送淮勇树字、铭字两营之行。"三月三十日又记："中饭后又写少荃信一件，至洋船送林字营之行。"可知李鸿章去上海全是由曾国藩一手安排的。因为有了上海这块基地，李鸿章此时才被"趋署江苏巡抚"。二年正月，又兼署五口通商大臣。

李鸿章到上海，虽说是封疆大吏，但因一则江苏属两江辖地，二则李鸿章为曾国藩门生，三则李鸿章所率之淮军为曾国藩所直接派遣，故李鸿章一切进止均待请示曾国藩而后定。李鸿章初到上海，对"洋务"颇感兴趣，多在信中言及有关问题。同治元年三月初十日曾国藩日记写道："接少荃上海来信，言夷务事颇详。"李鸿章因为受曾国藩在安庆办"洋务"的影响，又看到了上海的好条件，可能萌发了急于办"洋务"的想法，曾国藩于三月二十四日去信劝止说："阁下此次专以练兵学战为性命根本，吏治、洋务皆置后图。"又说："阁下此时除选将、练兵、筹饷，别无政事；除点名、看操、查墙，别无工夫。"曾国藩的意见自然是正确的，因为李鸿章初到上海，周围尽是太平军，"洋人"队伍也非止一处，情况复杂，首先必须立稳脚跟。随着时间的推移和形势的好转，李鸿章的"洋务"思想自然要付诸行动，但也没有立即实现，直至同治四年五月才买下美国商人在上海虹口开设的小型机器厂。这就是曾国藩在同治七年九月初二日奏折中所说的："湖广督臣李鸿章自初任苏抚，即留心外洋军械。维时丁日昌在上海道任内，彼此讲求御侮之策，制器之方。四年五月，在沪购买机器一座，派委知府冯焌光、

沈保靖等开设铁厂。适容闳所购之器亦于是时运到,归并一局。"由此可知,李鸿章最初在上海办洋务,是曾国藩洋务思想与实施计划的一部分,并非离开曾国藩的独立行动,更不是自立门户的另外一家。

容闳曾经说过:"世无文正,则中国今日正不知能有一西式之机器厂否耶。"这话乍看似乎有些过头,然而事实确是如此。所谓"今日",指的是容闳说话的当时,即曾国藩决定扩大机器厂、新迁厂址至高昌庙的"今日",而不是我们所处的今日。从发展的观点看问题,中国迟早有自己的机器厂,他曾国藩不创办自有他人创办。但在当时,在同治初年,这个创办的任务却历史地落到了曾国藩的肩上。这个所谓的"历史",有着两个方面的因素:一是战争需要的紧迫性。溯其源流,中国的现代工业是由军事工业发源的,当时的最大军事就是镇压太平天国,而曾国藩又处在镇压太平天国的最前沿,身上的担子最重,承受的压力最大。加之湘军的作战能力本不太强,在同等条件下几乎不是太平军的对手,所以战争一开始曾国藩就在寻找更好的武器装备,而愈到后期愈加迫切。这就造成了这样一个事实:在当时清政府的满朝文武中,曾国藩追求新的武器装备最为迫切,因而最富有试制新装备的积极性。

二是个体认知的条件。自恭亲王奕?提出购买洋船炮问题,接触的人非止曾国藩一人。咸丰十一年五月三十日上谕及奕?等人原折抄件,在发给曾国藩的同时发至了湖广总督官文,湖北巡抚胡林翼,两广总督劳崇光,江苏巡抚薛焕,广东巡抚耆龄,并传谕海关监督毓清,且明确要求"广东、江苏各督抚,雇内地人学习驾驶,酌配兵丁并统带大员,一俟船炮运到,即奏明办理"。但反应却不一样,如时任两广总督的劳崇光,虽然也主张购买船炮,但却反对内地人学习驾驶,"其意欲全用外人,不参杂用之"。唯有曾国藩,极力主张"既已购得轮船,即应配用江楚兵勇,始而试令司舵、司火,继而试以造船、造炮,一一学习,庶几见惯而不惊,积久而渐熟"。

曾国藩认知的另一表现反映在他的战略思想上。无论是奕?的奏折或是朝廷购买船炮的目标都锁定在消灭太平军上。曾国藩虽然也积极赞成购买船炮,但主要不是用来对付太平军,因为他认定此时对付太平军无需如此坚船利炮。他反复向朝廷并奕?等人说明情况说:"至轮船攻剿发匪,声威雄壮而地势多不相宜。发匪之猖獗在陆不在水,官军之单薄亦在陆不在水。顷于三月克复鲁港、西梁山、裕溪口等处,贼之船炮焚夺殆尽，目下除九洑洲尚有贼船外，余则长江上下一律肃清。仰仗国家威福，水面已无足虑。现已调派师船由金柱关驶入内河，河窄水浅，长龙、舢板尚嫌其大。若强用轮船，尤不相宜。"作为"剿发匪"的最高统帅，明知"强用轮船尤不相宜"，但却又十分热情于轮船购买和试造，这就是曾国藩的可贵之处，因为他在死盯着"发匪"的同时就开始注意海外了，尽管他实际执行的是妥协投降的外交路线。值得我们重视的是，这种注意虽然对中国的军事实力并无太大的加强，但却因此引进了外洋的现代先进工业技术，伴随而来的是西方先进的科学文化；同时也逐步造就了与封建体系绝不相容的中国首批工业无产者。所以我们说曾国藩是我国现代工业试办的先行者，为中国的现代工业鸣响了第一声汽笛。

第十二章 再任两江总督

第十三章

黯然神伤

从 1867 年 4 月初到金陵，一直到 1868 年 12 月 17 日启程赴直隶总督任，曾国藩在金陵只住了一年多的时间。由于剿捻的中途回归，曾国藩关于两江的宏图大业也消减了不少，失去了很多雄心壮志。

剿捻的经历等于让曾国藩生了一场大病。这个昔日精干老辣的官员如今已是元气大伤、形神困悴。年纪并不算太大的曾国藩也有了很多老年人的"症状"：记忆力明显衰退，每天晚上，当提起笔记述当天的事情时，却怎么也回想不起来；有时候，甚至开始像个老太婆一样唠唠叨叨，语无伦次，将一句话翻来覆去地说很多次，也不顾左右的人是否聆听。并且，曾国藩还热衷于像一头老牛一样，经常性地反刍自己的人生时光——对于很久以前的一些事，曾国藩倒是时常从记忆的储柜中调出来，细细地品味一番；但对于近来发生的一些事情，以及一些将要处理的事情，曾国藩经常性地丢三落四、弃之脑后。

回任后不久，有人反映，江苏巡抚丁日昌受贿情况严重，甚至公开索贿；并且，丁日昌的手下也经常为非作歹，欺压百姓。当幕僚们向曾国藩报告这些情况时，曾国藩摇了摇头，也只是苦笑了一下。丁日昌是李鸿章的人，是李鸿章一手提拔上来的，此时的李鸿章正顶了自己的缺，在前线跟捻军打仗。如果他的人有个三长两短，不是存心让他难堪吗？那是万万动不得的。政治就是一种妥协，也是一种交易，这一点曾国藩绝对知道。

现在，曾国藩可以暂时享受一下太平生活了。前方正在打仗，曾国藩除了过问一下丁日昌那边的粮草供应情况之外，大多数时间里，他一直在家清养身体。由于休息较好，身上的癣，也不似以前那样奇痒难忍了。身体稍好之后，曾国藩觉得世界与自己的距离又拉近了，他又重新在这个世界之中了。人，真是一个奇怪的动物，只有身体还好的情况下，对这个世界才会少一些怀疑，才会觉得做点事还有意义；在病中，会觉得什么都没有意义。曾国藩在衙署的后院辟了一些菜地，一有空闲，就提起锄头去种点瓜果蔬菜。这是曾国藩的习惯了，在曾国藩的观念中，男人种地，女人纺纱、做衣、做鞋，都是天经地义的事情，劳动不但让人活动筋骨，还可以让人少很多非分之想。所以每到一个地方，曾国藩不仅自己这样做，还要求他的家眷和子女们都要干一点农活。干一点轻微的体力活，让曾国藩身心都觉得愉快。

自40岁以后，曾国藩就开始为自己构建想象中的美好生活了，在曾国藩想象的生活中，他应该住在这样一个地方：山数峰，田数顷，水一溪，瀑十丈，树千株，竹万个，主人携书千卷，童子一人，琴一张，酒一瓮……这样的情景，是曾国藩早年所读的桐城派戴名世的文章中提及的。戴名世虽然因为在《南山集》中密修私史，仍以明朝年号为正朔，被清廷杀了。但曾国藩对于戴名世文章中表现出的性情和追求，还是颇为赞赏的。曾国藩一直想幽居在某一个地方，造屋，种树，过一种林和靖"梅妻鹤子"似的生活。这种念念于自然不忘个人空间的追求，其实也是那个时代所有读书人的常态。随着年龄的增大，曾国藩对于家乡更是梦回萦绕了，甚至可以说，这种经营闲雅空间的念头一直伴随着曾国藩走到生命的尽头，但他终究没能如愿。在这一年中，曾国藩一共给朝廷打了三次报告，都是寻找各种理由要求告老还乡。朝廷出人意料地对于曾国藩表现出了足够的耐心，每一次，都在回折中要求他安心养病，曾国藩每次接到上谕，都是既失望又欣慰。失望的是，他的要求没有被批准，自己在任上，总是要盘很多烦心事，不盘烦心事吧，又怕自己在任误国。欣慰的是，朝廷还算是对他信任和宽容。对于曾国藩来说，他当然知道这是一件不容易的事情。

忙里偷闲，曾国藩开始频繁巡视金陵附近的很多地方，说是巡视，其实也只是随意看看，不带任何目的。攻下金陵之后，因为一直忙于裁减湘军、战后恢复等事宜，曾国藩还没有在金陵细细看过。重回两江总督的位置上，曾国藩最想看的，就是秦淮河一带了。秦淮河一带是六朝古都的标志，也可以说是金陵城的晴雨表。从秦淮河，可以看出金陵乃至两江的整体情况。秦淮河畔柔弱委顿之风算是中国文化的老传统了，自宋朝南迁，这里就一直繁荣昌盛，尤其是明亡于清之后，汉族士大夫

第十三章　黯然神伤

没能耐复国,只好到秦淮河中去爱国,在美人圈里打滚,在琴棋书画之中消磨时间。这种醉生梦死的生活方式,也是有着他们的理由的,要么前途受挫,要么看破红尘……这些歌舞升平的地方,正好可以让他们得到慰藉和宣泄。有这样的社会心理背景,也难怪秦淮河如此繁荣了。

当年的兵燹现在已看不到什么踪迹了,金陵城又变得繁华安宁。尤其是秦淮河一带,又恢复往日的灯红酒绿:那些停在河岸里的画舫游船、夫子庙的百业杂耍、胭脂巷的红男绿女、贡院街的肥马轻裘,把这个六朝古都点缀得如同温柔乡一样。联想到刚刚入城时的凄惨情景,曾国藩不由感叹,时间真是一个神通广大的魔术师,转瞬之间,就能把创伤涂抹得干干净净。说起来,秦淮河的繁荣还真有曾国藩的功劳——当年太平天国攻占金陵之后,下令禁妓禁烟。妓女们闻风而逃,一起跑到上海租界里去了。一批有钱的商人,也跟风转移到了上海。金陵的商业受此影响,变得很萧条。曾国藩进入金陵城之后,在恢复科举的同时,也恢复了妓院。在这一方面,曾国藩倒是很达观的,食色性也,哪里能禁得住呢?春秋时齐相管仲在兴国安邦时,就专门设了"女闾",这应该算是最早的妓院了。高明的执政者总是实事求是,如果一味禁止,反而会变得很乱。曾国藩才不是那种迂腐武断的道统呢!当年,为了解除人们的疑虑和担心,曾国藩甚至带头在秦淮河的花船上召妓饮酒,宴请宾客。结果,那些原先逃走的妓女们又回来重操旧业。秦淮河热闹了,那些有钱人也就回来了,金陵又恢复了以往的昌盛。当然,曾国藩对于妓院的兴办是有控制的,曾国藩最初为金陵妓院所定的指标是六座,谁知后来妓院越开越多,怎么也控制不了。因为无法管得住,曾国藩干脆也睁一只眼闭一只眼。曾国藩从来就不是一个苛刻之人,他只是对自己苛刻,对于别人,更多的是理解和宽容。

那一段时间,曾国藩还跑了很多地方,他先后去了明孝陵、燕子矶、下关、灵谷寺一带。每次出门闲游,曾国藩总带着他幕府中的文人,比如说他文章的"四大弟子"薛福成、张裕钊、吴汝纶、黎庶昌,此外还有俞樾、吴嘉宾、王闿运、王定安、张文虎、张穆、何秋涛等。只有跟文人在一起游山玩水,曾国藩觉得还有点意思,那些铁板着脸的将军是不喜欢山水的,跟他们在一起,只能给他们分配任务交代事情。曾国藩慧眼识人,他手下的这些文人,都是些才情过人的可造之才:一方面聪明过人,另一方面又懂情懂理。曾国藩不太喜欢那些放浪形骸的狂狷之人，或者愚蠢笨拙的酸腐文人。曾国藩一直很得意的是，自己的身边有一批经天纬地之才，这些人才高八斗，后来都成了晚清的著名学者。曾国藩最喜欢的，就是跟他们聊天了，天马行空，神游八极。有时候，曾国藩把自己对作文的理解，一一地传达给他们，也仔细地聆听着他们对于古诗文的认识。每当他们谈到精彩之时，曾国藩总是频频颔首，这些后生的确可畏啊。无论是在文章学还是在办事的干练程度上，这些年轻人都是一把好手。只可惜的是，他们处在这样一个文化断裂的时代，大势已去，不确定的因素太多，谁又能保证以后的生活不颠沛流离呢？

　　现在，我们要换一种方式，冷静地观察曾国藩的身前左右了——如果说，对一个人的认识和判断尚不清晰的话，那么，看看他的朋友，以及他的身前左右，就可以基本下结论了——对于曾国藩，同样也是如此——可以说，在曾国藩的整个生命和事业中，环绕在他身前左右的幕僚，起到了异常积极的作用。从某种程度上，曾国藩之所以有巨大的成就，在很多事情上决策正确，并且能在晚清之际，在文化和政治上成为汉人巨擘，这跟曾国藩拥有一支精明能干的智囊团有关。曾国藩的幕府，无论是从人数，还是从人员结构来看，都堪称晚清第一幕府。曾国藩一直算是"爱才如命"，每到一个地方，曾国藩最感兴趣的一件事，就是在当地搜罗优秀人才。他总是公开张榜，让那些人才来大帐毛遂自荐。与捻军作战期间，曾国藩在其所出"告示"中还特别列有"询访英贤"一条，昭告远近，希望自荐或举荐人才。"四大弟子"之一的薛福成，就是在看到告示后，上《万言书》打动了曾国藩，从而进入了曾氏幕府，成为曾国藩以后在洋务运动和外交上的得力助手。曾国藩有一双鹰隼似的慧眼，识人无数，有着惊人的洞察力和判断力。很多时候，曾国藩只要稍稍观察这个人的面相和气质，问几句不咸不淡的话，就基本可以断定这个人有没有过人之处，是不是自己需要的人才。曾国藩从不管那些毛遂自荐的人有没有功名，是不是名门正派；他要的，就是那种有真才实学，并且能为己所用的人。当然，曾国藩在用人中，最重要的要求是良好的品行。在曾国藩看来，一个人有没有良好的品行，是他今后能不能进一步成器的关键所在。

　　不仅如此，曾国藩在与人谈话、通信时，一有机会，总是细细询问其地、其军、其部是否有人才，一旦发现，如获至宝，千方百计要将其

第十三章　黯然神伤

调到自己的身边。他的幕府中不少幕僚都是通过朋友或幕僚推荐：方宗诚、陈艾由吴廷栋推荐；李善兰由郭嵩焘推荐；李善兰又荐张文虎、容闳入幕……优秀的人往往气味相通、惺惺相惜。这样，得到一位人才，就可能招募到更多的人才。对于招徕人才，曾国藩自有一套心得，他概括为八个字："广收、慎用、勤教、严绳。"在曾国藩看来，当今社会不是没有人才，真正的人才大都淹没在民间，有的饥寒交迫，有的受辱于人。要像伯乐发现千里马一样，去发现这些人。曾国藩组建湘军之初，诸如塔齐布、罗泽南、李续宾、李续宜、王鑫、杨岳斌、彭玉麟等，都来自民间，有的是落魄书生，有的是农夫，有的是下层军士。曾国藩慧眼识才，提拔他们，重视他们，使他们施展才华，直至成为一匹千里马。

曾国藩的幕府中，有政治人才、外交人才、科技人才、文化人才四大类。政治人才是曾国藩幕府的主体。这些人在跟随曾国藩立下功劳之后，迅速升迁，成为朝廷大员或地方官吏，从而形成了晚清政局中举足轻重的势力集团。值得一提的是，曾国藩对于自己的幕僚，总是全力保举，有时甚至一保再保，不止一次。曾国藩的手下，共出了26名督抚与堂官、52名三品以上的大员，以及难以计数的道、府、州、县官员。曾国藩所保举的幕僚，人员之众、次数之多、升迁之快、官职之高，在中国幕府史上都是罕见的。这些幕僚在成为地方大员之后，大多精明能干，有很多在后来成为叱咤风云的人物，其中，李鸿章、左宗棠、沈葆桢、丁日昌、薛福成、彭玉麟、刘铭传等，在晚清史上，都有着举足轻重的地位。一段时间中，晚清地方大员中，竟有三分之二的人出自曾国藩的幕府。由此，可以看出曾国藩的影响力。

除了政治和军事人才，曾国藩在幕府中还收纳了许多科技和外交人才。这一行为，是很有超前眼光的，说明曾国藩已有了这方面的意识，想做一些前人没有做的事情。在曾国藩之前，清朝政府还没有和外国建立近代意义上的外交关系：从郭嵩焘担任第一任驻英公使开始，近代的外交活动才算逐渐展开。清朝最初的外交家，多与曾国藩有密切关系：除了郭嵩焘，曾国藩的长子曾纪泽曾任驻德、驻俄公使，在维护祖国的尊严和民族利益上做出了巨大贡献；著名外交家薛福成、黎庶昌、陈兰彬等，都曾经是曾国藩的幕僚。在科技人才的培养上，曾国藩同样慧眼独具。近代中国科技史上有名的几位科学家，都曾在曾国藩的幕府中长期担任职务：李善兰是近代中国的数学先驱，在曾国藩幕府中一共待了8年，不但为曾国藩创立的江南制造局解决了许多实际问题，还翻译了许多西方数学著作，为中国的近代数学发展奠定了基础；另外一位数学家华蘅芳，也一直在曾国藩幕府中，从事着科技研究和枪炮制造工作；除此之外，还有被称为中国近代化学之父的徐寿，徐寿和儿子徐建寅同在曾国藩幕府中很多年，在办洋务、设立工厂方面，起到了很关键的作用。

曾国藩与自己的幕僚就这样建立了很深的情谊。曾国藩不仅仅从自己的私人俸禄中向他们支付酬金，对于他们，也几乎无话不谈。尤其是自己的一些心腹，曾国藩并不像其他大臣一样讳莫如深。这一点，从曾国藩幕僚赵烈文的《能静居日记》中就可以看出。在这本日记中，赵烈文详细记录了他与曾国藩的数次谈话内容。从这些谈话中，可以清楚看到曾国藩对当时的政治形势了然于胸，对于中国的前途极度担忧。

1867年7月21日晚，曾国藩与赵烈文单独在一起时，曾国藩忧心忡忡地对赵烈文说：北京来人所讲的，说都城那里的景况非常恶劣，时常出现纵火抢劫之类的案子，而市集店铺间乞丐成群，甚至有的妇女也裸身没有裤子穿。黎民百姓的家财耗尽、境况窘迫，恐怕会有变故发生。这该怎么办呢？

赵烈文是一个对于时局有着清醒认识的文人。见曾国藩如此忧郁，赵烈文真实地表达了自己的看法，说："国家的治平安定，统一的局面已经很长时间了，势必会逐渐地分崩离析。不过朝廷皇帝的威严历来很重，乱变纷争的风气未开。所以若不是制度本身腐烂败落，国家土崩瓦解的局面则不会形成。依我来看，来日的灾祸，必然先自朝廷中央颠覆，而后神州无主，大家各自为政，大概不会超过五十年了。"

听了赵烈文这番话，曾国藩眉头紧锁，沉思半晌，说："然则当南迁乎？"曾国藩担心的是清王朝并不会完全被推翻，有可能出现南北割据的局面。赵烈文明确回答说："恐遂陆沉，未必能效晋、宋也。"他认为清政府已不可能像东晋、南宋那样南迁偏安一隅，恐将彻底灭亡。曾国藩反驳说："本朝君德正，或不至此。"听起来，这似乎是曾国藩的官话了，他当然不愿意在幕僚面前完全暴露自己的思想；况且，对于清廷，曾国藩还抱有一丝希望。赵烈文立即回答道："君德正矣，而国势之隆，食报已不为不厚。国初创业太易，诛戮太重，所以有天下者太

巧。天道难知，善恶不相掩，后君之德泽，未足恃也。"赵烈文非常坦率，他实际上否定了清王朝"得天下"的合法性。清军因明亡于李闯、吴三桂因红颜一怒大开城门而入关，所以"创业太易"；入关后为震慑人数远远多于自己的汉人而大开杀戒，如"扬州十日""嘉定三屠"，所以"诛戮太重"。这两点决定了清王朝统治缺乏"合法性"，也一直为汉人所憎恨。虽然清王朝后来的君王，比如康、乾、嘉做了一点好事，但他们的善行并不足以掩盖弥补所犯下的罪行。所以，清朝统治的基础，其实并不牢固。

对于赵烈文如此"过激言论"，曾国藩并未反驳，大约在心里面觉得赵烈文说得很有道理。曾国藩沉默很久，随后把话题转开，颇为无奈地说："吾日夜望死，忧见宗祏之陨。""祏"是宗庙中藏神主的石屋，"宗祏之陨"即指王朝覆灭，曾国藩也预感到清王朝正面临灭顶之灾，深受病体缠身之苦的自己，在这样的情况下，只能是徒叹奈何吧！

在金陵那段时间，曾国藩抓紧时间所做的一件事，就是全力扩大金陵书局的规模。在曾国藩看来，无论古今中外，文化要想流传，就得通过著作的出版和流通来达到目的。因此，对于金陵书局，曾国藩划拨了很多经费，让他们购买机器，聘请最优秀的员工。金陵书局刚刚投入使用，曾国藩和李鸿章即要求书局赶快印制《二十四史》，曾国藩还是想到了自己年轻时从金陵路过，借钱买《二十三史》的事情。曾国藩还让书局聘请了一些懂外文的专家，集中翻译国外一些有用的著作。在江南制造总局，专设了一个译印西学书籍的翻译馆，聘请一些外国传教士，翻译军事、船舶、机械制造等自然科学的书籍，兼及医学、历史地理、国际公法等著作。译书的方式，多数是由局中所聘西洋人口述，然后由精通绘图和算学的华蘅芳、徐寿等笔录整理。译成的书，由金陵书局大量刊印，在社会上广为散布。该馆先后翻译书籍170多种，成为当时译介西方科技书籍最多的机构。

曾国藩对这一行动的认识很实在，在他看来，洋人那些机巧之心，那些造船造舰的奥妙，都在那些书中藏着，要想使中国富强起来，就得让更多的人懂得那些知识，就必须读洋人的书。另外，在金陵的那一段时间，书局按照曾国藩的安排，全力赶制的一套书，就是王夫之的《船山遗书》。这几乎也是曾国藩个人的意志。当时，王夫之的《船山遗书》还属于禁书，但在曾国藩看来，无论是作文还是做人，王夫之都是一流的。王夫之的思想和情操，对曾国藩影响很大；并且，曾国藩组建湘军就在湖南衡阳起家，而那正是王夫之的故乡。正因如此，曾国藩对于王夫之，格外亲近。但令曾国藩一直可惜的是，道光十九年所刻的王夫之的《书经稗疏》以及《春秋家说序》错讹较多，而原稿本王家又不慎烧毁。在这种情况下，曾国藩想方设法托刘昆在京师文渊阁抄出，然后由他跟曾国荃捐资三万金，让金陵书局重新印刷此版本，让更多的人领略到船山先生的文章和思想。不仅如此，曾国藩还亲自为《船山遗书》作序。能让一种恢弘的思想发扬光大，是曾国藩最欣慰的事情了。

1868年的春节说来就来了，金陵城内照例响起一片爆竹声，震耳欲聋；烟花升天，将金陵的上空照得如同白昼。因为家眷还在湖南，曾国藩只是跟一帮同僚在一起过除夕。新年来到，不由让曾国藩想起先前在湖南老家荷叶塘过春节的时候，那时候的春节真是热闹，家家户户花烛红灯，炭火盆内，煨着莲子红枣桂圆茶，炉内焚起了好香；年夜饭前，家中的长辈带着一家老小向祖先们作揖叩头，铳炮连天，热闹非凡；吃过年夜饭后，长辈们向小孩发压岁钱，晚辈们一个个兴高采烈地排着队，从长辈手中接过红包，有时候，还故作亲昵地嫌少；然后，一家人在一起掷骰子、搓麻将、做游戏，其乐融融；夜深了，兄弟几个都不愿意去睡觉，即使眼皮不断地打架，但也强忍着，坚持守岁到天明……这些，都让曾国藩难以忘怀。

在这个春节，曾国藩一点过年的情绪都没有。曾国藩只是在大年三十和初一，让手下人在府第里放了一通鞭炮，还特意吩咐他们在其他时间不要放。鞭炮响过两次之后，这个春节，对于曾国藩就算结束了。正月初二，曾国藩接见了前美国公使蒲安臣，蒲安臣正全力操办清国使团出访美、英、法、普、俄各国事宜。曾国藩与蒲安臣就很多问题交换了意见。在蒲安臣看来，清国这一步是必须要走的，要想发展，就必须走现代化的道路，要走现代化的道路，清国就必须向西方各国多学习，不要怕吃亏，也不要摆泱泱大国的架子。曾国藩频频点头，在这方面，曾国藩是很有心得的。

春节过后，春天就接踵而至了。进入春天，沿江两岸一直连绵地下着雨，一连下了半个多月。天又阴冷又湿，而且看起来没有个尽头。在这种情况下，身为两江总督的曾国藩不得不出面祈晴。作为地方官，与天地之神打交道一直是惯例。在曾国藩看来，主宰这个世界应该是有神

第十三章 黯然神伤

明的,既然有神明的话,它就一定会明理,所以进行人与神之间的沟通是有必要的。去年春天与今年恰恰相反,一直不下雨,比这个时间稍迟一点,曾国藩就曾经去龙王庙求雨。一年之后,没想到,又得乞求老天放晴出太阳了。到了郊外的龙王庙之后,曾国藩亲笔书写南方朱雀之神、北方玄武之神、东方青龙之神、西方白虎之神四牌位,黄纸红字,然后又亲笔写下祈晴文。风雨之中,曾国藩鼓足中气念了一通祈晴祭文,然后点着了手中的香火,对着天地分别行跪拜大礼,祈祷声随着青烟一起飘向天空。说来也怪,等到曾国藩离开龙王庙时,雨停了,转眼间,阳光明媚。

到了夏天,原本因为曾国藩北上剿捻而回湖南老家的欧阳夫人以及女儿纪芬、儿媳、侄媳等一行又回到了金陵。这时候,两江总督府迁了新址,显得宽敞多了。家人的归来,让曾国藩重温天伦之乐,他的心情也变得温润起来。女儿曾纪芬今年已经 17 岁了,长成一个俊秀的大姑娘。对于这个女儿,曾国藩一直最喜欢,喜欢之余,也不忘对她谆谆教导。一天晚饭之后,曾国藩亲笔工工整整地给女儿写了一份清单,细致地提出了这样的要求:

早饭后做小菜点心洒酱之类(食事),巳午刻纺花或绩麻(衣事),中饭后做针凿刺绣之类(细工),酉刻做男鞋、女椎或缝衣(粗工)(过二更后)。

吾家男子于"看""读""写""作"四字缺一不可,妇女于"衣""食""粗""细"四字缺一不可。吾已教训数年,总未做出一定规矩。自后每日立定功课,吾亲自验功:食事则每日验一次,衣事则三日验一次;纺者验线子,绩者验鹅蛋;细工则五日验一次;粗工则每月验一次,每月须做成男鞋一双,女鞋不验。

右验功课单,谕儿妇、侄妇、满女知之。甥妇到日亦照此遵行。

家勤则兴,人勤则健;能勤能俭,众不贫贱。

快乐时光,白驹过隙,这一段天伦之乐如此短暂——1868 年 9 月 6 日,曾国藩接到朝廷命令,调其为直隶总督,两江总督由浙江巡抚马新贻升任。

直隶即直隶省,清朝政治和军事的根本所在,除京城外,辖府十一，直隶州七，直隶厅三，散州九，散厅一，县一百零四。地界北至内蒙古阿巴噶右翼旗界，东至奉天宁远州界（今辽宁兴城市），南至河南兰封县（今河南兰考县）界，西至山西广宁县界。宣统三年，人口为23613171人，是当时全国最大的省份。同治元年至同治六年，一直是刘长佑署直隶总督。同治六年十一月，因曾国荃的弹劾，官文由湖广总督调补直隶，接替刘长佑。官文任职不到一年，又以曾国藩调补。

离开金陵之前，曾国藩最后处理的一件事，就是"扬州教案"了——1868年8月，法国在扬州开办育婴堂收养弃婴。育婴堂刚办不久，堂内的婴儿一个接一个死去。这一件事激起了扬州市民的愤怒，有两万人参加了暴动。人们赶走传教士，关闭育婴堂，甚至放火烧毁了英国内地会的教堂。这一件事，让英、法大怒，叫嚷要武力干涉。由于新任两江总督马新贻未到任，朝廷降旨，命曾国藩继续查办扬州教案，何时解决，何时方赴直隶任。曾国藩没法，只好与英国驻上海领事馆的麦华陀反复交涉。曾国藩既要考虑民众的情绪，又不得不正视英、法两方的无理要求，方方面面的压力极大。从教案的发生到处理完毕，曾国藩足足拖了三个月的时间，最后，在来自内外的压力下，曾国藩被迫接受了英法提出的条件：扬州知府、知县革职；所损失的财产按实际价值赔偿；在教堂门口立一石碑，申明朝廷保护传教不受干扰……这样的处理结果，实属不得已而为之。痛定思痛之后，曾国藩得出一个结论：弱国无外交。身为朝廷大臣，他再也不想跟洋人打交道了，国弱势衰，根本无法据理力争。身为国家重臣，外交无力，曾国藩觉得郁闷极了。

那时候的曾国藩，还不知道自己数年之后，还要卷入另一桩更为复杂的教案之中，以至于身败名裂，黯然神伤。

第十三章 黯然神伤

第十四章
处理天津教案

19世纪中期以后，西方列强开始在中国设置天主教堂，传播教义。骄傲自大的洋人总是不分青红皂白地袒护教民，干扰地方，因此百姓与教堂间的仇视极深。

天津望海楼教堂建于咸丰十年（1860年），因强占了许多农民的土地，且传教士仗势欺人，百姓们都非常痛恨他们。同治九年（1870年）五月，法国天主教堂设立的仁慈堂里收养的三四十个孩子一下全死了，百姓们闻知后非常震惊。传说这些孩子是受教堂的迷拐后，被挖眼、掏心而死的。于是，愤怒的百姓张有富等人逮住了用药迷拐孩童的无赖武兰珍，送到天津县衙。

天津知县刘杰看了张有富等人的状纸，见告的是法国望海楼天主教堂，说教堂的仁慈堂害死了四十多个孩童；又说传教士专门雇用中国人用迷药诱拐儿童，禁闭在地窖里，然后挖出眼珠用来制药，剖了心肝供教士们食用；还说地窖里有个大坛子，里面装满了眼珠子。

此前，刘杰也听过此类传闻，现在见状纸写得如此翔实、逼真，便深信不疑，况且他知道洋人器械先进，几百年前就捣弄什么解尸体、挖内脏的"解剖学"，解剖中国儿童肯定做得出来。但他深感棘手的是，《天津条约》规定，望海楼一带的15亩地已租给了法国，自己这个小小的七品官儿管得了吗？

想到这里，他看了一眼贼眉鼠眼、脸上被百姓打得青一块紫一块的武兰珍，心中有了底，便大声喝问道："你叫什么名字？"

"武兰珍。"

"家住在哪里？"

武兰珍原本住在一个桥洞子里，但他想，朝廷的官儿都害怕洋人，便信口说:"小人住在洋人的教堂里,那里扎有席棚,专供难民过夜。"

"哪个教堂?"

"望海楼教堂。"

"你平时靠什么吃饭?"

"小人平日贩点儿烟土,还打点儿短工。"

"大胆刁民!大堂之上竟敢胡说八道,你枯鸡一般的大烟鬼相,能做短工吗?来呀,大刑伺候!"

"大人饶命,小人愿招!"武兰珍一听要动大刑吓得魂飞魄散,他知道自己这副身架,一棍子下去,就得散架,便嘶喊起来。

"说!除了贩卖烟土,还干什么?"

"卖……卖……卖孩子!"

刘杰见他已招认,便厉声追问道:"如实招来!"

"小人今天早晨在村口碰到一个割草的孩子,就向他嘴里塞了一颗糖豆儿,不一会儿,那孩子就打起盹儿来,小人背起孩子就走,这时叫人发现了……"

"你那含有迷药的糖豆儿是从哪里弄来的?"

"是教堂里一个叫王三的给小人的。"

"孩子被你迷拐后,你都卖到哪里?"

"卖给教堂。"

"你受何人指使?"

"是王三指使小人干的。"

刘杰命武兰珍如实画供。案情如此严重,他不敢独自处理,便在审问后的同治九年(1870年)五月二十三日上报天津知府张光藻。

人命关天,接报的当天,张光藻就带着刘杰押着武兰珍前往望海楼教堂与法国传教士对质。当他们来到教堂时,那里已是人山人海,百姓们义愤填膺,大有为雪国恨不惜慷慨赴难的气势,有人还扯起了写有"惩治洋凶""救同胞于水火""国格不可侮"等语的横幅。

张光藻一行人进入教堂后,向法国传教士谢福音说明了来意。谢福音听后瞠目结舌,表示允许他们进行调查。结果大出意外,武兰珍竟不认识教堂里的人,教堂里的人也不认识他,而且教堂里也没有席棚和叫王三的,"地窖"里装满煤炭、木柴、水泥以及锹镐斧锯之类的工具,没有装满眼珠的坛子。

张光藻十分尴尬，从没遇到过供词与事实相悖如此之大的案子，只好向谢福音解释说这是例行公事，不得不查问一下。谢福音并没计较，张光藻一行便退了出来，准备回府。

这时，百姓已把教堂围得水泄不通。刘杰的随从高升在前边开路，刚走不远，人群便把刘杰围了起来，而张光藻则被挤在教堂门口，无法走动。忽然，远处传来一声枪响，人群出现了一个大豁口，从豁口中来到刘杰身边的是法国驻天津领事丰大业和他的秘书西蒙。

原来丰大业听说张光藻和刘杰去了教堂，又见上万人围住了教堂，大发雷霆，跑到三口通商大臣崇厚那里，拔枪威胁他派兵弹压，并一枪打碎了吊灯。崇厚吓得回身溜走了。丰大业怒气未息，带秘书西蒙赶到望海楼教堂。

一见刘杰，丰大业便破口大骂："狗官，你竟敢挑动刁民无赖到我国教堂圣地闹事？"

刘杰本想向洋人道歉，平息此事，没想到却遭到如此无理的漫骂，心想，不能丢了国格，便正色反问道："本官执行公务，怎叫闹事？"

"这么多刁民无赖围在这里，也是执行公务？"

高升被惹恼了，大声怒斥道："这里是我国领土，百姓们往来自由，不用你管！"

"谁要你这个奴才插嘴！"丰大业吼叫着向高升开了一枪，高升应声倒在血泊中。

"洋鬼子杀人啦！"围观的百姓们怒吼道。紧接着，又响起"为中国人报仇！""华夏圣地，岂容妖人胡作非为！""叫洋鬼子偿命！"……

伴随着呼喊声，人们愤怒地扑向丰大业，有的抓头发，有的扭胳膊，有的掐脖子，有的抠眼睛，有的砸脑袋……顷刻间，丰大业就被撕碎了。接着，人们又七手八脚打死了丰大业的秘书西蒙。

余怒未消的百姓们，群情激昂，"驱逐洋人！""杀尽洋人！""为成百上千的无辜儿童报仇，捣毁洋教堂！""报仇雪恨，在此一举！"呼声如雷，人群汇成强大的怒潮，涌向望海楼教堂。

张光藻、刘杰等官员被人群挤到了一边不敢吱声。他们清楚，在这种情势下，要是说出一句与群情相悖的制止话来，愤怒的百姓会像碾死蚂蚁那样，立即将他们碾死。

很快，人们冲进教堂，砸碎门窗，捣毁器物，不多时，便放火烧了教堂。随后，人们又烧了法国领事署、英国讲书堂、美国讲书堂，除丰大业、西蒙外，法国教士谢福音、俄国商人普罗波波夫和仁慈堂里的一些修女等20个洋人被打死，这就是著名的"天津教案"。

"天津教案"发生后，法国联合俄国、美国、英国、普鲁士、比利时、西班牙的外交官，联名向清廷提出严重抗议，并派军舰集结到天津、烟台一带，扬言如果不按法国的要求处理好这件事，要把天津化为焦土。

消息传到北京，顿时在朝廷里引起轩然大波，文武百官分成了"论理派"和"论势派"，两大派各执一端，舌战不休。清廷感到事态严重，矛盾已到不可收拾的地步，为了避免此局势演化为战争，便于五月二十五日下谕，责成直隶总督曾国藩前往天津和崇厚一起处理此案。

五月二十六日谕旨下到保定，接任直隶总督才15个月的曾国藩此时右眼已经失明，左眼的视力也大大下降，整日晕眩不止。接谕后，他发出几声轻微而无力的叹息，心情既紧张，又不知所措，只得于五月二十九日上奏，把他的初步看法提了出来。他认为最关键的是确定武兰珍是否受王三指使，王三是否被教堂供养，教堂收养的孩童以及挖眼剖心的说法是否正确，并向朝廷表示，虽然自己年龄大了，身体也不好，但仍会不辞辛苦地前往天津处理此事。

曾国藩深知与洋人交涉的困难，一不小心就会身败名裂。上谕中说，"和局固宜保全，民心尤不可失，总当体察人情向背，全局统筹，既使外邦止戈，又使民心允服，以求中外相安。"要做到两全其美，谈何容易？百姓与洋人势同水火，满足了洋人，势必民怨沸腾，自己便成了"卖国贼"；要使民心允服，就要得罪洋人，这样弄不好又会引起战争，到那时，自己就会被朝廷当做替罪羊，成为"误国元凶"。更大的可能是两头都不讨好，轻则招一身骂名，重则老命难保。要想用理智去平息因仇恨而变得不理智的行动，真是难啊！况且自己年迈多病，怕是凶多吉少。处于这等矛盾的境地，他有一种自己会丢掉性命的感觉。因此，奏折发出后，他觉得要把这件事妥善处理好很难，心中不禁无限苍凉。于是，六月初四他用不住颤抖着的手给儿子曾纪泽、曾纪鸿写了一封类似遗嘱的信：

> 余即日前赴天津，查办殴毙洋人、焚毁教堂一案。外国人性情凶

悍,津民习气浮嚣,俱难和解,将来构怨兴兵,恐致激成大变。余此行反复筹思,殊无良策。余自咸丰三年募勇以来,即自誓效命疆场,今老年病躯,危难之际,断不肯吝于一死,以自负其初心。恐邂逅及难,而尔等诸事无所禀承,兹略示一二,以备不虞。

余若长逝,灵柩自以由运河搬回江南归湘为便。中间虽有陆清至张秋一节须改陆路,较之全行陆路者差易。去年由海船送来之书籍、木器等过于繁重,断不可全行带回,须细心分别去留。可送者分送,可毁者焚毁,其必不可弃者,乃行带归,毋贪琐物而花途费。其在保定自制之木器全行分送。沿途谢绝一切,概不收礼,但水陆略求兵勇护送而已。

余历年奏折,令夏吏择要抄录,今已抄一多半,自须全行择抄。抄毕后存之家中,留于子孙观览,不可发刻送人,以其间可存者绝少也。

从这封信中,我们看到曾国藩当时是抱着大义凛然的心态去处理"天津教案"的,也显示了他对此事的诚惶诚恐。

写完遗书两天后,老病缠身的曾国藩满怀悲怆地拖着病体前往天津。

六月初十曾国藩到达天津,见人心浮动,洋人与百姓的矛盾异常紧张,百姓们都翘首以盼等着看朝廷如何处理此事。

这些都在曾国藩的预料之中,他在六月十一日给儿子的信中说:"天津士民与洋人两不相下,其势汹汹。缉凶之说,万难着笔,办理全无头绪。"在他看来,最重要的是必须先安定人心,于是六月十一日他便向天津百姓发出了《谕天津市民》的告示,并着手调查案情。调查结果与刘杰、张光藻所得的结论完全一致。

六月十九日,曾国藩在崇厚府邸与法国公使罗淑亚会晤。罗淑亚代表法国政府提出了四点要求:第一,赔修教堂;第二,安葬丰大业等死难者;第三,惩治地方官;第四,查办杀人凶手。

曾国藩表示三日内答复,当晚他就与崇厚磋商此事。

三口通商大臣崇厚奉旨同曾国藩一起负责处理此事,他与洋人打交道多年,因惧怕洋人已养成了卑躬屈膝的秉性。曾国藩虽在官场多年,但很少和洋人打交道,所以想听从他的建议。

"丰大业先开枪打死高升,这是洋人理屈。可百姓们一下子打死20个洋人,大都是无辜的传教士,还有许多妇女,这就使我们陷入了比洋人更加理屈的境地。百姓们只知泄一时之愤，不顾国体，闹出事来，还得我们替他们擦屁股！"崇厚激愤地说。

"百姓缺乏教养，愚昧无知，一个个都是慷慨激昂的样子，但当我问起是否亲眼见过挖眼剖心之事时，就无言以对了。天津城近一年来并无丢失幼孩而报案的。教堂地窖的坛子里装满眼珠子的谣言居然有人相信，相信后就生出仇恨，这种无知的、盲目的仇恨比什么都可怕。"曾国藩感慨不已。

"不过，"曾国藩又说，"洋教士为了发展信徒，良莠不分一概吸纳，甚至袒护教徒的不法行为，也难怪百姓恨之入骨。"

"洋人建教堂是有条约依据的，所以罗淑亚提出的第一项赔修教堂，我们必须答应。"崇厚十分肯定地说。

"对。"曾国藩也点了点头。

"第二项安葬死难者，第四项查办杀人凶手，属于同一类要求。"崇厚接着说。

"也得答应，"曾国藩说，"漫说打死了洋人，就是打死了国人，也得查办杀人凶手。"

"这三项可能会引起百姓的怨声，但朝廷能接受。最棘手的是第三项惩治地方官，这一条朝廷恐怕也会犯难。"崇厚说。

曾国藩沉默了好一会儿，才开口道："也答应他们吧。"

"也答应他们？"崇厚吃惊道。

"对！其实惩治地方官的要求伸缩性很大，撤职、降职、调离不都是惩治吗？"

"大人所言极是，如此看来，此案可以了结啦！"崇厚恍然大悟地说道。

"绝非那么简单。这四项要求，答应每一项好像都有道理，但都答应，在情势上就会落入卑屈的境地。百姓会骂我们'卖国贼'，朝廷的'清流派'也饶不了咱们。"

崇厚脸色马上沉了下来。

"清流派只知慷慨陈词，却不考虑国家实力。我们能防御一个海口，却不能防御所有海口；能幸得一时，却未必能力持多年；能抵御一国，却无法应付众国。道光庚子年以后，办理洋务失在朝和夕战，无一定之规，遂至外患渐深，不可收拾。当今皇上登极以来，夷强如故，惟赖守

定议和，故中外相安，十年无事。倘若以此事而动刀兵，今年能幸胜，明年洋人必定复来，天津即可支持，沿海势难尽备。国家难以承受兵患，惟有委曲求全一法。"曾国藩说完觉得头涨，胸闷，舌嘴发麻，手不住地打颤。

崇厚咀嚼着曾国藩的话，深有感触地说："中堂见解入木三分哪！"

"弱国无外交！所以你和我将成为'卖国贼'。"说完，曾国藩长叹一口气。

与崇厚商议后的次日，曾国藩伏案起草奏折：

此次详查挖眼、剖心一条，竟无确据。外间纷纷言有眼盈坛，亦无其事。盖杀孩坏尸，采生配药，野番凶恶之族尚不肯为，英、法各国乃著名大邦，岂肯为此残忍之行？以理决之，必无是事。

天主教本系劝人为善，圣祖仁皇帝时久经允行。倘戕害民生若是之惨，岂能容于康熙之世？即仁慈堂之设，其初意亦与育婴堂、养济院略同，专以收恤穷民为主。每年所费银两甚多，彼以仁慈为名反受残酷之谤，致使洋人愤愤不平也。

接着，他交代了天津百姓为何对洋教士存有那么多怀疑和误解，他罗列了五条：

第一，教堂之门终年关闭，使外人感到神秘莫测；

第二，国人患病者到此，往往被留下来治疗，不再出去；

第三，有些濒死之人进了教堂，教士为之洗礼，使升天堂，外人不明其故；

第四，教堂里院落多，被收容的人常常母在此院，子在他院，久不相见；

第五，本年五月间，天津连出拐卖之事，恰教堂死去病人较多，于是浮言大起。

最后，曾国藩提出了他的处理意见：其止随声附和者，不失为义愤所激，自当一切置之不问。其行凶首要各犯及趁机抢夺之徒，自当捕拿严惩，以儆将来。在中国戕官毙命，尚当按名以抵，况伤害外国多命，几开边衅，刁风尤不可长。天津府知府张光藻、天津县知县刘杰即行革职，交刑部治罪；以示惩儆而维持大局；对洋人，要赔偿其损失，修复教堂、抚恤死难洋人。

对于自己这样处理，曾国藩觉得民怨沸腾是少不了的，洋人也不一定肯罢休，但愿太后和皇上能体察自己的苦衷，明白自己想要平息事端的这种处理做法是最佳的、也是唯一可行的。

但令曾国藩没想到的是，太后和皇上在把他的奏折发抄官员阅读时，有意删去了曾国藩关于这次事件爆发起因的天津百姓对洋人的五个误解，只留下赔修教堂、抚恤死难洋人、捉拿肇事民众和将天津府县命官交刑部议处的文字。

曾国藩十分清楚朝廷这样做的用意。面对民众、清流派和洋人的压力，太后、皇上有所畏惧，但一旦实施了曾国藩解决纠纷的办法，众怒便会引到太后和皇上身上来。为转移目标，只能将他抛出，当牺牲品和替罪羊。掌握皇权的人碰上棘手的事情，总爱玩弄这类把戏。当年，林则徐虎门销烟给国人争了一口气，但仗打败后道光皇帝就把责任推到主战的林则徐头上，削职发配新疆。被迫签订《南京条约》后，国人斥为卖国，道光帝又把罪名推到主和派代表人物穆彰阿身上。无论是战是和，都是道光皇帝的决定，而落得悲惨下场的却是臣子们，难道现在轮到自己了！

果然，不久朝野上下便纷纷谴责曾国藩辱国残民，败坏朝纲，下层士人和百姓更是骂他为"卖国贼"。

曾国藩只能忍气吞声地把全部责任都承担下来。主和而不主战，这本是朝廷的外交宗旨，他正是遵照这一宗旨办事的，但他绝不敢说这是慈禧太后的旨意，真是有口难辩啊！还是打掉牙和血吞下吧，后悔是没用的，现在要做的是顶着骂名去追查杀人凶犯。

这更是难上加难的事，上万人行动，聚如云，散如鸟，上哪里去抓呀？洋人已死，不能当堂指证；目击百姓不少，但对凶犯的描述迥异；抓了些嫌犯，目击者又不能确认，有的嫌犯供认后又翻供；有的只承认打了一两下，不是要害处。细想想，也是这么个理，当时人们一哄而上，七手八脚乱打，根本分不清谁先动手谁后动手，哪下致命，哪下不致命。查来查去，弄得曾国藩头昏脑涨，筋疲力尽，没有一个嫌犯证词与供词完全吻合的。

这天夜里，曾国藩翻来覆去不能入睡。"绝不漏过一个人犯""绝不冤枉一个好人"，这恐怕是做不到了。洋人被打死20个，必须找出

20个人来抵命，怎么办？办法只有一个，那就是嫌犯虽无口供，但只要有两三人指证，即定案。这样做虽有屈死鬼，但为了早日结案也只能这样了。

想到这里，曾国藩的心绪渐渐和缓下来，恍恍惚惚地进入了梦乡。

按照曾国藩的部署，冯瘸子、范永等20名人犯被处死，另有25名人犯充军；天津知府张光藻和知县刘杰交刑部治罪，革职充军，提督陈国瑞交总理衙门处置；赔偿法国白银50万两；崇厚亲往法国领事署赔礼道歉。

处决人犯，冤情是难免的，为此，发给每个人犯家属500两银子作为抚恤。对刘杰、张光藻、陈国瑞的处置，曾国藩又上奏朝廷请求从轻发落。

做完这些事后，曾国藩的病情加重了，头昏脑涨，疼痛不止，常常彻夜失眠，胃口不开，浑身异常困乏，左眼怕光，不敢睁开，陷入极端悔恨之中。他后悔自己对"天津教案"的处理过软、过柔，"那时我听到法国在普法之战中不利的消息，为何不做得强硬一些呢？"他心里常不住地责备自己。

九月十一日，朝廷将张光藻和刘杰发往黑龙江"效力赎罪"。曾国藩听说后，浑身猛地一抖，一个趔趄摔倒在地。幕僚赵烈文、学生薛福成、儿子曾纪泽急忙把他抬到了床上。

躺在床上，曾国藩老泪纵横，泣不成声地喃喃道："我……对不起张知府，对不起……刘知县哪！他们……忠于职守……却落到这般地步，何等冤枉！我……有愧呀！"

"父亲千万别这样说，这是朝廷的圣谕。"曾纪泽安慰说。

"恩师并没主张把他们发配黑龙江，朝廷降旨自有其道理，恩师不必过于自责。"薛福成劝道。

"无论怎样说，我……也摆脱不了干系，当初只怕引起边衅，才出此下策……"曾国藩呜咽道。

"依卑职看，涤帅大可不必如此伤心。涤帅受命于国家危难之时，将剑拔弩张的情势缓和下来，避免了边衅，功在社稷，利在百姓。张知府、刘知县俱是识大体之人，他们知道自己的些许委屈是为了解朝廷之困，消百姓之灾，绝不会埋怨涤帅的。其实，正如涤帅常说的：弱国无外交。不管朝廷派谁来处理'天津教案'，都不会比您办得更稳妥、更出色。"赵烈文说。

听了赵烈文的话,曾国藩沉重的心情轻松了许多,闭目片刻后说:"话虽如此,但我仍觉得有负于二位大人,他们毕竟替朝廷背了黑锅。"

"要是涤帅实在觉得过意不去,就派人送些银两以示抚慰。"赵烈文建议说。

"好,就按烈文说的办!"曾国藩高兴地说。

张光藻、刘杰起解那天,上万天津百姓挥泪相送,老天也为之哭泣,下起连绵的秋雨。百姓们知道,这两位朝廷命官其实是为百姓的行动顶罪的,便不再斥骂曾国藩了,这与其说是对曾国藩苦衷的谅解,倒不如说是对残酷现实的无奈默认。

赵烈文和曾纪泽找机会单独与张光藻、刘杰相见,送上3000两银子,并代曾国藩向他们致歉。两人十分感动地说:"请转告曾大人,勿以我二人为念,我等死不足惜,振邦兴国之大任,唯曾大人能够担得。只要曾大人健在,大清就有中兴之望。"

听了赵烈文和曾纪泽的回话后,曾国藩吃力地摇摇头,沉默良久。张光藻、刘杰的殷切希望使他感到无限悲凉:盛名之下,其实难符啊!自己挥斥八方的年月早成了过眼烟云,如今老朽无能、神衰气虚,不堪任事,哪还有回天之力呀!唉,古人一向主张功成身退,凡事见好就收。倘若自己在攻克金陵后急流勇退,返归故园,哪有今天的窘况?可惜自己没有那样做,被世俗之气熏染,硬要扮演中流砥柱的角色,结果剿捻无功,处理"天津教案"又惹来怨谤,现在看来,真是,唉……

对天津市民的残杀,在曾国藩一生大规模的"剃头"行为中算是最后一次了,但此次并没给他带来荣誉,反把他几十年的声誉都毁了。他在同治九年(1870年)十一月十一日给彭玉麟的信中也忏悔道:"仆自问同治四五年剿捻无功,即当退处深山。六年春重回江南,七年冬莅任畿辅,皆系画蛇添足。画虎不成,反类犬矣。"

处理完"天津教案"后,北京、天津的官员、学子和百姓掀起了怨曾反曾浪潮:名士王闿运、弟子李鸿章、儿子曾纪泽都为曾国藩的做法感到惋惜,深虑此举将使他的一世英明毁于众谤。醇亲王奕?、内阁学士宋晋、翰林院侍读学士袁保恒、内阁中书李如松等人先后上奏,说反洋教是天津百姓的义举,要求惩治崇厚等媚外的官员;京师学子纷纷抨击曾国藩,湖南学士把他书写的悬挂在北京湖广会馆的匾额和教子胡

同的湖南会馆的楹联捣碎烧毁了,其他各处凡有曾国藩题字的也被尽数刮掉,人们口吐唾沫,用脚踩碾,仍不解其恨;天津的百姓们写标语、唱歌谣、编故事,街头巷尾无不指骂曾国藩为"大卖国贼""洋人走狗"。

朝廷中的"清议派"更是全力攻击曾国藩,甚至有人主张杀他以谢天下,有人作对联讥讽说:

杀贼功高,百战余生真福将;

和戎罪大,三年早死是完人。

虽然这样,清廷也不得不承认,除了曾国藩的结案方式,别无他法,但为了平息舆论,转移视线,又不得不做做姿态,由李鸿章代替曾国藩,以此表明曾国藩的作为不代表朝廷。李鸿章接办后,仅将原判20名死刑改为16名,4名为缓期,其余无一更改。显而易见,"当时事势,舍曾国藩之所办,更无办法。"

可以看出,曾国藩的方式代表着清廷的主张,保持了与清廷基调的一致,也为清廷争取到了暂时的和平。可是,由于当时民众和部分官员的明"理"不明"势",一时民怨四起,曾国藩能做什么呢?他唯一能做的就是为朝廷背上骂名。

在受命处理"天津教案"时,曾国藩就明白事关大体,事关一生的毁誉和身家性命,但与国家的安危比起来,个人的毁誉算得了什么呢?在国家危亡的关头,总需要忠臣舍身赴难的。如果曾国藩为了个人声名,按"理"结办此案,那积贫积弱的晚清将可能面对另一种局面了。

关于办理"天津教案"遭谤的原因,曾国藩在给刘蓉的信中解释说:

在处理"天津教案"的问题上,舆论出现了论"理"和论"势"两种倾向。论"理"的人以为,"当趁此驱逐彼教,大张挞伐,以雪先皇之耻而作义民之气";论"势"的人以为,"兵端一开,不特法国构难,各国亦皆约人同仇。能御之于一口,不能御之于七省各海口;能持之于一二年,不能持之于数十百年。而彼族则累世寻仇,不胜不休。"

可见,曾国藩这样结案,不是他不明"理",而是"势"在必为,是以一时的屈辱以求长久的和平。

曾国藩的好友郭嵩焘,以敏锐的目光阐述了他对此案处理的看法:

在对外交涉过程中最重要的是严格信守条约，力保中外"和局"，不要轻易动武。"愚民"无知，一概仇视洋人，无须深究，但作为官吏者，则应因势利导，不能做那些不负责任的事情，更不能有意煽动愚民仇洋。人们之所以对曾国藩处理"天津教案"加以诋毁，原因在于不谙中外实情，在于对国情不负责任。

郭嵩焘多次为曾国藩鸣不平，他说：曾国藩办理"天津教案"之所以舆论大哗，"无他，用其鼠目寸光、溪壑褊小之心，而傲然自以为忠孝，慢上无礼，漠不为耻。"这样的风气，未尝不是一般官僚士大夫率先倡发，"而遂至无可挽救，终归于祸乱贼杀而已。伤哉！"

郭嵩焘指出：曾国藩办理"天津教案"，如果说有过错的话，在于他"不明立科条，分别从教者之良莠，以使百姓与教民两无猜嫌"。至于曾国藩办理"天津教案"的结局，"则亦天理人情之至矣"。而那些对他使劲加以诋毁的人，并不知道津案的全过程，就信口开河乱说一气，"道之不明，而意气之激以不得其平，则亦何词不可逞，何罪不可诬哉！"

可见，郭嵩焘认为曾国藩办理"天津教案"并无根本上的过错。

在与洋人交涉上，曾国藩的得意门生李鸿章主张采取"痞子的手段"处理，而曾国藩坚持采取诚信的原则，他认为，在没有实力做后盾的情况下与洋人交涉，虚强造作只能使国家吃亏更大，所以应以诚信为本。因此，我们更能明白他处理"天津教案"取"势"而不取"理"的苦衷了。

曾国藩能这样处理"天津教案"，充分说明了他舍个人声名而保国之安危，舍小保大的个人风范。

但是，曾国藩对"天津教案"的处理方式，从当时的历史条件来看，虽然杀害市民以满足洋人要求，遭到各方人士的一致谴责，他也愧悔万分，但却收到了成效：使一场战争得以平息，避免了刀兵之灾，所以，清廷非常满意。在清廷看来，处死几个"刁民"并不要紧，惹恼了洋人才是最头疼的事，一旦战火又起，统治就难以维持了。

另外，客观地说，当时国力衰弱，若自不量力地采取强硬态度，后果可想而知。就连当时和曾国藩势不两立的"清议派"代表人物张之洞，后来在湖广总督任上面临同样的事件时，也采取了曾国藩的处理方式，并后悔自己当初对曾国藩的指责。

从同治九年（1870年）六月初十曾国藩到天津处理教案，到九月二十日结束离开，总共102天。在这102天中，曾国藩在抗与从的抉择中，"忍辱负重"地做出了他认为唯一正确的选择，从而使一场中国人民反教会的斗争，最终以无数民众无辜而死和清廷屈辱赔款而告结束。

同治九年（1870年）年底，已经重新担任两江总督的曾国藩在给老部下李元度的信中，冷静地对自己在处理"天津教案"时的处境与教训进行了深刻地分析：

六月初旬，力疾赴津办理此案，众议分歧。论理者，金谓宜乘此机，与之决战，上雪先皇之耻，下快万姓之心，天主教亦宜趁此驱除。论势者，则谓中国兵疲将寡，沿江沿海略无预备，西洋各国穷年累世，但讲战事，其合从之势，狼狈之情，牢不可破，邂逅不如意，恐致震惊辇毂。鄙人偏信论势者之言，冀以消弭衅端，办理过柔，以至谤议丛积，神明内疚，至今耿耿。

信中，曾国藩痛苦地反省了自己"过柔"的处理手段，以及这种手段给他带来了"谤议丛积"和"积年清望几于扫地殆尽"的后果，可见他已经清醒地认识到自己所付出的代价是非常惨重的。

当时的清廷形成以醇亲王奕譞为代表，包括李鸿藻、倭仁、翁同龢、李如松、宋普等人的"论理派"和以恭亲王奕䜣为代表，包括崇厚、董恂、宝鋆、沈桂芬、丁汝昌等人的"论势派"。

"论理派"认为朝廷不可失民心，否则天下将解体，可利用当时群情激愤的民心，与洋人决一死战，一可报咸丰之仇，二可大快人心。奕？认为："欲复深仇，全赖民心。天津之案，民心皆有义愤，天下皆引颈以望，乃诸臣不趁势推之于民以喝夷，但杀民以谢夷，不但一时全局荡然，自然亦难望转机矣。"

"论理派"的强硬态度，表现出民族自尊心，但他们没有审时度势地看问题，对双方实力缺乏根本的了解，夜郎自大地一心只想"决战""雪耻"，而在敌强我弱的情况下贸然"决战"，无异于送死。

"论势派"多是直接和洋人打交道的外交大臣或封疆大吏，他们对敌我双方的军事力量非常清楚，认为清军当时的武器根本不是洋人的对手。因此他们主张力求和局，才有徐图自强的希望。他们从客观现实出发考虑问题的态度是正确的，但违背民心，不顾国家尊严，缺少民族气节，又是极不足取的，因此才受到时人和后人的诟骂。

曾国藩与奕䜣等人关系密切，所以他倾向"论势派"。其实，他何尝不愿意做一个"论理派"，理直气壮地去维护民族尊严和国家主权呢！但他清楚，西方列强武力强大，除野蛮掠夺外，还想在外交上以武力威胁。他知道对待武力威胁，武力防备是必须的。然而，在天津办案中对中外形势进行了周密分析后，他认为："目下中国海上船炮全无预备，陆军则绿营固不足恃，勇丁亦鲜劲旅。若激动众怒，使彼协以谋我，处处宜防，年年议战，实属毫无把握。""中国兵疲将寡，沿海沿江毫无预备，而诸国穷年累世，但讲战事，其合众之势，狼狈之情，则牢不可破。我能防御一口，未必能遍防各口；能幸得一时，未必能力持多年；能抵敌一国，未必能应付各国……然稍一蹉跌，后患有不堪设想者，必须隐忍以全和议者，就势而言之也……必须力争以全国体，此就理而言之也。欲求理势兼顾，殊无良策。敝处所力，盖亦偏于衡势者，措施又多失宜，物议之腾，亦无足怪。"正是由于形势上的迫不得已，他这位内心充满"论理派"思想的理学家，才在实际行动中成了"论势派"。

生活在夹缝中的人，要么从夹缝中冲出去，重新寻找自己的天地，要么四面碰壁、四面讨好，而最后什么也得不到。曾国藩就属于后者，他对"天津教案"的处理遭到舆论的谴责，就是因为他对清廷的指示不敢违抗，因而甘愿受辱，丧失了国家主权、民族尊严，造成了错误的后果。这对他、对清廷、对历史来说都是一个悲剧！他个人的悲剧也正是当时时代的悲剧。

曾国藩处理完天津教案后，由于民间反对的声浪太大，清廷为讨好民众，也斥责他办事拘泥，辜负圣恩，借两江总督马新贻被刺，便贬他回两江接替马新贻，而把他的弟子李鸿章调来接替了他。

第十五章
溘然长逝

同治十一年（1872年）二月初四这一天，是令曾国藩后半生一直都在心痛流泪的日子。15年前的二月初四，他的父亲，也是他最为敬仰的老师去世了。这天上午九时许，他像往年那样带领家族众人拜祭过他父亲的灵牌，又痛彻心扉地流过一次泪，便回了书房歇息。过了一会儿，儿子曾纪泽，这位后来的大外交家进来，敬上了茶。父子二人喝过茶，曾国藩对纪泽说："转眼冬去春来，天气越来越暖和了，为父前些日子栽的花都已开了，我这就去看看。"说着，扶住桌角便站起身来。曾纪泽赶忙上前扶住，说："我来搀扶您，我也想去花园走走。"曾国藩在纪泽的搀扶下来到花园，赏了一会儿花，心情愉快起来。曾国藩对纪泽说："父已老矣，时日无多，你与诸兄弟当自勉自强。"曾纪泽听了说："您说的儿记下了。"曾国藩接下来又说："天下无现成之人才，亦无生知之卓识，大抵由勉强磨练而出耳。《淮南子》说：'功可强成，名可强立。'董夫人也说：'勉强学问，则闻见博；强勉行道，则德日起。'"曾纪泽恭顺地听着，不插一言。曾国藩停了一忽儿，接下又说："《中庸》所谓'人一己百，人十己千'，即勉强工夫也。今世人皆思见用于世，用乏用世之具，诚能考信于载籍，问途已径，苦思以求其通，躬行以试其效，何患莫已知哉！你还年轻，切莫依仗我的名声、权位，一切要从头做起，小心做人，小心做事，凡事出以公心，莫负为父对你的殷望。"曾纪泽听到这里，肃然而立，声音朗朗地说："儿子愚钝，但能谨遵父训，勤学问以广才一条，加倍努力。"

曾国藩听了满意地点点头，站起来，叫曾纪泽扶他到新近开辟的一处园景看看。父子俩一边走一边说着话。他不知不觉又扯起当年带兵打仗的话题，他对纪泽说："我这辈子打了不少仗，打仗是件最害人的造孽事，我们曾家后世再也不要出带兵打仗的人了。"父子俩唠着家常，不知什么时候已来到假山后一片竹林旁边。忽然，一阵大风吹过，曾国藩连呼"脚麻"，便倒在儿子身上。曾纪泽慌忙把他背起，等进到屋里，扶他躺下，他已口不能言了。不过，他头脑十分清醒，用手指指桌子：那是他早已写好的遗嘱。曾纪泽双手把纸小心展开，用颤抖的声音念道：

余通籍三十余年，官至极品，而学业一无所成，德行一无可许，老大徒伤，不胜悚惶惭赧。今将永别，特立四条以教汝兄弟。

一曰慎独则心安。自修之道，莫难于养心；养心之难，又在慎独。能慎独，则内省不疚，可以对天地质鬼神。人无一内愧之事，则天君泰然，此心常快足宽平，是人生第一自强之道，第一寻乐之方，守身之先务也。

二曰主敬则身强。内而专静统一，外而整齐严肃，敬之工夫也；出门如见大宾，使民为承大祭，敬之气象也；修己以安百姓，笃恭而天下平，敬之效验也。聪明睿智，皆由此出。庄敬日强，安肆日偷，若人无众寡，事无大小，一一恭敬，不敢懈慢，则身体之强健，又何疑乎？

三曰求仁则人悦。凡人之生，皆得天地之理以成性，得天地之气以成形，我与民物，其大本乃同出一源。若但知私己而不知仁民爱物，是于大本一源之道已悖而失之矣。至于尊官厚禄，高居人上，则有拯民溺救民饥之责。读书学古，粗知大义，即有觉后知觉后觉之责。孔门教人，莫大于求仁，而其最初者，莫要于欲立立人，欲达达人数语。立人达人之人，人有不悦而归之者乎？

四曰习劳则神钦。人一日所着之衣所进之食，与日所行之事所用之力相称，则旁人韪之，鬼神许之，以为彼自食其力也。若农夫织妇终岁勤动，以成数石之粟数尺之布，而富贵之家终岁逸乐。不营一业，而食必珍馐，衣必锦绣。酣豢高眠，一呼百诺，此天下最不平之事，鬼神所不许也，其能久乎，古人圣君贤相盖无时，不以勤劳自励。为一身计，则必操习技艺，磨练筋骨，困知勉行，操心危虑，而后可以增智慧而长才识。为天下计，则心已饥已溺，一夫不获，引为余辜。大禹、墨子皆极俭以奉身而极勤以救民。勤则寿，逸则夭，勤则有材而见用，逸则无劳而见弃，勤则博济斯民而神祇钦仰，逸则无补于人而神鬼不歆。

第十五章 溘然长逝

此四条为余数十年人世之得，汝兄弟记之行之，并传之于子子孙孙。则余曾家可长盛不衰，代有人才。

曾纪泽念到最后，止不住眼泪扑簌簌流了下来，曾纪鸿等也呜咽垂泪。曾国藩待纪泽念完，努力把手抬起，指指自己的胸口，眼睛定定地看看纪泽、纪鸿。纪泽兄弟见了，心里明白，一齐大声说道："我们一定把父亲的教导牢记在心！"曾国藩听了，脸上显露出一丝欣慰的笑容，便把头一歪，溘然长逝了。

曾国藩死时才62岁。死后留下的著作有：

文集十二卷，诗集四卷，批谕奏章120卷，政绩批牍24卷，日记34卷，尺牍50卷，家书28卷。

另外还有曾氏家训长编，编有朱子小学一卷，历朝大事纪数卷，十八家诗钞30卷，纪史万家杂钞26卷，古文简本2卷，鸣原堂论文2卷，论语言红类记1卷，易象类记1卷，通鉴大事记及六家诗钞等，浩浩然数百万字，其中最重要的是诗文、书牍、日记、奏谕。从中我们可以洞悉他的思想、情操，也可以了解他那不平凡的一生。

曾国藩死后，朝野哀痛，前往吊唁哀悼者数万人。这在近代历史上是极为罕见的。同治皇帝闻噩耗，也很悲痛，三天不能上朝视事，赠太傅，谥文正，史称曾文正公。

《清史稿》中评论他："至谓汉之诸葛亮、唐之裴度、明之王守仁，殆无以过。"曾国藩的确是位十分了不起的人物，他对于清朝政府做出了重要贡献，但他生不逢时，帮助了一个日益腐朽的清政府渡过一劫，大大推迟了中国社会的进步，是功邪？是罪邪？他的思想、他的著作却是儒家之集大成，就是在今天，他的一些思想和著作也还是有价值的。所以，对于像他这样一个性格坚强、思想保守、功过参半的人物，只有辩证地看，才不至于走向偏颇。